戦場の街 南京

松村伍長の手紙と程瑞芳日記

松岡環
Matsuoka Tamaki 編著

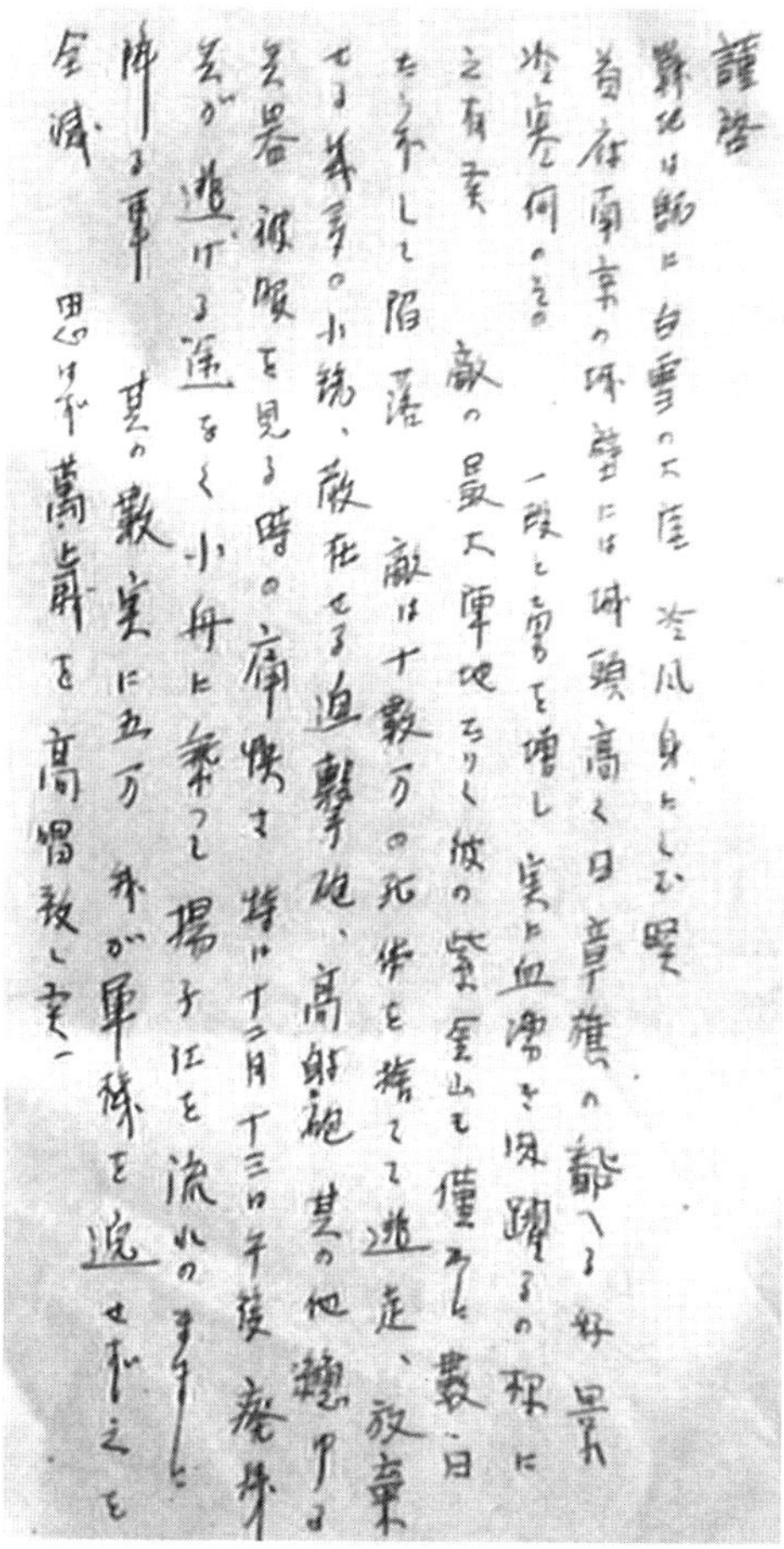
謹啓
[illegible]は既に白雪の大陸 冷風身にしむ[illegible]
首府南京の城壁には城頭高く日章旗の翻へる好景
冷寒何のその 一段と寒を増し 実に血湧き肉躍るの想に
之有候 敵の最大陣地たりし彼の紫金山も僅か数日
たらずして陥落 敵は十数万の兵を捨てて逃走、放棄
せる無数の小銃、散在せる迫撃砲、高射砲其の他無数なる
兵器被服を見る時の痛快さ 特に十二月十三日午後[illegible]
兵が逃げる途なく小舟に乗って揚子江を流れのまにまに
降りる事 其の数実に五万 我が軍隊を逃せずこれを
全滅 思はず萬歳を高唱致し候

社会評論社

戦場の街南京——松村伍長の手紙と程瑞芳日記＊目次

私と南京大虐殺――本書の刊行によせて（田中宏）……………9
はじめに――南京大虐殺から七十二年　加害と被害から歴史を掘り起こす……………13
①心の中で温めてきた構想／13
②日本と中国で南京戦の証言を収集／14
③日記や手紙から南京大虐殺の実態を読み取ることができる／16
④第十六師団歩兵第三十三聯隊第十二中隊の松村の手紙と三人の戦友の日記／17

第Ⅰ部　松村芳治の証言

1　南京戦に参加した元兵士・松村芳治との出会い――22
南京戦参加兵士を探すための手がかり／22
南京戦に参加した兵士への呼びかけの手紙／23
南京大虐殺情報ホットライン／27
南京戦に参加した兵士・松村芳治を訪ねる／27
初めて松村が語る南京戦／29
南京戦に参加した戦友を紹介してもらう／30
証言集『南京戦・閉ざされた記憶を尋ねて』の出版を喜んでくれた松村芳治／32
松村の死／33
2　松村芳治の青年時代――35
小学校、高等小学校の時代／36
青年学校で習ったのは、軍隊の準備「天皇陛下の御為に」／37

3　松村芳治の軍隊生活　40
内務班教育／40
敵襲の報復に近くの部落の母子を射殺／41
上海から南京への道／43
揚子江に逃げる無数の中国人を撃ち殺す／43
南京城内の掃蕩で男という男を撃ち殺した／45
難民収容所から屈強な男を引き出し殺す／46
クリークの畔で集団虐殺／47
城内で死体の片づけ／48
城外で駐屯して徴発ばかり／49

第Ⅱ部　手紙・日記・証言から見る南京戦　歩兵第三十三聯隊第十二中隊の兵士達

南京で書いた手紙や日記は、たくさんあったはず？／52
松村が所属した歩兵第三十三聯隊第十二中隊が南京で行なった残虐行為／55
上海から南京への過程で戦地で手紙や日記を書いた兵士達のよこがお／58

1　日中戦争開始から南京攻略戦へ　64
日本軍人としてはお国のために働くのは当たり前（一九三七年九月二日）……64
大阪でも出征する我らに盛大な歓送（一九三七年九月五日）……69
戦死は本懐、死んで靖国に祀られるのは名誉（一九三七年九月十日）……73
戦闘と行軍に明け暮れ、手紙も出せなかった（一九三七年十月二十一日）……79

食べ物が来ないので、中国人の家へ入って盗んでいる（一九三七年十月二十二日）……86
甯晋では、顔も洗え睡眠は十分とれる（一九三七年十月二十五日）……92
新しい任地は○○と書き、家族にも知らせない（一九三七年十一月十一日）……97

2　南京陥落と掃蕩という虐殺

105
南京目指して、競争の追撃戦（十一月十三日～十二月二十一日の間）……105
南京大虐殺が始まった（一九三七年十二月十三日～）……115
「揚子江で五万の兵を全滅」と故郷に手紙／115
「揚子江に逃げる無数の中国人を撃ち殺す」／122
「集団虐殺する機関銃の音がずっと聞こえていた」／124
「河面は死体でびっしり、中山埠頭で死体片づけをさせられた」／126
十二月十三、十四日の澤村次郎の日記／128
「下関へ攻め下り、集団虐殺を目撃する」／132
「下関で数千人の人と一緒に私は重機関銃掃射された」／135
「紅卍字会の父を手伝って死体処理をした」／137
十二月十三、十四日の豊田八郎の陣中日記／139
「南京城内を掃蕩、分隊で五十五名殺す」／140
「日本兵にトラックで連行され機関銃掃射された」／142
「煤炭港で数百人の人が殺されるのを見た」／144
長谷川悌三の陣中日記／146
「中山埠頭で大勢の男と共に集団虐殺され死体の中から生き返った」／147
南京陥落の翌々日以降も厳しい掃蕩が続く（十二月十五日～十七日）……149
南京東郊外の湯山鎮湖山村の状況／155
南京陥落後の大規模な掃蕩が終わって下関に駐屯、略奪に精を出す（十二月十八日～二十二日）……161

3 南京城外西善橋に駐屯――172
南京城の南八キロメートル　西善橋に駐屯し連日略奪（十二月二十三〜二十七日）……172
西善橋で初めての正月を迎える準備（十二月二十九日、三十一日）……180
南京で新年を迎える（一月一日）……187
正月過ぎて西善橋の警備は遊んでのんびり（一月初め頃）……192
「日本軍に出くわし従兄弟は銃殺私は重傷を負い生き延びた」／197
西善橋駐屯は時間的に余裕あり、たくさんの手紙に返事を書く／199
「日本兵は村へ来て、豚を盗り女を追い回していた」／206
南京を離れ次の警備地へ移動（一月二十八日）……207
おわりに代えて――南京・戦場からの手紙や日記を読み取って……209

第Ⅲ部　「程瑞芳日記」を読む

1 加害・被害の証言から金陵女子文理学院での日本軍の暴行を検証――214
はじめに……214
「日記」の筆者が程瑞芳と確定した経緯……219
見えて来た南京大虐殺当時の南京における国際安全区の状況……222
(1)日本軍は国際安全区のエリアに乱入したので、決して「安全」ではなかったこと／223
(2)女性が守られるはずの金陵女子文理学院でも性暴力が頻繁に起きていたこと／226
(3)安全区内でも市民の登録をさせて、男性を連行し集団虐殺が公然と行われていたこと／231
(4)性暴力と市民の虐殺をどこでも、いつでも不断に再生産している日本軍の実態が見えてきたこと／234

まとめとして……238
2　程瑞芳日記――被害証言と加害証言・日記を照らして――241
用語解説……323
あとがき……324

私と南京大虐殺――本書の刊行によせて

田中宏

私が生まれた一九三七年は、南京大虐殺の年であり、また盧溝橋事件の年でもある。しかし、南京大虐殺と私との〝出会い〟は次のようなものだった。

私の手元に冊子『南京大虐殺――その時名古屋は』（一九八七年七月刊）がある。その序文に私は次のように書いた。

一九八五年は、いろいろ考えさせられた年である。中曽根首相の〝靖国公式参拝〟と西独大統領の記念演説の対極性はあまりに衝撃的であった。大統領演説の一節には〝非人間的な行為を心に刻もうとしない者は、またそうした危険に陥りやすいものです〟とあった。

一九八五年八月一五日、中国・南京市では『侵華日軍南京大屠殺遇難同胞紀念館』（中国語表記の館名）の開館式が行われた。その同じ日に、日本の首相は靖国公式参拝を敢行したのである。その靖国には絞首刑となった七人のＡ級戦犯の一人として、南京大虐殺の責任を問われた松井石根《いわね》大将（名古屋出身）も入っている。

一九七八年一二月に名古屋市は南京市と、八〇年七月に愛知県は南京が省都の江蘇省と、それぞれ友好提携を結んでいる。しかし、私たちは南京大虐殺を〝心に刻む〟何かに取り組んできただろうか。この自問を共通の出発点としたい。

いささか長い引用となったが、これが私と南京大虐殺との〝出会い〟を綴ったものになる。当時、私は愛知県立大学の教員だった。

一九八八年は、名古屋—南京の姉妹都市提携十周年に当たった。私たちは、南京大虐殺の頃、日本の新聞は何をどう伝えていたのかを調べてみることにした。当時の地元紙（「名古屋新聞」と「新愛知」、両紙が統合されて「中部日本新聞」となり、現在の「中日新聞」に）をめくって前述の冊子を作ったのである。南京攻略戦の最高指揮官松井石根大将が名古屋出身ということもあって、紙面には目をおおわんばかりの〝祝賀ムード〟一色の記事と写真が溢れていた。名古屋駅舎には「祝、南京陥落」との巨大な垂れ幕が掲げられ、市主催の「南京陥落祝賀の夕」が市公会堂で開かれていた。「感激夜をこめて高潮、戦線銃後心を繋ぎ、勝利の乾杯いざ高く、けふ名市挙げての大祝典へ」は、一九三七年十二月十二日付名古屋新聞の見出しである。当時の興奮ぶりを伝えて余りあろう。同じ頃、南京では惨劇が繰り広げられていたのである。

私が学窓を離れて初めて就いたのは、アジア人留学生の仕事だった。ある時、私の机の上に日本の新聞の切抜きが置いてあった。一九六四年（東京オリンピックの年）の天皇誕生日から、「戦没者叙勲」が〝再開〟された時だった。十五歳で戦死した少年兵の母が勲章をもらった喜びを伝える記事だった。シンガポール人留学生に「戦没者叙勲名簿が紙面を飾っているが、日本の侵略で犠牲になったもう一つの名簿を忘れないでほしい」と言われた。その頃、シンガポールでは「華僑虐殺事件」の犠牲者の遺骨収集が始まっており、それを伝える華字紙の記事は今も私の手元に残してある。シンガポールには、「日本占領時期死難人民記念碑」という真っ白い塔がたつが、それが建立されたのは一九六七年二月である。その二十五年前の四二年二月、シンガポールが陥落するが、その時も日本では「英の牙城、我に陥つ」と国を挙げて祝賀ムード一色だった。その一方で同じように華僑虐殺が繰り広げられていたのである。

一九九七年、南京大虐殺から六十年目の年に、各地の市民団体が集まって、南京大虐殺の真実を究明し、その史実を一般市民に伝えるために、「南京大虐殺60ヵ年全国連絡会」が結成された。その最初の仕事が「南京大虐殺ホットライン」の開設だった。東京、名古屋、金沢、大阪、熊本の五つの都市で、南京大虐殺に関わった元兵士や関係者から、体験談や目撃談、聞いた話などをホットラインを通して寄せてもらおうというものだった。

寄せられた確実な情報を基に、松岡環さんを中心とする市民が、長い年月をかけて、丹念に南京攻略戦に参加した元兵士の聞き取り調査を行なった。その成果はすでに、『南京戦――閉ざされた記憶を尋ねて・元兵士102人の証言』（社会評論社、二〇〇二年）にまとめられて世に出されている。これは、まさに、虎の尾を踏むに等しい行為で、南京大虐殺を否定する人達や〝自虐史観〟なるものを批判する人達から、喧々轟々たる非難が巻き起こった。曰く「偽兵士」、曰く「偽証言」と。元兵士の証言はそれほどに、南京大虐殺の実相に迫っていたのであろう。

本書の特色は、その聞き取り調査の過程で得られた元兵士の手紙や日記という記録された文書を基に、それと被害者の証言を重ね合わせることによって、南京大虐殺の真相が立体的に見えてくるように編集されていることである。さらに、特筆すべきは、当時日本軍占領下の南京の国際安全区で、ミニー・ヴォートリンの助手を務めた中国人教師、程瑞芳女史の日記と加害者、被害者の証言が同様の構成でまとめられていることである。程瑞芳女史の日記の公表は日本では本書が始めてであろう。出てくる元兵士や被害者の名もほとんど実名で書かれており、その意味でも、本書は学術的資料としても価値があるばかりでなく、「前事不忘、後事之師」、過去を忘れず、将来の戒めとするための説得力に富む一書となっている。戦争を知らない世代にぜひ読んでほしい。

（「ノーモア南京の会」代表、一橋大学名誉教授）

はじめに——南京大虐殺から七十二年　加害と被害から歴史を掘り起こす

①心の中で温めてきた構想

私の心の中で、長年温めてきた本の構想があった。

私は、南京大虐殺の実態を知りたくて、加害の側の日本兵士の聞き取り調査を一九九七年秋から、手探りで開始した。日本では、南京大虐殺がまぼろし化されて久しく、南京戦に参加したはずの二十万人といわれる多くの元兵士達から、南京での実体験を聞くことがほとんどなかった。私が南京攻略戦に参加した部隊の情報を集め、奈良や三重県に住む元兵士達に南京大虐殺の当時の話を聞きに行っても、多くの元兵士達や家族が、当時のことを話すことを拒否、または躊躇することが多かった。

一方、一九九八年から私は、被害者である南京の老人達の聞き取り調査を集中して始めたが、中国の老人達からは、日本人が南京大虐殺当時のことを聞きに来たと知って「日本鬼子がまた来た！」と驚かれたりした。元日本兵の調査は、彼らの聯隊が所在した三重、奈良、京都、岐阜などに出かけて行なった。南京大虐殺の被害者の調査は、長期の休暇が取れる春、夏、冬休みに南京へ出かけて記録を積み重ねていった。

調査して一年もたたない段階で、元兵士たちや被害者が体験した証言を記録しているうちに、被害と加害の証言の場所や時間に共通した事項がいくつも現れたことに私は驚きを禁じえなかった。時間的空間的に、加害と被害の語る南京大虐殺当時の出来事が、恐ろしく一致していたのだった。

後述するその具体例を読んでいただければ、皆さんにはよく分っていただけるだろう。加害の側の日本兵が残した手紙や日記証言と被害の側の中国人たちの証言を合わせることで、南京大虐殺の事実を証明できるのではないかと考えていた私の頭の中で現実感が湧き上がってきた。兵士達が戦場から故郷に送った手紙や書きとめていた日記、本人の証言を合わせて、南京大虐殺の事実を文章にまとめて世に出すことが重要であると私は確信した。いつの日かこれを絶対一冊の本にまとめ上げて多くの人に知らせなければならないと私はこころに決めた。

二〇〇七年十二月十三日は、「南京大虐殺七十周年」にあたる。南京では三十万人の犠牲者を追悼する大きな集会と国際シンポジウムが開催された。また同時に侵華日軍南京大屠殺遇難同胞紀念館が、敷地が十倍という大規模な新記念館となってオープンした。


私は、二〇〇七年の初め頃から構想を考え、収集していた資料を整理し始めた。加害と被害の証言に目を通し、日記を読み、関係資料を読み通した。同時に日本兵が残した日記を解読しパソコンに打ち込む作業に明け暮れた。また南京戦に参加した第十六師団歩兵第三十三聯隊元兵士の松村芳治氏が寄贈してくださった膨大な手紙の束、数百枚に目を通した。私は、本人が戦場から故郷に書き送った手紙と戦地で受け取った手紙を分類し、松村氏が召集されてから南京滞在期間に書いた手紙の全てをパソコンに打ち込んだ。そして本格的な執筆と同時にすでにデジタル化した日記や手紙、証言を編集し始めた。

②日本と中国で南京戦の証言を収集

先にも触れているが、一九九七年から私は日本国内で、南京戦に参加した兵士達の聞き取り調査を集中して始めた。

現在までの十二年間で二百五十名以上の元兵士を訪ね歩き映像や写真、証言記録をとった。南京大虐殺に実際手を下した兵士達の証言を記録しながら、兵士達が広い南京城内外のどの場所でどのような行動をしていたかを私は、徐々に理解することができるようになった。

私が主に調査してきた元兵士は、南京攻略と城内掃蕩、その後の南京警備を命じられ南京城内外に長期間滞在した第十六師団（中島今朝吾中将）第三十旅団（佐々木倒一少将）歩兵第三十三聯隊（野田謙吾大佐）と第三十八聯隊（助川静二大佐）だ。私はこの二つの聯隊の兵士達を集中的に訪問調査した。さらに対象を広げて十二月十三日に南京を攻略したり、南京城の各城門から入城した部隊である第十六師団配下の二十聯隊、九聯隊、砲兵や輜重、騎兵、衛生、通信などの各部隊、他に第九師団の歩兵第三十六聯隊、第七聯隊、第六師団の歩兵第四十五聯隊、三師団の六十八聯隊等のたくさんの部隊の膨大な数になる元兵士達の証言を集めていった。

日本国内や南京での調査には、時には一人で出かけなくてはならない時もあったが、カメラの記録や録音や筆記に協力してくれる友人もたくさんいた。あまりに多くの対象者を尋ねなければならないので、拒否や死去によって証言を得られないことも多々あり、くじけそうになった時もあった。とりあえず加害と被害の調査を二冊の証言集にまとめるのに五年の歳月を要したが、友人達に励まされて、証言を記録、分類して一通りの結果を出すことができた。

南京戦に参加した元兵士の記録は一〇二名分を証言集としてまとめ『南京戦・閉ざされた記憶を尋ねて』という題名で二〇〇二年に日本（社会評論社）で、翌年には中国（上海辞書出版社）で出版された。被害者の調査は一九八八年からしていたが、系統的に分類できるほど充分ではなかったために、一九九八年からこれもやはり本格的に調査をして記録に残し始めた。この調査結果も『南京戦・切りさかれた受難者の魂』という題名で二〇〇三年日本（社会評論社）で、二〇〇五年には中国（上海辞書出版社）で出版の運びとなった。

③日記や手紙から南京大虐殺の実態を読み取ることができる

南京大虐殺に関わった兵士達の聞き取り調査を続けていくうちに、多くの日記や手紙の束、軍隊手帳、写真、勲章、千人針、軍服、身につけていた物などを元兵士自身や遺族から研究のために役立ててほしいと提供して頂いた。どれもが南京大虐殺を証明する資料であり、七十年前の南京大虐殺当時の状況を彷彿とさせる貴重なものだった。

特に本人の書いた手紙は、南京攻略戦の途中や南京で書かれた手紙もたくさん混じっていた。それだけに、当然のこととして軍の検閲を受けてはいても、その当時の戦場の様子や日本兵の考え方や家族への思いがひしひしと伝わってくるものであった。一番たくさんあったものは、第十六師団歩兵第三十三聯隊十二中隊の松村芳治氏が、一九三五年の現役時代から一九三七年の日中戦争勃発、そして一九三九年の除隊までの間、家族や友人と交わした数百枚の膨大な手紙であった。その数々の手紙資料の中から、松村氏が戦地から書いた手紙と日本本土から受け取った手紙を私は分類していった。松村氏自身が故郷の父親に書いて出した手紙は、日中戦争初期の召集から怪我による内地搬送除隊までの二年間で九十三通が残っていた。その中で、一九三七年九月の大阪港出航から南京滞在終了の一九三八年一月二十八日までに関わる五か月間に書かれた手紙は十七通が現存していることを確認した。

南京大虐殺を記述した日記は、九名の元兵士の方々から日記原本（四冊）やコピー（五冊分）を頂いた。日記の中には、十二月十四日、揚子江岸における中国人達千二百人以上を本人が機関銃で撃った場面を書いた高島市良日記や十四日の師団規模の掃蕩では城内において自分の小隊だけで二百五十名の中国人を殺したと記述した豊田八郎陣中日記があった。また、全てのどの兵士も日記に略奪を当たり前のこととして書き、死体の群れを目撃したことを記述していた。

④第十六師団歩兵第三十三聯隊第十二中隊の松村の手紙と三人の戦友の日記

南京戦に参加した兵士九人の日記の中でも、特に松村芳治と同じ十二中隊の兵士が書いた日記が三冊もあったのは特筆すべきことだった。十二中隊指揮班の澤村日記、豊田陣中日記、長谷川陣中日記だ。澤村は縦一三・五㎝、横八・五㎝の小さな黒手帳に毎日せっせと細かい字で第三大隊本部から十二中隊が命令受領した項目と自分の行動を一日に一〜二ページにわたって万年筆で書いていた。豊田は同じような小さな手帳に毎日の行動を数行簡潔に書いていた。長谷川は、手帳をつけていたが負傷して一九四〇年に臨時東京陸軍病院に入院中、原稿用紙に日記を書き写して冊子にして綴じていた。元の日記を見せてほしいと筆者が言うと、破損がひどくなりどこかにまぎれてしまったと長谷川は語っていた。

松村芳治の戦場からの手紙と澤村、豊田、長谷川の日記を中心にして、当時彼らが南京大虐殺にどのように関係したかを浮かび上がらせようと筆者は試みた。同時に四人の元兵士の証言と彼らのいた場所や時間が一致する被害者の証言を掲載して南京大虐殺の具体的な状況を読み取れるようにと考えた。

本書の第一部は、当時の日本の青年達誰もが天皇の赤子として戦争に参加した状況を描く。同じく軍国青年として天皇を崇拝し戦争に勇んで参加した松村芳治の人となりを描く前半は、三つの部分に分けて記述している。①南京戦に参加した元兵士松村芳治との出会い、②松村芳治の青年時代、③松村芳治の軍隊生活。

第二部「手紙・日記・証言から見る南京戦」では、歩兵第三十三聯隊第十二中隊の兵士達を描いている。彼ら日本兵と同じ場所で同じ時期に暮らし被害を受けた中国側被害者の証言をも多数登用し、南京大虐殺の実態を加害被害の両面からあぶりだそうと、私は試みた。第二部も三つの部分に分かれている。①日中戦争開始から南京攻略戦へ（八月末〜十一月十二日）、②南京陥落と掃蕩という虐殺（十一月十三日〜十二月二十二日）、③南京城外西善橋に駐屯（十二月二十三日〜一月二十八日）という構成となっている。

被害者は、日本軍の南京攻略戦から南京陥落後の、松村達が駐屯する西善橋まで数多くの集団虐殺や略奪、性暴力の被害を体験し証言している。具体的に証言者が被害を受けた場所と事例をあげてみよう。揚子江下関下流での集団虐殺や各地域での死体処理、国際安全区から引き出され集団虐殺、煤炭港での集団虐殺、中山埠頭での集団虐殺、南京東部湯山鎮での掃蕩による農民虐殺、西善橋での略奪と性暴力など十二中隊が関係すると思われる地域だけでも多くの南京大虐殺の事実が浮かんでくる。

手紙と日記を提供した松村芳治達が全ての中国人証言者達に直接手を下したわけではないが、これらに書かれ語られた事実は、日本軍が南京大虐殺を引き起こしたことが紛れもないことを証明している。そして彼ら兵士が召集され南京戦に参加し中国の民衆に甚大な被害を与えたことも歴史の事実なのである。

四人の元兵士は、私達に手紙日記等の資料を研究のためにと提供し、積極的に南京での出来事を話してくれた。彼らは自身の体験を話したあと、どの元兵士も「戦争に反対です」「あれは侵略戦争や」「当時は中国人を下に見ていました」と同じように語っていた。

第三部は、一九三七年十二月、南京大虐殺と南京レイプを記録した「程瑞芳日記」を取り上げた。「1　加害・被害の証言から金陵女子文理学院での日本軍の暴行を検証」では、この日記が発見された経緯と本人と確定される要因について述べている。日記の筆者程瑞芳は、ミニー・ヴォートリンとともに金陵女子文理学院で目撃した日本軍の暴行を毎日日記に記している。同学院に侵入したり駐屯していた元兵士の証言や避難していた女性たちの被害証言を取り上げて、当時頻繁に起きていた日本兵による市民の連行と集団虐殺、女性への性暴力を被害加害の両面から取り上げ検証した。程瑞芳日記から、国際安全区内では以下の四点が起きていたことが考えられる。①国際安全区は安全ではなかったこと、②女性ばかりの難民区金陵女子文理学院でも性暴力が頻繁に起きていたこと、③国際安全区で日本軍による一般市民の連行と集団虐殺が公然と行われていたこと、④性暴力と市民の虐殺をいつでもどこでも不断に再生産している日本軍の実態がみえたこと。

「2　程瑞芳日記――被害証言と加害証言・日記を照らして」では、十二月八日～三十一日までの程瑞芳日記全文と、その間起きた事柄や事件に合致する中国人被害者と元兵士加害者側の証言や日記を照らし合わせて読めるようにした。程瑞芳が記した当時の出来事をその場にいた他の人々の証言でも示し、文字に記された資料と言葉の資料が、互いに補完できる形をとるようにした。連日記された日記や証言を読むことによって、当時の南京の具体的な状況が感じられることだろう。

南京大虐殺は日本の軍隊が組織的に行なった中国民族への殲滅戦である。末端の兵士達はどのように動いていたのかが拙著によって、少なくとも第十六師団歩兵第三十三聯隊の三大隊の行動を読み解くことができるのではないだろうか。そして兵士個人がどのような気持ちでこの戦争に参加し、南京の市民達に接していたのかが読み取れるだろう。中国に対する現代の歴史改竄派や南京大虐殺否定派の歴史認識は、この時の差別に満ちた中国人観や日本人の強い優越感を持っていた時代からあまり変っていないのではないかと考えられる。

拙著には、南京攻略戦から南京駐屯までの日本兵が書いた手紙や日記を資料として多数添付している。編集に当たり時間に追われて、日記の読解などに手間取った部分があったが、年長者の助けを借りてできる限り原文どおりに表した。

明るい次の世代のために歴史を捻じ曲げる愚行が横行してはならない。私達は南京大虐殺の歴史を明らかにする活動を市民運動の場で広げてきた。南京大虐殺の加害者と被害者を何人も何度も取材し記録に残してきた。同時に日記や写真などの現物資料も収集し記録にとどめてきた。私達は日本の歴史研究の分野では重視されないオーラルヒストリーを大事に残そうと考えている。加害の側は都合の悪いことは私的な記録にさえあまり書かないし、公的な文章は焼却されている。被害の側は殺戮の恐怖から逃れることに精一杯で、また生きていくだけの最低限の暮らしの中では、文を書く余裕がなかったのだ。だから、多くの当事者が語る証言は、歴史を究明するうえでとても重要になってくる。南京大虐殺からはや七十二年になる。南京戦に参加したほとんどの元兵士達はこの世を去っていった。私が訪問し調査した二百五十余名の老兵の中で話ができる方は現在数人となった。被害を受けた側の人たちも寄る年波で体を壊し日本の老人達より早世している。加害の側の元兵士と被害を受けた南京の老人たちが語る証言を記録に残すことは、今最も重要な課題であると言えるだろう。南京大虐殺を語ることが困難な日本社会において、私達による元兵士の調査が南京大虐殺の歴史事実を明らかにする一助となれば幸いであると考えている。

二〇〇九年八月　　日本の侵略戦争集結の日に

第I部　松村芳治の証言

▲…証言する松村芳治

1　南京戦に参加した元兵士・松村芳治との出会い

●南京戦参加兵士を探すための手がかり

松村芳治さんとの出会いは、もう十年前になる。私が南京戦に参加した元兵士を何とかして探し出したいと考えていた頃だった。新聞記者をしている友人や中国帰還者連絡会のメンバー、元兵士だった方々に南京戦に参加した兵士は、おられるのだろうかと、顔を合わせるたびに聞きまわっていた。取材を通じて知り合った新聞記者の筑瀬重喜さんが、一九九七年の秋のある日、そんな私に電話をくれた。「松岡さん、三重県立図書館に寄って探したら『鈴鹿「戦争を聞く会」』という戦後五十周年の市民団体の報告集に南京に行った人の戦争体験が載っていました。南京の虐殺には触れてはいないけど。それからもう一冊伊賀町郷友会の本がありましたよ。戦歴と短い感想文が載っています。その人が生きているかどうかは解りませんが。それに、『魁』と言う三十三聯隊の南京戦記があります」とのことだった。私は「とにかくその部分のコピーを送ってください。大きな本は奥付でいいですから、ありがとう」と筑瀬さんにお礼の言葉を早口で言いながら電話を切った。三重県の図書館にしかない郷土史や市民団体の取り組みの冊

▲…この報告集が手がかりになった

子に掲載されている戦争体験者ということは、三重県出身の兵士だということだ。その元兵士達のほとんどは、恐らく南京に駐屯した第十六師団歩兵第三十三聯隊に関連しているであろうと考えられた。大阪の大きな図書館をいくつか回って探しても、南京戦に参加した兵士の体験記等を記した書物は見つからなかったので、友人がもたらしたこれらの手がかりに私は小躍りした。電話を終えてから、自分の声がかなり上ずっていたのに気づいて一人苦笑した。

●南京戦に参加した兵士への呼びかけの手紙

私達は、南京戦に参加した元兵士の聞き取りをもう半世紀も経た現在できるだろうかと、かつて長時間にわたる聞き取りをさせていただいた東史郎さんに相談した。彼は、一九三七年南京に攻め入り、虐殺された死体の群れを目撃し、処分されるであろう捕虜を上官の命令によって移送したことがあった。東さんは、「元兵士を探し出す役に立てたらいいがなあ、古い名簿やで」と言って、南京戦当時所属していた福知山の歩兵第二十聯隊第三中隊の名簿のコピーを私達に下さった。しかし、その名簿は一九三九年（昭和十四年）編成した中隊名簿だけに、私達が入手した一九九七年のその時で、既に六十年が経過していた。半世紀以上も経っていて、その後の日米戦・第二次世界大戦で召集され、戦死者もいれば何人生存しているのかさえわからなかった。それに部隊の編成替えもあったし、長い年月の内に転居した人もいるだろう。おまけに東さんの第三中隊は、南京大虐殺はあったと主張した東さんを中隊の戦友会から除名した。「南京大虐殺には我が中隊はかかわっていない」「東史郎は、やりもしないことを言って中隊の名誉を汚した」と歴史修正主義のメディアや軍恩新聞でも、同戦友会による中傷記事が掲載されていた。南京大虐殺を研究したり、マスコミに取り上げたりすることに強く反発する人々が力を持っている戦友会だから、同聯隊第三中隊の戦友会に生存者がいても証言をしてくれるかどうかは、大変疑問だった。

実際に南京大虐殺情報ホットラインを開設（後述）する直前、福知山の歩兵第二十聯隊の第三中隊員だった人達約三百人に地番変更後の住所を書いて、全員に体験談を話してほしいと手紙を出した。

元兵士に呼びかけた手紙《南京戦参加の元兵士の皆様へ》

拝啓

すっかり秋らしくなってまいりました。

突然のお便りをお送りする失礼をお許し下さい。

私達は、南京大虐殺の歴史の事実を研究し、日中の友好を願って活動している市民団体でございます。

今年は、ご存知のように、日本軍が南京に侵攻して六〇年目の年にあたります。皆さん方が、日本軍の兵士として南京に入城された時から、もう六〇年の歳月が過ぎ去りました。当時二〇歳で召集された若者は、すでに八〇歳の齢に達しておられます。

九死に一生を得られた南京大虐殺事件の中国側証言者は、ここ数年、よる年波により次々と亡くなっておられます。

そこで南京市では、今年、南京大虐殺六〇周年の一つの取り組みとして、一万六千人の高校生と研究者が参加して、南京大虐殺の体験者の調査を行いました。南京市政府の行政区域にあたる十五の区と県を対象にして、南京在住の七五歳以上のお年寄りから詳しく聞き取り調査しました。その結果第一時集約では、一四一二人の体験者と遺族が見付かり、これまで口を閉ざしていた人々も多数名乗りを上げました。日本からも、日中の戦争の歴史を学びたいと願う学生達も参加し、両国の若者たちが協力して調査し、意見を交流しあいました。

日本の学生達は、教科書に記載されているにもかかわらず、学校で日中戦争の歴史を全くと言っていいほど習ってきませんでした。まして、南京大虐殺の具体的な体験を聞き取って、新たな事実を知り、歴史を知らなかったという驚きが大きかったようです。

中国では、心と体に癒されぬ傷を負ったまま、南京大虐殺の受難者たちが、今も「南京戦参加の元兵士も自分の体験を語り、歴史の事実を明らかにして、子々孫々友好関係を築いていきたいものです。兵士達も戦争に駆りだされた被害者であり軍指導者とは切り離して考えています。」と語っておられます。

では、もう一方の体験者である日本軍の兵士の体験は、戦後になってから、公表されたでしょうか。私達は、ほんの僅かな方以外に聞いたことがありません。これまで、南京攻略に参加された兵士の皆さんが、少なくとも十数万いらっしゃったにもかかわらず、ほとんどの方が、戦後ずっと口を閉ざし、記憶の片隅に追いやったまま過してこられました。

元兵士の貴男が、南京で眼にされ、体験されたことは、当時の日本軍の組織や規模から考えますと、ほんの一部分にすぎないと思います。しかし、幾人もの方から真実の体験を寄せていただくことによって、パズルを組み立てていく様に、南京で起きたことが明らかになると考えております。

私達の殆どは、戦争体験がありません。私達は、事実を知りたいのです。戦後、外地から還られ、懸命に生きてこられ、家庭を守ってこられたことと思います。余生を過されておられる今こそ、これ迄胸中にしまってこられた貴男の貴重な体験を話されることを切望しております。戦争の悲惨さを若者たちに伝え、戦争の悲劇を繰り返さないためにも、ぜひお話をお聞かせ下さい。

私達は十月十日（金）から十二日（日）まで、午前九時から午後九時まで、「南京大虐殺情報ホットライン」という、電話による、南京戦参加兵士からの聞き取りを計画しています。電話でも手紙でも結構です。ご意見をお寄せ下さい。

匿名をご希望される場合は、絶対にお約束いたします。

では、よろしくお願いいたします。

朝夕は冷気を感じるこの頃、どうかお体を大切に、健康に留意くださいませ。

敬具

【南京大虐殺情報ホットライン】
日　時　一〇月一〇日（金）～一二日（日）朝九時から夜九時まで
電話番号　〇六―五八三―九三八二～四
場　所　生コン会館気付　大阪市西区河口二―四―二
実施団体　南京大虐殺60ヵ年大阪実行委員会

右に記した手紙は、人生の終焉を迎える年代である南京戦に参加した元兵士たちに対して、被害者の辛い思いや、南京での日中の学生達の証言聞き取り活動を記したものだった。また被害者達は兵士達も戦争に駆りだされた被害者であるとの思いを持っていると伝えた。私達には戦争体験がなく、事実を知りたいのだと。元日本兵の方達は、戦後苦労し懸命に生きてきたからこそ、余生を過す今、これまで胸中にしまってきた南京の体験を話してほしいと切望した。戦争の悲惨さを若者たちに伝え、戦争の悲劇を繰り返さないために話してほしいと。生存する元兵士達の多くが、この手紙を読んで心を動かされることを期待した。そして、加害の側の老人達は、南京で中国人に対する惨い行いや目撃したことを、きっと重い荷物を下ろそうとするように話してくれるだろうと私達は考えていた。

仲間と協力して約三百通の手紙を発送して一週間が過ぎた。南京大虐殺情報ホットラインのために間借りしていた事務所に、宛所に「尋ね当らず」と返送されて来た手紙がたくさんあった。何通かは本人の死亡を家族が知らせてくれた。また「南京大虐殺はなかった」「東の言動に惑わされてはいけない」などと中傷する手紙が三通届いた。体験談を話してよいとの返事は一通もなかった。やはりこの中隊は、戦友に南京を語らせないように緘口令を敷いているのだろうと感じた。

●南京大虐殺情報ホットライン

「南京大虐殺情報ホットライン」は、南京大虐殺六十周年に当る一九九七年に、南京大虐殺60ヵ年全国連絡会が主催した南京大虐殺情報収集の取り組みだ。全国六か所の都市で電話を設置し、南京大虐殺の情報を電話で収集しようとする取り組みだった。三日間の期間中、電話を事務所に三台設置して、私達スタッフは交代で、一日十二時間電話の対応をして情報を集めた。全国六か所に南京大虐殺を直接体験した元兵士からの電話が十八件あった。そのうち、本人の体験が十三件（大阪九、東京一、広島三）、伝聞や風聞が十八件あった。南京以外の虐殺が三件あった。全国の南京大虐殺情報ホットラインに寄せられた電話は、集計すると百三十件あった。そのうち、半数が問い合わせや励ましの言葉、そして南京大虐殺の伝聞と本人からの貴重な実体験だった。あとの半数が、南京大虐殺否定の抗議や嫌がらせ、脅迫電話であった。

南京大虐殺情報ホットラインに寄せられた電話やファックスでの証言を、私はすぐさま、文章に起した。その後、体験談のテープを起し資料として整理をしながら、私は、情報を寄せて下さった元兵士達を早速訪れて聞き取りを始めた。同時に、元兵士を探しだすために、戦記や郷友会の出版物、戦争体験記を調べ、そこに載っている元兵士の聞き取り訪問を始めた。一人の兵士を訪問すれば必ず戦友会や戦友を紹介して頂き、どんどん取材先を増やしていく方法を取った。

●南京戦に参加した兵士・松村芳治を訪ねる

先に述べた鈴鹿の平和の集いの報告集に、戦争体験を書いていたのが松村芳治さんだった。

先述した筑瀬さんから、南京戦参加の可能性のある元兵士松村さんの戦争体験のコピーが送られてきた。まず、その文章が載った鈴鹿「戦争を聞く会」の報告集（一九九五年九月作成）を読んだ。「南京への攻略戦の最中、敵と激戦中、目の前にいる戦友が死んでしまう体験をした。戦友はオカアサンと息絶えた。日本はアジアの人々を苦しめ日本も原爆の被害を受けた。戦争は両国共に多数の尊い人の命とすべての財産を失う。戦争体験者が平和の大切さを伝えて行こう」と結ばれていた。この人はとにかく南京に行っており、戦友の死と共にアジアの民衆の苦しみも言葉にしているので、南京での体験を話してくれるかもしれないという期待を抱いた。

鈴鹿「戦争を聞く会」を主宰している市民団体の世話人の男性に電話した。私達が毎年南京大虐殺の証言集会を各地で開催していること。市民運動の主旨や、南京大虐殺に関わった部隊の元兵士を探していることを説明して、松村家を訪問できるように紹介をお願いした。あいにくその方は時間が取れないとのことだったので、訪問に際し御名前を使わせていただく了承を得た。数日後カメラや録音機を携え早速鈴鹿市に出かけた。

教えていただいた住所を頼りに、地図を見ながら一面茶畑の中の一本道を車で走り続けた。目指す集落の中に入り畑仕事をしている老人に聞くと「アアすぐそこです」と指差して教えてくれる。松村さんの家は、近郊農家の典型的な造りで、中庭の周りに立派な日本建築の母屋と年月を経た屋根の低い二階屋、向い側には農機具や収穫物を入れる大きな倉庫がゆったりと並んでいる。おまけに三つ目の倉庫から黒い犬がのっそりと出てきて私を見て、ウワ〜ンウフォッとあまりやる気なさそうに一声ほえた。私が体をかがめて手を前にゆっくり出すと、黒い番犬は、耳を倒ししっぽをふりはじめた。

敷地内にある古い二階屋には縁側に大きな踏み石が置いてあって、石の上には男物の下駄と女性用の地味なサンダルがきちんと脱ぎそろえてある。縁側は東側に面して日が良く当るようになっている。縁側から「松村さん」と中に声をかけた。すりガラスの障子の奥で人の気配がする。二度ほど大きな声で名前を呼ぶと、中の部屋から縁側に出てきてガラス戸を開ける人の姿が見える。「どなたですかな」と顔を出したのは、やせ気味の背の高い老人だった。優しそうな目をしておられた。

私は、「鈴鹿『戦争を聞く会』の本を見ました。松村さんは、戦争体験を子供たちにしておられるそうですね。私達も戦争の事実を知りたくて聞き取り調査をしています」と説明して、ぜひ日中戦争の体験を聞かせてほしいとお願いした。

奥さんも、顔を覗かせて、「どうぞ、どうぞ、上ってくださいな」と気軽に招き入れてくださった。

息子夫婦と同じ敷地の中に年寄り夫婦が別棟で暮らしている。食事はお嫁さんが運んでくれるので楽ですわ。何もしんどいことないんですよと奥さんが言う。松村さんは、最近まで、老人会や地域の役を引き受けてはいたが、今は第一線を退いてのんびりしていると言われる。松村さんが差し出した名刺にはたくさんの地域での役職の肩書きが並んでいた。

▲…松村芳治と松岡

●初めて松村が語る南京戦

松村さんは、一九三四年（昭和九年）軍隊に入隊した。現役時代は、三十三聯隊本部の久居でしばらく新兵教育を受けていたが、すぐ、満州に渡ることになった。チチハル、ハイラルの陣地に対ソ国境警備の歩哨に立ったそうだ。満州に行った兵隊からはよく聞く話だが、「冬は風呂に入って宿舎に帰るまでに手ぬぐいが棒のようにカチカチに凍ってしまっていたよ」と、松村さんも満州での兵隊の暮しを話してくれた。旧満州での生活は、まさに青春時代であるから、「食事は交代で当番が運んだ。配膳が終るとみんなで一斉に食べてなあ。とにかく黙って早く食べて、片付ける。なんでも競争だった」と懐かしそうに話す。軍隊特有の私的制裁、リンチも「古年兵がちょっとした気に入らんことがあれば、ビンタを張る。班長が下士官室に戻ったら、さあ制裁が始まる。そんなのはしょっちゅうありましたなあ」と思い出話として、どんどん、質問に答えてくれる。日中戦争が始まり召集された後の話を聞いていく。昭和十二年暑い盛りの八月の末頃召集を受けた。松村さんは、「日中戦争期間、兵士の眼で見た戦場で起きた歴史の事実をきちんと記録したい」という私達の主旨をよく理解したようだ。

揚子江の敵前上陸から南京への追撃戦、南京城の掃蕩、集団虐殺、機関銃での射殺などを話してくれた。もちろん初めての聞き取りをした時は、南京大虐殺からすでに六十年を経過していた。松村さんは、私の細かい部分の質問にも「南京城内に入ると、城壁のすぐ側の壁やったかなあ。『忠孝仁愛忠義和平』という文字が大書してありました。その時はなあ、難民区に入って行って男と言う男をオイッオイッと指差して引っ張り出すんです。面や目つきの悪いのは兵隊ということですな。まあ運が悪いんでしょう」とかなり具体的に思い出して話してくれる。松村さんの記憶は、素晴らしく正確だったと、後で同じ三十三聯隊十二中隊の戦友（十名）からの聞き取りをして、わかった。

●南京戦に参加した戦友を紹介してもらう

鈴鹿に住んでいる松村さんの戦友もずいぶん紹介してもらった。すぐ隣町に住んでいる、南京碇泊場司令部にいた酒井、勝田、藤尾さんの三人にも、何度か訪問して聞き取りをお願いした。南京戦後の南京港では、華中から略奪した物資を日本軍が支配する都市や前線基地に運搬していた。下関や浦口を含む南京では中国人捕虜を強制労働させていた事実が証言から判明した。中国側でも『南京港史』に強制連行された捕虜達の苦難の暮しと暴動が書かれていて、膨大な数の捕虜が、日本軍と企業によって殺害されたとあった。日本軍側の証言で捕虜を奴隷労働している点で明ら

▲…松村に紹介してもらった元兵士に話を聞く

かになった部分があった。南京碇泊場司令部にいた酒井さんは、中庭で取れた豆をより分ける作業をしながら話してくれたこともあり、家の中で聞き取りをしたり、納屋の軒先で碇泊所司令部での仕事や南京での慰安所の状況など様々な話をしてくれた。酒井さんも記憶がとても確かで、次々と淀みなく細かい具体的な話が出てきて驚いた。「わしは長生きしすぎた、もうお迎え来て欲しいわ」と言いながらも話すのが好きな好々爺だった。

松村さんは、私達にまた、近くに住む南さん（仮名）という三十三聯隊一中隊の元兵士を紹介してくれた。松村さんより一、二歳年上だと聞いていたが、南さんも大変記憶のしっかりした方であった。戦争中の暮しや、南京戦、その後の南方での敗戦処理など、軍隊手帳を見ながらすらすらと記憶をたどって話された。私達は、南さんの家には三回お邪魔して、たくさんの軍隊時代の写真を接写させてもらった。また、私達が戦争の時代を生きてきた兵士の記録を取っていると話すと、南さんは、自分と同じように南京戦に参加した一中隊で現在生存しているメンバーすべてを紹介してくれた。

松村さんの十二中隊戦友会久我隊は、南京戦当時の中隊長だった久我中尉の名前を取って、戦後、戦友会を開いたそうだ。松村さんは箱から「久我隊」と書いた紺の旗を取り出して「湯ノ山温泉や椿神社で年一回、戦友会を開いてみんなと会っていましたんや」と懐かしそうに広げて見ていた。私達が調査を始めた一九九七年にはもう、世話をする者、つまり松村さんや参加メンバーが、寄る年波で集まりにくくなったので、戦友会の活動をやむなく停止したそうだ。残していた名簿を袋から出して、戦友会に来ていた参加者を教えてくれた。私は、全員の名前をノートに写し、大阪や三重県下の各町を尋ねた。もちろんもう亡くなっておられる方も多数おられた。元兵士たちが元気で生存して聞き取りができたり、亡くなられた事がわかると、必ず松村さんにその消息を伝えた。

第十二中隊で聞き取りができた方は、沢村、長谷川、豊田、奥山小隊長、余谷、出口、大門、上森、藤井、平山、竹本、の諸氏。また、訪問して聞き取っていくなかには、南京にたどり着くまでに負傷された方も何名かおられた。松村さんの紹介で、本当にたくさんの証言を記録することができた。

●証言集『南京戦・閉ざされた記憶を尋ねて』の出版を喜んでくれた松村芳治

松村さんを始めて訪問したのは、上述のように南京戦に参加した元兵士の調査活動を開始したばかりの一九九七年の秋だった。松村さんは未だ八十四歳、足腰もしっかりしてバイクに乗っていた。腰もまっすぐで一緒に歩いていても私達と同じ速さで車の乗り降りも問題はなかった。もちろん記憶もしっかりして、毎回尋ねると「思い出しましたな」と日中戦争当時を思い出し新しい出来事の話をしてくれた。本もどんどん読んでおられた。自分の父親世代なのに頭の回転がすばらしい人だなと感心した。二〇〇二年夏、私達が証言集『南京戦・閉ざされた記憶を尋ねて』を刊行したので、お礼と報告のために、松村宅を訪れた。松村さんは、できたばかりの分厚い本の表紙をなでながら「立派な本ができましたな。わしも、あんた達がいつも来てくれるので、自分も何か書かないとアカンと思いますのや」と笑顔で答えてくれた。松村さんは、自分の話が記載されているページを開いて、「よう書いてくれましたな。自分の名前は仮名やけれど、実名で出してほしかったな」とぼそりと言った。私達は、南京での市民や元中国兵に対する暴行や集団虐殺、強姦、略奪などの行為を話してくれた加害兵士を歴史修正主義者達から守るために細部に渡る部隊名や実名は表記しなかった。証言をした元兵士は、聞き取りを終えた後、全員が、資料の活用や文章掲載の同意書に署名捺印し、ほとんどの南京戦参加元兵士は「実名を使ってよい」「南京大虐殺は、本当にあったことなんだから」と答えてくれた。しかし私達は、聞き取りを記録したからには、歴史修正主義者であり南京大虐殺を消し去ろうとする勢力の誹謗や暴力から老人達を守らなくてはならない責任があると考えた。私達の日常の証言活動に対して、右翼の威嚇電話や大音響の街宣車での嫌がらせ、圧力、文章による名指しの誹謗中傷などを、私達は何度も経験している。自分たちが住む日本国内で、不愉快な暴力的な圧力を体験し続けているだけに、静かに暮らしている老人達に危害が及ぶのを心配した。私達は、調査に関わったメンバーで話し合い、あえて、証言をしてくれた老人達全員の名前を仮名にして出版したのだった。右傾化が進む日本社会では、南京大虐殺の歴史事実を語る人々の言葉を封殺しようとする勢力が、どんどん力を増しているのだ。

●松村の死

私達の本を出版する前頃からだが、鈴鹿の近くに調査に来た折、松村さんを訪ねても、朝十時ごろでも起きてはいなくて、まだ休んでいるということがあった。私が、「体の調子が悪いのならまた来ます」と言うと、奥さんが「そうではなくて、この頃一日床に入って起きてこない日がありますねんで。こんなんしとったら、歩けなくなりますやろ」と奥さんが心配そうな顔で私に同意を求めるように言う。「あんたさんらが、来てくれたので喜んで起きますわ」と取り次いで下さった。暫く縁側で待って居ると、寝室から茶の間へと松村さんが起き出してきた。「よう来てくれなさった」と私達の来訪を喜んでくれ、最近の体の調子を聞いたり、私達が三十三聯隊の元兵士を訪問した時の状況を松村さんに話したりした。だれそれはどうしているのかなと、松村さんは戦友や軍隊時代の同年兵の近況を気にしていた。もうこの頃からゆっくり言葉を選ぶように話し、体も以前のように動かなくなっているのか動作もかなり緩慢になっていた。話すと喉が引っかかるのかティッシュでタンをしきりに拭っていた。何よりも体重が減ってきたようで、頬の肉がおち、顎がとがって見えた。

その後も何度か自宅に伺った。起きて来られることもあったが、ベッドに寝たままの松村さんに話してもらうこともあった。眼は落ち窪み生気が見られなくなってはいたが、私達に日中戦争の中で起きた南京掃蕩での機関銃掃射の様子を話してくれた。一言一言思い出しながら。ゆっくりと話す言葉はこれまで話した事柄と違いはなかった。「平和のために自分が戦場でやった悲惨なことや見たことを話さなくてはなりません」と常々言っていた。病床であっても若い世代に伝えようとしているのだと、私は松村さんの思いを強く感じ取った。録音機のマイクを松村に近づけながら、「もうこれでこの人からの聞き取りはおしまいかもしれない」と腕を伸ばしてマイクの方向を確認した。

二〇〇四年春、いつものように、中庭で車からおりて、松村さんに私が来たことを告げようと縁側に近づいた。松村さんの下駄がいつものように踏石の上に見当たらなかった。「あれっどうしたのかな」といやな予感がした。松村さん、と呼びかけると奥さんが顔を出した。「お爺さんね。体の調子が悪くなって入院したの。大分ボケてますで」と言われる。その病院は、以前「行きたいけれど車がないので」と聞いて私達が老夫婦を車に乗せて送って行ったことがあった。十五分ほど表通りをまっすぐ行った所だ。すぐに御見舞いのお菓子を持って、病院に向った。ナースステーションで部屋番号を聞き病室に入ると、車椅子に座って外を見ている松村さんの姿が眼に入った。「松村さーん、今日は」と挨拶をするとこちらをまっすぐ見て少年のような笑顔が返ってきた。しかし、暫く松村さんの体調や友達の話をしていると、体力の衰えと共に確実に記憶も衰えているのが感じられた。「松村さん、良くなってまた、おすしを食べに行きましょうね」と言うと「そうですなあ。うまい店がいいですなあ」と返事が返ってきた。暖かくなったらきっと良くなって体力も気力も取り戻してほしいと願って、松村さんにお別れをした。もう九十一歳。でも南京戦に参加した元兵士の中でも、侵略戦争であり南京大虐殺が確かにあったことだと認めた数少ない人であるだけに、もう少し、元気でいてほしいと願わずにいられなかった。しかし、病院に松村さんを見舞ってから二か月後、苦しむことなく枯れるように永眠された。

二〇〇四年五月、九十一歳と三か月だった。合掌。

2　松村芳治の青年時代

＊二〇〇三年七月取材

南京戦に参加した松村さんは、私達調査チームが自宅に伺うたびに、満州時代や日中戦争の時代、戦友との関わりなど収集していたたくさんのガリ版刷りの軍隊の教材を見せながら話をしてくれた。筆者以外の訪問メンバーが変っても、松村さんは「あんた達の友だちですか。どうぞどうぞ上ってください」と気軽に声をかけて我々を居間に上げてくれた。私達は、たくさんの軍隊生活の話を聞いてきたが、松村さんの若い時代の暮しは断片的にしか聞いてはいなかった。

その日は、「松村さんの青年時代」を中心に話していただこうと考えていた。「軍隊に入る前の若い時代の話をぜひ聞かせてほしいです」と私が言うと、「うーん、昔の話ですなあ」と遠くを見る眼で、額に手をやって頭をつるりと撫ぜた。これは松村さんが思い出そうとして時間がかかりちょっと困っている時のいつもの仕草だ。私が松村さんに求めている話は、今から七十年も八十年も前のことだ。思い出すだけでも大変だ。松村さんは、最近記憶の衰えを感じているかのように、こんなことを言い始めた。

「友達もみんな、ちょっとも外へ出やせんでなあ」「戦友会は、もう立ち消えになったし」。

「〔年賀状のやり取りは〕だんだん減ってきたなあ。〔今年は〕二十枚位やったやろう。戦友もみんな入れて少なくなった」。同じ時期に日中戦争に行った知り合いの名前を挙げ、あの男もあの人も死んだなあ、賢い男やったと懐かしがっている。私は、松村さんが子どもであった頃から軍隊に入る前の暮しまで話してもらおうと思い、話し出すのを促した。

●小学校、高等小学校の時代

当時、小学校の学級は一つで女の先生でした。生徒は三十七、八名でしたかなあ。〔「村の子だけですね」という問いに〕そうですね。小学校の時代になあ、国語でなあ「これは　わたくしの　はこにわです。この高いところは山です。このひくいところは川です。山には木がうえてあります。川には、はしがかけてあります」〔とすらすらと暗誦する〕これ一年生か二年生に習いましたな。当時はまだ〔軍事教練など〕なかったです。六年生を卒業して、それから、さらに高等科というのがあったもんで。高等科を二年行って卒業しました。この村の隣の方に川崎という人がいて、そこに国学館という名前の学校がありました。ちょうど小学校の高等科を卒業した者が入学するところがあったんですよ。そこへ一年行きました。小学校で六年、高等二年でその間習ったことより、ちょっと位高度かなという程度の学習内容でした。ほとんど変らなかったです。一般的なものでした。そろばんは、また別に行きました。親の勧めが多くて。父親は、自分がひとりの息子やし、できたら跡を継がせて行こうと考えていました。少しでも社会に出て役立つ物を覚えさせておいたほうがええやろうと、思っていました。家業は農業でした。私の父親は、わりと学問をやかましく言いよったです。三人兄弟でわしが三人目ですけどなあ。上二人は姉でしたが、二人ともなかなか成績が良かったのです。成績は、クラスで一番ばかりでした。私は調子よくいかなかったけれどねえ。姉達が家におったもんで、勉強しろと私にやかましく言いました。帰ってくると勉強で、夜でも勉強させるものでした。教えられるままに勉強しておったですよ。

高等科の時、学級の成績も良いということで表彰を貰いました。

川崎の国学館が一か年のあと、ここから二里離れた加佐登にある珠算学校に行きました。国学館もそこにありました。家がやかましかった〔熱心に勧める〕のでよく勉強しました。本人はそんな勉強する気はあらへんのやけどなあ。そろばんは二百二十日行ったんです。当時は「百日算」と言ってな、百日で算盤ができたんです。その後、高等科を卒業した者がドンドン珠算学校に入ってくるので、そこで算盤を教えてほしいと請われて、今度は、自分が歳下の子に教えるようになりました。珠算の先生になりました。

●青年学校で習ったのは、軍隊の準備「天皇陛下の御為に」

その後は、青年学校がありまして、必ず行きました。ここは軍隊に入る前の初年兵の準備のようなものでした。青年学校で教える人は在郷軍人で、学校によって教える人数は違います。当時そこに入る人は椿村の範囲に住む人でした。椿村の青年達で、小学校を卒業してからの男が入れました。二十歳の徴兵検査になるまででした。十五くらいの少年はまだ〔青年学校に〕関係ないし、関係ができても自分の体からいって合格はせんと考えたり、青年学校は行かなくてもいいから、それよりも少年達は自分の職業を身につけた方が良いと、めいめいの仕事などの見習いに行きました〔青年学校は、小学校卒業の勤労青年に主に軍事教練、普通教育などを施した。一九三五年に青年訓練所と実業補修学校を統合し、全国に設置した。松村が学んだ時はまだ「青年学校」の名称ではないが、四七年の廃止まで地域と結びついていたので印象深いのだろう〕。

私が椿村の青年学校に行ったのは、十七、八じゃった。週に一回ないし二回、昼間にありました。軍事教練みたいなことがあり講義もありました。〔「どんなことをやるのですか?」という問いに〕軍事教練の始まりですから、だいたい軍隊の基礎を覚えたわけです。体操を覚えました。軍人勅諭、教育勅語は小学校の時代から覚えさせられましたが、青年学校でも言わされました。教育勅語は全般的にみんな知ってますわな。「朕思うに我が皇祖皇宗の国をハジムル

▲…青年時代の松村。自宅の中庭で

コト……」これが始まりで、軍隊教育の軍人勅諭、それがありましたわ。有名な「一つ軍人は忠節を尽くすを本分とすべし……〔五つ全部覚えている〕」と言うのは、中の本文に入ってくるの。軍人勅諭は長かったですよ。軍隊では覚えないとビンタがありましたが、青年学校ではあんまりビンタはなかったですよ。内務班ほどひどくはなかったです。「サンピンシンジョウ」という言葉の意味は、〔軍隊で〕二年兵にちょっとでも気に入らんことを言ったり、当然知らなければならないことを知らなんだりした時に、ビンタをはられよったんです。厳しかったですよ軍隊は。サンピンというのはどう言うたらいいのかなあ。漢字は「三品進上」と書くのやが〔「三回ぶつの？」という問いに〕どうかなあ。三回叩くのが多かった（笑）。三品進上といって、古年兵がビンタを張るんです。

家は農業をしていますが、十七、八歳頃の週一回ほど青年学校に行く時分は、部屋の中の建具を造るのを習いに行っていました。ここからすぐ西に指物屋があってな、朝ごはんを食べるとそこへ行って、机などの家具とか障子を作るのに弟子入りしました。三年ぐらい習いました。それが年中通してというわけでなく、家が農業ですので忙しいときは休んでこっちの手伝いをしていました。三年間やると建具など大体は作れるようになりました。

徴兵検査の通知は、来るってことはよくわかっておりましたから。もうじき来るぞと言っておりました。充分覚悟していました。そしてそういう青年学校というところへは何をおいても始まるというときには行きました。世間では、いろんな人に召集令状が来るのですから、自分にもうすぐだとわかりました。私より先には、酒井正男とか高野丑七とかたくさんいますよ。兵隊になる時は役場の方から文書を持って連絡に来たんです。白い紙の現役の時は楽やったんですわ、次に来るのが桃色の召集になったんです〔いわゆる赤紙。軍の召集令状で予備役や後備兵役、補充兵役への召集令状。色は薄紅〕。

青年学校での軍事教練は本当の教練そのままの真似でしたね。具体的には本物の三八式歩兵銃は持っておらなかったのですが、私達の小学校では何時の時代からかそれと同じ形をした偽銃がずらっと並べてありました。青年学校ではそれを習うということでした。青年学校では実際に実弾を撃つことがたまにありました。演習では一泊で久居の三十三聯隊に入れてもらいました。そのときは、身一つで行って向こうで本当の銃を借りました。

当時、中国はもう敵国やから、相手にして倒さなければならないと教えられていました。なかなか積極的でしたよ。演習の時、敵はソ連ね。それから、中国も一応敵にしておりましたな。私達が新兵で入ったときにはあまり表には出しませんでしたが……〔軍隊では〕中国は一段落したように教えられているものだから、そういう風にちょっと下に見ておりましたな。当時は「支那人」といっていました。若い時は、やっぱり軍隊の本をよく読みました。雑誌の中にも軍隊の話は、よく書いてありましたし、それ専用に作った本もありました。名前はしっかり覚えていませんが。もうその時代には既に軍隊に入ると心に染まっておりましたからなあ。お国のため一点ばり。お国のためにがんばるという気持は軍隊に入る一年前の青年学校でいるときにそう思いました。そこで徹底的にしごかれて考え方が大分変ってきました。そればっかり教えましたから。天皇については、やっぱり、天皇は統帥してみえるんやし、それに相反する気持にはちょっとなれなかったです。青年の純真な気持としては、軍隊で教えられたそのままの気持がずっとありましたな。例えば気をつけっと、不動の姿勢をとったときでも、「これは朕の命令だと、そのことを頭に置かないといかん」と、その他「どんなことでもみんなこれは天皇の命令だ」と、天皇一本やりでした。

3　松村芳治の軍隊生活

＊一九九七年八月、九九年四、五月取材

●内務班教育

昭和九年一月十日、三重県久居の三十三聯隊に現役で入隊しました。甲種合格でした。当時は、軍国教育をしっかり受けていましたので、それこそ男子の本懐と喜び勇んだものでした。その年の四月末から旧満州のチチハルに一年十か月いました。私達の部隊は、北満の泰安に入りました。ここで本格的な満州での軍隊生活に入りました。広大な敷地で厳しい訓練を受けました。毎日くたくたになりました。また、二年兵の衣類の洗濯などの身の回りの世話もこなさなくてはならず、全く休む暇はありませんでした。夜遅くベッドの中にいる時だけが自分の時間でした。

▲…満洲時代の松村

外へ出て実践さながらの匪賊討伐にも出かけました。初めてのときはやはり緊張しましたな。

演習のほかにも毒ガス教育があり、ある日、洗面器に顔をつっこんで、「どれだけ息を我慢できるか」と試されました。長かったものが毒ガスの教育を受けることになりました。い

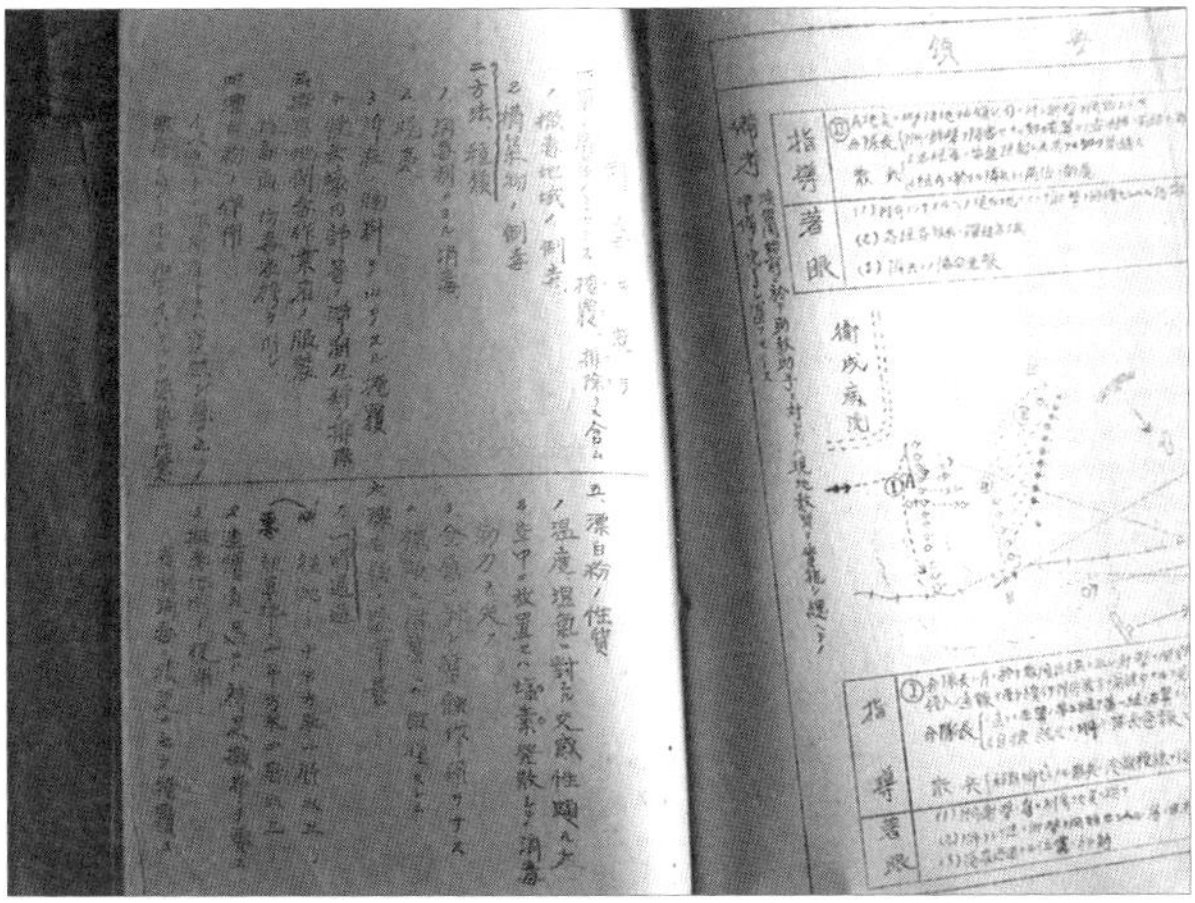

▲…松村が所蔵していた毒ガス訓練の教材

ろいろどんな性質のガスなのかと教えてもらいました。実際に毒ガスは現地人のいる所で撒きました。風の向きが変わって、コホンコホンと咳をしているのが見られました。むちゃをしますな。

満州は、春や夏はまだいいけれど、冬はそれはそれは寒いところでした。風呂に行きますやろ。手ぬぐいを振ってたら、気温が零下何十度やので、凍って本当に手ぬぐいが棒のようになりましたよ。

現役で派遣されていましたが、この部隊でその時に伍長に任官《ママ》されました〔伍長勤務上等兵〕。昭和十一年六月に帰国して、しばらく組合に勤めておって、翌年、また召集を受け、戦地に向かいました。

●敵襲の報復に近くの部落の母子を射殺

昭和十二年八月末、大召集を受けて、九月に久居を出発し、大阪港から出航しました。

九月、十月、十一月は河北の戦闘で韓家頭や八里荘で初めて戦闘を体験しました。それまで現役やからね、戦争なんて知らんわけや。一番始めの時は、大沽から上がって一週間ほどたった時ですわ、全然敵の姿も見ず夜中に前進していく時、向こうから撃たれたんですわ。真っ暗闇の中だし、道路は一本道で、一斉に道路の両側に飛び散ってね。道の両側は水田であっちこちから「キャーやられたっ」と悲鳴が上がってました。隣にいた戦友はもう死んでいて動かんの。その人の飯盒で伏せている所の水をかいだして頭を伏せていたんです。こっちは一発も弾を撃たんで十五名の死傷者を出したんです。

韓家頭ではやられたので、部隊本部から「韓家頭の部落を攻撃する。部落に入ったら、猫の子でもいいから生きとる者は、男でも女でも全部殺せ」と命令が出ました。それでわずか百メートル先に五十戸位の部落が見えたんです。これこそと攻撃をかけたけど、猫の子一匹もいやしません。粗末な一軒の農家の中のアンペラがコソコソと動くのでめくり上げると、四十歳位の妊婦が二人の幼児を両脇にだきしめて隠れていました。コノーと引きずり出すと、子どもは泣き叫び母親の後にしがみついている。母親はもう一人の子をクリークの中につっこんだ。××伍長がこれこそ戦友の仇と、即座に銃で三人を撃ち殺してしまった。その時は気がたっていたというか、女子どもなのにひどいことをしました。

一面の高粱畑の中を進んでいくと、弾が飛んでくる、敵の姿は高粱に隠れて相変わらず見えない、こちらも実戦の経験がなくて、どうしていいかわからんのですわ。敵の弾はキンキンと金属的な音がするのに、向うからは日本の弾と同じ音がポンポンと聞こえてくる。これはおかしいぞと、友軍同士でやりあっているのに気づき、休戦ラッパを吹かして撃ちあいが収まったことがありました。

それからは、敵には会いませんが、連日の行軍ばかりで内地から行ったそのままの状態で行っているものだから、えらい〔つらい〕の何の、本当につらかった。私の分隊は軽機関銃を持たなくてはならないので、背嚢〔食料や身のまわりの物を入れて背負う四角いリュック〕とでかなり重かったです。軽機分隊は八人で弾と軽機関銃を運ぶんですわ。まだ暑い時期でしたでな、水もあまり飲めず沸かして飲めるときだけだったので、体が動かなくなるほどえらかったです。

食事も現地調達が多く、部落に入っても、中国人はほとんど逃げてしまっておりません。農家の作物や家の中の物を盗って食べました。なにせ向うから食物はこないんですからなあ。

●上海から南京への道

揚子江を遡上し白茆口から上陸して南京へは急追撃でした。

紫金山は、南京に近くて、国民党にとっては重要な地点でした。要塞があってね、険しい山に砲台が据え付けられ精鋭部隊が布陣していました。紫金山をとられたら南京は危ういといわれてましたね。紫金山攻略は三日ぐらいかかりました。分隊の六人が斥候になって南京の情報を先に取りにいきました。途中で敵に遭遇しましてね。重い弾を持っていたので少しでも弾を減らそうと軽機関銃をバリバリと撃ちまくりました。その時ですわ、私の分隊が敵の将校を生け捕りにしましてね、中隊へ連行したんですわ。紫金山の山道には地雷がたくさん敷設してあってね、これまで、地雷を踏んで馬二、三頭が吹き飛ばされることがありました。敵の将校を先頭にして道案内させてね、そしたら、地雷を踏むことありませんやろ、被害なく通過できました。

▲…揚子江

●揚子江に逃げる無数の中国人を撃ち殺す

十二月十三日昼ごろ、下関にいる敵に向かって掃蕩〔敵をはらいのぞくこと〕を開始しました。下関に来ると揚子江のすぐ傍に駅がありました。砲弾も何もないので、そこかしこに残っている一かたまりごとの敗残兵を、小銃で撃ち殺していきました。一兵卒の私にはわかりませんが、おそらく十六師団のほとんどがここに集結したと思います。南京へは七中隊と同時に入りましたが、数千以上の兵が、下関に攻め込んだと思いますよ〔十六師団の久居三十三聯隊と奈良三十八聯隊のほとんどの中隊は下関から城内へ向かおうとした〕。下関の岸壁は砲撃で壊れていました。

私らの中隊が下関の駅の広場に行った頃、日本の友軍の砲弾がどんどん落ちてくる。ここはまだ敵との大きな戦闘があって、敵はその時はすでに逃げ腰にかかっていました。もう坑戦する力もなく銃も持たず、小さい木っぱ舟や筏や材木を拾って、それに掴まって揚子江を下っていく。五〜八人乗っている小さい舟も、三十人くらいの船もあってね。船には女や子どもの姿も見られ、こちらに向かって抵抗することはありませんでしたな。すぐ目の前二、三十メートル先に逃げる敗残兵を、こちらにいる日本兵は、みんな機関銃や小銃でバリバリと一方的に撃つんや。舟や筏には、普通の服を着た中国人が、小さくじいっとして乗れるだけ乗ってどんどん河を流れていく。命中すると舟はひっくりかえって、そこらの水は血で赤く染まってました。舟の上の人間は撃たれて河に飛び込み落ちるのもありますわな。銃声に混じってすさまじいヒャーヒャーという断末魔の叫び声が聞こえてな。水の中でもがき浮き沈みする人が流れていきます。自分の機関銃分隊は、三十三聯隊の他の中隊と共に撃ちまくった。だれも号令かけるものもなく、ただ単に「おい、あれあれ、あれ撃て」てなもんで、ものすごい人数の日本軍が機関銃や小銃であるだけの弾を撃ちこみました。撃っても全部は死なないので、流れに任せて河を下っていく敗残兵がまだまだいます。私は、そばにいる兵隊たちから「そんなん心配せんでええんや。この下の方に来たら待って一人残さず撃ち殺す部隊がおるんや。下してやってもいいんや」と聞いていました。二時間足らず撃っていましたやろ。

この時、南京城内でも下関でも中国兵は逃げるんで、服装をかえて銃も何も持ってないので、こちらが撃たれたということはほとんどなかったはずです。十三日は、日本軍の一方的な攻撃でした。

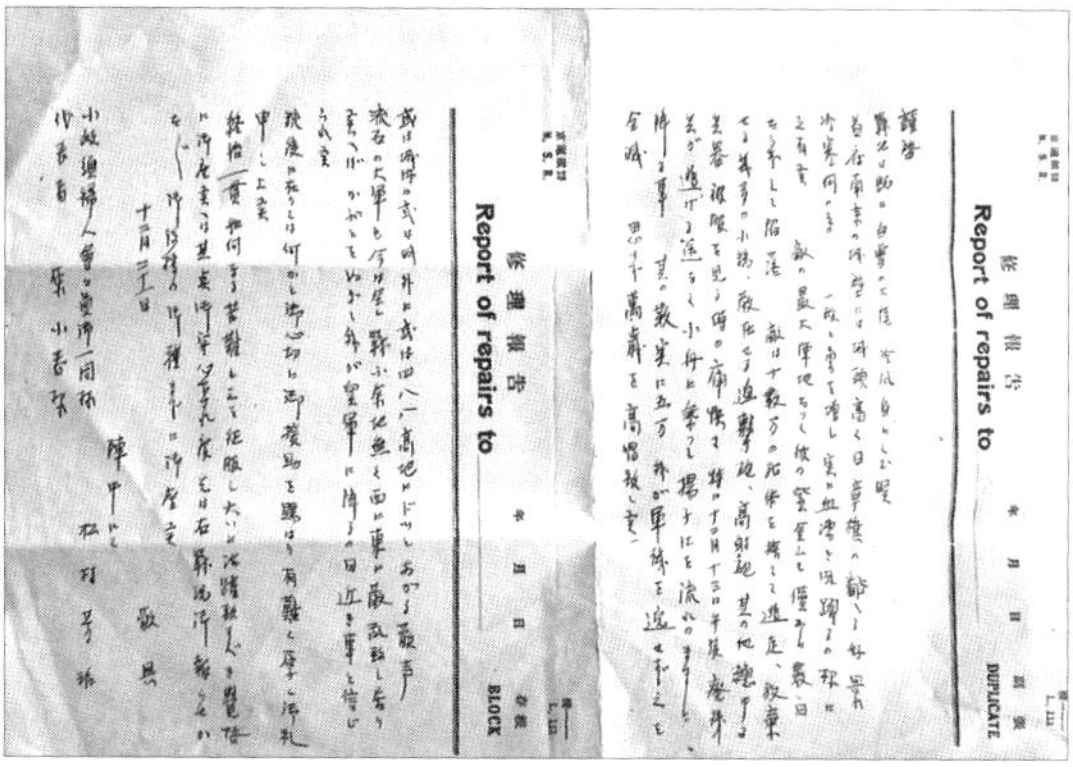

▲…松村が戦地から出した手紙

【松村が椿村婦人会にあてた手紙】＊旧字体は新字体に改めた

（軍事郵便）

謹啓

戦地は既に白雪の大陸　冷風身にしむ候　首府南京の城壁には城頭高く日章旗の翻へる好景　寒冷何のその　一段と勇を増し実に血湧き肉躍るの様に之有候　敵の最大陣地たりし彼の紫金山も僅かに数日たらずして陥落　敵は十数万の死体を捨てて逃走　放棄せる幾多の小銃　散在せる迫撃砲　高射砲　其の他総ゆる兵器　被服を見る時の痛快さ　特に十二月十三日午後　廃残《ママ》兵が逃げる途なく　小舟に乗って揚子江を流れのままに降る事　其の数実に五万　我が軍機を逸せず之を全滅　思はず万歳を高唱致し候〔以下略〕

●南京城内の掃蕩で男という男を撃ち殺した

揚子江を流れていく中国兵を撃ちまくって一段落した後、昼すぎでした。城壁の上にも中にもいる逃げ遅れた中国兵は少なく、みんな撃ち殺しました。土嚢でふさがれた挹江門は、すでに人ふたりが通れるくらいの幅が取り除かれており、私達は下関に一番近い挹江門から南京城内に入りました。

城内は、城壁の下や広い通りにそこらじゅう衣服が脱ぎ捨ててあって、武器もごっちゃに積み重なって散らばっていました。中国兵が逃げるためにあわてて服装を替えていったんですわ。二十五メートルもの高さの城壁には、綱がいっぱいぶら下っていてね。中国兵は綱を伝って逃げたんですやろ。挹江門とその辺りの広い道路には、中国兵の死体があちこちに横たわっており、大通りを三百メートル位の距離にわたって、かなりの死体が転がっていました。死体は道路上に散在し何百人という人数でした。通りにくいので死体を道路わきによけて通っていきました。

「城内の兵は弾を撃たんと、突いて殺せ」と部隊の命令が出ていました。そうしないとそこには中国以外の外国人も租界〔外国人の居留地で、警察・行政権は外国にあった〕にいるので、中国人にしても恐怖心を持つので音を立てるな、それに弾がもったいないということでした。

●難民収容所から屈強な男を引き出し殺す

門を入ってすぐ右側の城壁斜面に「忠孝仁愛忠義和平」と大書してありました。どこの国でも同じやなと思いましたな。広い通りをだいぶ進んだところ、何やら「中華民国南京紅十字治安維持会」と書いた難民収容所の大きな看板が見えました。一般の民家には中国人はあんまり見なかったです。兵隊はみんな普通の服装に着替えたり人の服を盗って、潜りこんでいるので、まず、難民収容所に入り、隠れている兵を剔出することにしました。

部隊からの命令では「敵兵とわかったら容赦なく突き殺せ」と命令が出ていた。中国兵は服装を替えているので、目つきの悪い奴とかちょっと足の裏を見て丈夫やったら兵隊で。そういう不確かなことをしてひっぱりましたんでな、それにひっかかった者は運が悪いわな。私達の中隊は、分隊単位に別れて捜索に当たりました。難民収容所には、老人も女も子どももいるし、また屈強な男も建物の中に座れないほどびっしりと入っていました。何千人もの人がいましたで。他の分隊も捜索を始めていますんやで。たいがい家族が一か所に固まっており、携帯品を調べるんや。写真なんか出てくると写真と本人かを見比べたりいい加減な方法でした。オイッオイッと指で指し示し瞬時のうちに怪しそうな者を選びだしてね。男たちは抵抗もせず素直に前に出てきました。それぞれの分隊は、男たちを収容所から外へ引き出してみんな突き殺しました。殺されるかどうかは運ですな。

●クリークの畔で集団虐殺

自分たちの分隊では、引き出した十人あまりをクリークの畔に立たせて、分隊の者には、逃げたら銃で殺すように言っておき、自分が軽機関銃を腰だめ〔かまえずに腰にかかえて銃を撃つこと〕でバラバラと撃ちました。三人が逃げかけたけど突き殺しましたよ。撃たれた中国人は自然にクリークに落ち、残りの死体もクリークにほうりこんだ。全員殺した。そして、そこら中で他の分隊も同じように中国人を殺していました。

十三日の南京城内の掃蕩で、かなりの普通の服装をした中国人が殺されましたよ。自分が中隊長をやっていて二百何十人を指揮しておるという立場なら、横のつながりもあるから、何百人の中国人をどこが殺したと判るんやろうけれど、自分の分隊だけを掌握しているものだから、全体的なことは判らなかったです。当時知ろうとしなかったし、報せてくれることはもちろんなかったですからな。しかし、自分や他の分隊がやったことから総合してゆくと、かなりの中国人を殺したとゆうことやろう。十三日夜九時ごろ、城内は危険とゆうことで城外の下関の民家に入って宿営しました。歩哨を立て監視していたので夜はまあ静かでした。

翌日は、また城内に入り、大きな戦闘もなく割合静かでした。分隊単位で行動し残敵掃蕩を行いました。

＊松村と同じ中隊で指揮班の澤村次郎の日記には、以下のように記されている。「十二月十四日晴　一、午前十時下関に集合、城内に於ける掃蕩実施に関し左の注意あり、各戸を洩れなく掃蕩すべし。外国の権益ある家に潜入せる敵ある時は臨検するも可なり。但物品等に触る可ならず、地雷等に注意すべし。一、午前十二時挹江門に至り、掃蕩を開始す。敗残兵の捕うるべき約三百名、捕獲兵器迫撃砲観測用眼鏡　一、夕刻六時、所定区域の掃蕩を完了し下関の宿営地に戻る」。

▲…南京・中山北路のがれき

●城内で死体の片づけ

十五、六日ごろ、挹江門を入った所の大きな道路、中山北路付近の死体の片付けをしました。先に他の部隊がたくさん作業していてすでにほとんど片付けがすんでいました。道路に三人折り重なって倒れている死体を見た記憶があります。死体を持ち上げトラックに積み込むと、他の部隊がどこかへ運びまた戻ってきました。たぶん死体を河に流したんでしょうな。その付近だけでもトラックは、五、六台ありました。死体は軍服を着ている者もあったけれど、地方人の便衣〔普通の服装〕が多かったですよ。女や子どもの死体はたまに見ましたな。ほとんどが男でした。日本軍が城内に入る前に、空爆をやり、砲弾も撃ちこんでいるので、中国軍がすでに、自分たちの戦友の遺体処理をした場合もあったでしょうな。

捕虜の処理に関しては、全部集めて撃ち殺したとか、しまい頃は突いて殺したと聞いていました。捕虜には食わすものがないのだから殺すしかありませんわな。残敵掃蕩で見つけたら、なるべく突いて殺せと伝達式に中隊長命令が出ていたのだから、自分の分隊では捕まえるというのはなかったです。

十七日ごろ下関に掃蕩に出ましたが、敗残兵はほとんどいなく、抵抗もなく敵とわかったのは銃剣で突き殺しておりました。

●城外で駐屯して徴発ばかり

私らの中隊は、しばらく城外の下関に本部を置き、二十二日に南京城南方約八キロの村の警備につくことになりました。

南京城内でも城外でも、徴発はよくやりました。食べ物を盗りに行くんですわ。分隊で二、三人で固まって行きました。一人やったら危ないですからな。ついでに女の子を捕まえるんです。女の子の徴発ですな。農家に行くと、外の木の茂みやわらの中や田小屋〔田畑の中にある、作物などを入れる粗末な小屋〕によく隠れていました。顔を墨で黒く汚してな。でも、若いかどうかわかりますやろ。家の中では衣類や毛布みたいなんを入れてる木の箱の中にも隠れていて、上に掛けてる物を放り出すと女の子がふるえていました。分隊の者は捕まえて当然、やりました。徴発に行く言うたら、女の子を捕まえることが多かったですわ。

▲…中国から持ち帰った掛け軸を前に

今思えば、支那事変は勝ち戦やったですからな、本当にひどいことしました。中国人を同じ人間として考えてなかったですな。よその国に入り込んでひどいことしたんですから、あれは、侵略戦争ですな。

第Ⅱ部　手紙・日記・証言から見る南京戦

歩兵第三十三聯隊第十二中隊の兵士達

▲…当時の南京市内（「一億人の昭和史」より）

●南京で書いた手紙や日記は、たくさんあったはず？

ここに登場する南京戦線から家族に手紙を書いた松村芳治、日記を記した澤村次郎、豊田八郎、長谷川悌三は、いずれも一九三七年八月末に召集を受け第十六師団歩兵第三十三聯隊第十二中隊に所属した兵士達である。

▲…松村芳治が戦場から出した手紙の束

「一九三七年七月七日に盧溝橋事件が勃発」という言葉が、日本では受験や近現代の歴史によく出てくることで言葉としては記憶にとどめている人が多いだろう。一九三七年は日本が中国大陸全土に全面侵略戦争を開始した年であり戦線を華北から華中そして次の年には更に中国大陸奥地へと戦火を拡大して行った。日本政府の動きと日本軍の行動はまさに侵略戦争であった。「七月七日の盧溝橋事件」と同年の「十二月十三日の南京大虐殺」は、中国では「国恥紀念日」として多くの民衆に記憶され続けてきた。

筆者は、一九九七年から二〇〇七年の最近まで、南京大虐殺の調査のために、南京城内や近郊で掃蕩を行なった多くの兵士達を訪ね歩いた。元兵士達は近畿や中部地方の様々な県に散らばって住んでいる。取材した二百五十名の元兵士達の多くは、歩兵第三十三聯隊（三重県久居）や十六師団の他の兵科に所属し三重県に在住する人達である。彼らは、南京陥落やその後の度重なる掃蕩とさらに後の約一か月に及ぶ南京警備についていた。奈良県の三十八聯隊の元兵士達も、同じく南京城内外の掃蕩に参加し南京警備についている。三重県の三十三聯隊と奈良の三十八聯隊は、同じ三十旅団配下なので、筆者は三重県の兵士についで奈良県でも、五十人以上の元兵士を取材のために尋ねた。筆者が聞き取りをする時には、必ず日記やメモなどの書き記した物の有無を元兵士達に尋ねてきた。しかし、奈良県在住の三十八聯隊や輜重兵達で、私が訪ねた元兵士のほとんどは日記やメモのたぐいを持ってはいなかった。奈良県の元兵士の多くは、敗戦直後「消防署の者から、日記や手帳は、持っていると危ないから焼け」「警察に勤めているだれそれから、戦犯になるから証拠に

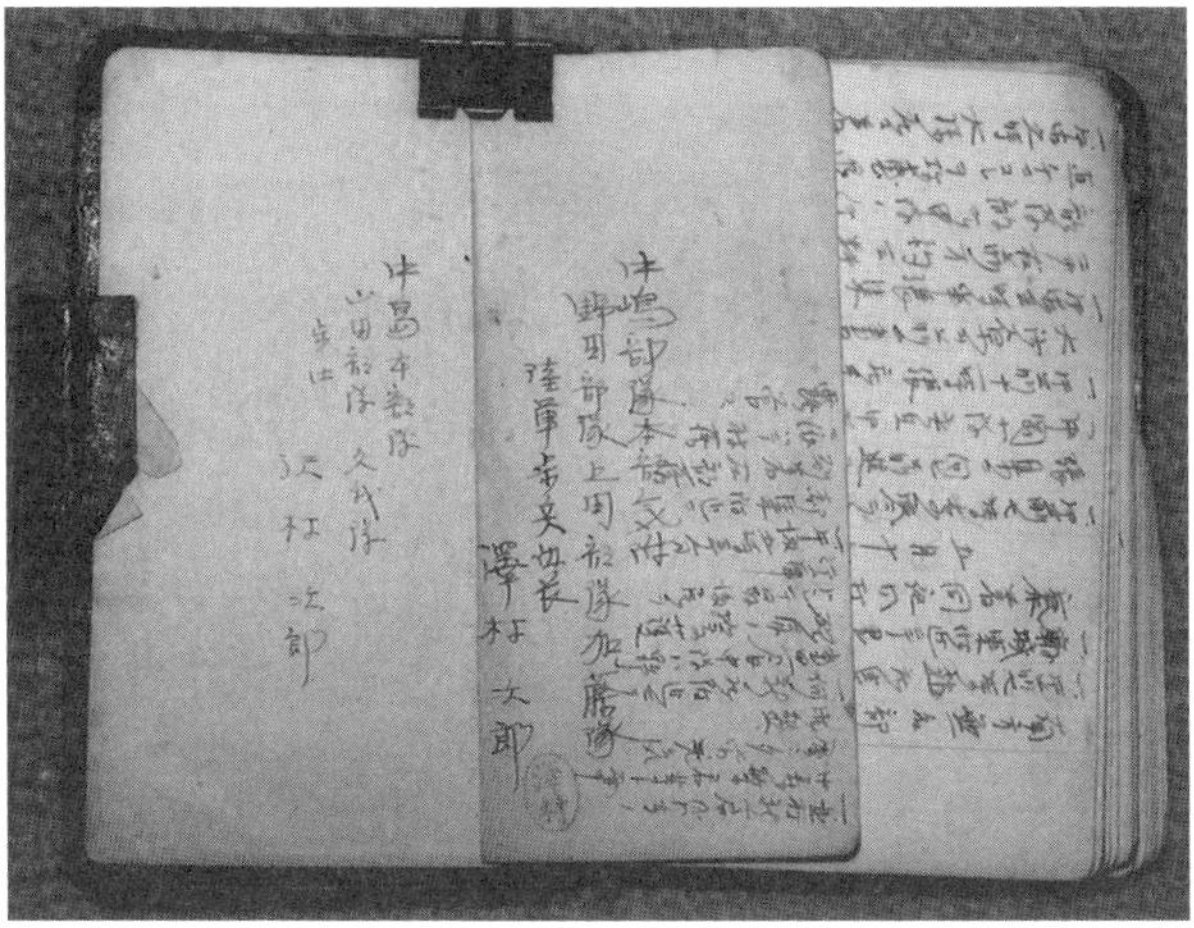

▲…澤村次郎の日記

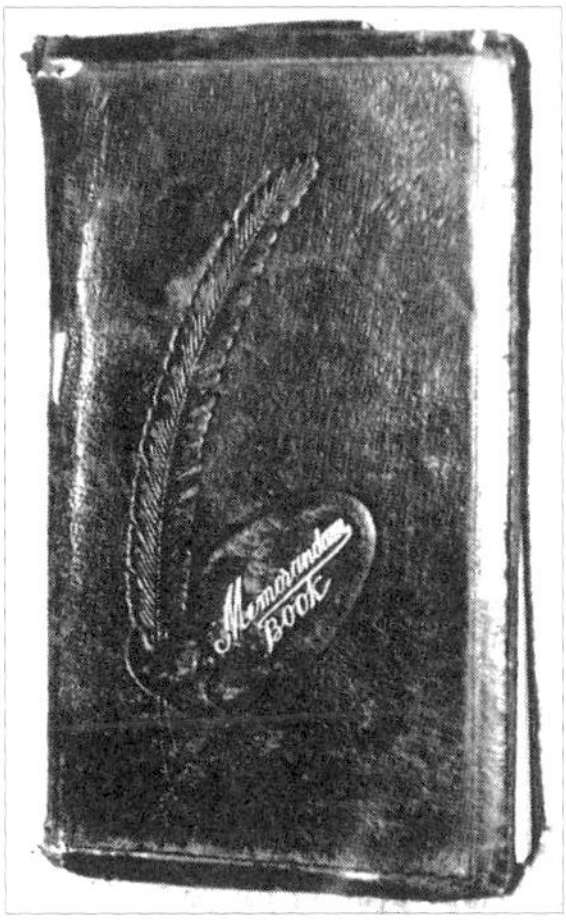

▲…豊田八郎の日記（右）と長谷川悌三の日記

▲…12中隊以外の兵士達も多くの日記を残している

なる物は焼け」と言われたと筆者に話している。それまで日記を残していた三十八聯隊の元兵士達は、「アメリカ進駐軍から目をつけられてはかなわないから、焼き捨ててしまった」と言う。例外的に、三十八聯隊の元兵士二名が日記を所有していた。戦後は人にも言わず、ずっと隠し持っていたという。南京戦に参加した元兵士、もう一人は一九三七年に独立混成部隊へ召集になって東北に行った人だった。

　各部隊の戦闘詳報などの公的な記録となれば、戦争終結前後に組織的に焼却をしたために、残っているのは本当に稀だ。久居の三十三聯隊第十二中隊の元兵士達である澤村、豊田、長谷川の日記や松村の手紙は、私的な記録とはいえ現在まで残されて資料としてあるのは、貴重である。彼らの書き残した手紙や日記には、南京での戦場の様子や捕虜処分や民衆の殺害、日常的な略奪、放火などが記されている。この三十三聯隊十二中隊の元兵士だけでなく、筆者が十年間で尋ねた二百五十名の中の他の部隊の兵士も日記を残している。三十三聯隊の二中隊、八中隊、十一中隊、第一機関銃中隊、他に三十八聯隊十二中隊、三十六聯隊八中隊の兵士達が日記を残している。筆者は、元兵士の聞きとりを記録すると同時に彼らの書いた日記の記述内容を照らし合わせた。それによって、元兵士達の南京戦を語る記憶が、半世紀以上の時を経てもきわめて正確であったことを筆者は確信した。

　なぜ、多くの日本兵達は日記をつけていたのだろうか。明治初期から富国強兵の実現のために、日本の義務教育が日本全国、貧しい層にまで浸透した状況がある。経済的または家庭的な理由で未就学の子どもは現在より多かった。しかし、ほとんどの子どもが、アジア諸国に比べて高い率で義務教育を受けることができた。教育の広まりは、下からの天皇制を支え軍国主義を推進する力となった。そして、日中戦争初期の段階では多くの兵士が日記を書いて、大日本帝国の天皇の赤子としての意識を自ら高揚させた。また、戦地の兵士が、検閲された手紙を家族や内地の関係者に送り、銃後の戦争に対する関心を高める役目の一端も果たした。

日記や戦闘詳報のような歴史資料が戦争終結の時に焼却されたり、戦争末期に散逸することが多かっただけに、わずかに残された「日記」や「手紙」等の文字で書き表された資料が、オーラルヒストリーである元兵士達の証言を裏づけしている。日記は、ほぼ同時期に書かれたものと考えられるものの、断片的でありわずか数行で書き表されるものも多い。それが断片的であっても同じ中隊や同じ小隊、分隊の兵士が異口同音に語る出来事は揺ぎない事実として裏付けられよう。日記には欠け気味な具体性を証言が補っている。口述の証言と文字で書き表された資料は、互いに補完しあっていると言えるだろう。残された数少ないこれらの貴重な資料や語りが、南京大虐殺の史実を立証する史料として、大きな意義を持っている。

●松村が所属した歩兵第三十三聯隊第十二中隊が南京で行なった残虐行為

第十六師団歩兵第三十三聯隊は、南京攻略戦に参加し、他の師団と共に南京一番乗り競争を競り合った部隊だ。十二月十三日の昼頃、松村達の第十六師団歩兵第三十三聯隊の主力部隊は、同じ第十六師団の奈良の三十八聯隊とともに揚子江岸一帯の下関に侵攻した。

十二月十三日の朝から少しの時間の前後はあるが、ほぼ二個聯隊弱の日本軍が、下関辺りを目指して敗残兵や逃げ遅れた市民の群れを掃蕩しながら進んだ。三十三聯隊は南京を目指して進軍しながら、まず紫金山のふもとで鎮江から逃げてきた敗残兵の群れを捕らえて次々と虐殺した。兵士達は、揚子江が見える貨物列車が集結する下関駅まで来た。そこには紫金山や南京城内外から逃げ遅れた敗残兵の群れがここかしこに固まっていたそうだ。日本兵達は、無

▲…歩兵第33聯隊の出征風景

▲…挹江門の内側にはびっしりと土のうが積まれていた

抵抗の中国兵を殺し、殺しきれないのは捕らえて、下関の倉庫群や辺りに停車しているたくさんの貨物車の中に詰め込んだ。貨車の中に詰め込まれた敗残兵たちは、数日後揚子江河岸に引き出され機関銃で掃射された。倉庫に詰め込まれた元中国兵達は機関銃で殺されるか火をつけられて焼き殺された。さらに侵攻した兵士達は、揚子江岸に到着した。そこには、筏に乗ったり木切れにすがりついて河上を逃れ流れて行く元兵士や民衆が雪崩をうったように真冬の河に飛び込んでいる状況を目にした。三十三、三十八聯隊の兵士達は、歩兵銃や機関銃を一斉に浴びせて河に逃れようとした人々を虐殺した。下関に到ると揚子江岸で逃げ切れなかった数千単位や数百単位に固まっていた住民に機関銃をあびせて虐殺した。普通の服装をした子どもや女性も混じっていたと元兵士は言う。一部の部隊は、南京陥落のその日に揚子江に一番近い挹江門から南京城内に入城した。

三十三聯隊の六中隊は太平門から攻め込んだ。門の中にいた住民を城壁の一角に閉じ込めて地雷で爆殺しガソリンをかけて焼殺した。燻っている死体やけが人の山の上に乗って六中隊の兵達は、まだ息のある中国人を刺殺したと兵士は証言する。

三十八聯隊の一中隊は和平門から南京に入った。暫くして、陥落を知らないのか門に向かって整列行進して来た約千人の捕虜を武装解除した。その捕虜たちは後に下関に連れ出されて処分されたという同中隊兵士の証言がある。また、同じ第十六師団に属する福知山二十聯隊と京都九聯隊は中山門から南京に入った。

これらの集団虐殺や捕虜の捕獲、略奪に関しては、ここに挙げた四人の手紙や日記に詳しく書かれている。さらに南京戦に参加した元兵士の日記（三十三聯隊二中隊の高島市良、八中隊K、十一中隊坂義昌、三十六聯隊八中隊山田誠一郎（仮名）、三十八聯隊十二中隊浦久保元二）にも記されている。さらに拙著『南京戦・閉ざされた記憶を尋ねて』の各項に下関や揚子江沿岸での集団虐殺の証言を掲載している。

南京陥落の十二月十三日、三十三、三十八聯隊は、揚子江沿岸や下関で男も女も子どもも見境なしに殺し続けた。陥落の次の日の十四日には、松村や澤村、豊田、長谷川達は、師団規模の城内外の掃蕩に参加した。日記には具体的に掃蕩の状況を記し、証言では細部にわたって詳しく話している。彼らは、兵士と見なした男をその場で殺害しただけでなく、多くの一般市民を殺害したり傷を負わせた。惨劇は南京入城式の十七日までも続けられ、それ以降も「敗残兵の摘出」という名目で主に男性が難民区等から引き出されて殺害された。

その後も三十旅団である三十三聯隊と三十八聯隊は、「南京警備」を命じられ、南京城内外で駐屯した。部隊は組織的に「敗残兵の摘出」という名目で男性を虐殺した。「徴発」と言っては中国民衆からの略奪をした。また女性への性暴力も頻繁に起こした。

筆者が第十六師団の三十三聯隊第十二中隊を主に取り上げるのは、この聯隊が南京に長い期間滞在しただけでなく、この中隊の元兵士の証言が最も多く、十名以上の証言記録を残すことができたからである。さらに同じ十二中隊だけで三冊の日記と二人の戦地からの手紙の束があり、資料が豊富に残されているからである。

日中戦争の期間（彼らの言う「支那事変」の間）十二中隊にいた人たちは、戦後生き残った者を中心にして戦友会を作った。十二中隊戦友会は、当時の中隊長の名前から「久我隊」と名付けられ、旧交を温めてきた。しかし、元兵士達は、戦友会では、顔を合わせ酒を酌み交わし、互いの近況を話しあうだけであったそうだ。戦争当時の話になると

「苦労したなあ」という思い出話はしても、南京大虐殺の話題には、ことさら口を閉じ避けてきたと松村は言う。

松村と豊田は、共に第一小隊ではあるが、所属する分隊は異なる。長谷川は、第三小隊である。澤村は、十二中隊の指揮班にいたので中隊に下りて来た命令や中隊全体の動きを日記に記録している。同じ中隊でも、四人それぞれが違った部署や分隊にいるので、日常の細かい行動は異っている。中隊単位で動く軍事行動は、命令が同じであっても、各分隊の行動や各人の視点や興味が異なるのでかえって多方面からの考察ができる。日記を書いている三人や手紙を記した松村の行動の内容や時間に少しの差異はあって当然である。

戦闘の行動単位である同じ中隊に所属する兵士達が書き記した手紙や日記、そして証言を用いて閉ざされた歴史に明かりを当てようと筆者は試みた。南京に到る経過と、南京大虐殺、その後の南京駐屯期間に、兵士達がどのような思いでどのような行動を起こしたのか。さらに、日本は中国に侵略して、都市や農村で中国民衆を殺し、奪い、焼き、強姦を行い、荒らし回った。日本軍の暴虐の嵐の下で、中国の民衆はどのような思いで、またどのような暮らしをしていたのかを読者と共に考えていきたい。

●上海から南京への過程で戦地で手紙や日記を書いた兵士達のよこがお

【松村芳治】

南京戦当時、第十六師団歩兵第三十三聯隊第十二中隊第一小隊第六分隊長（伍長）、一九一三年二月生まれ。

松村は、戦場から数多くの手紙を親や姉、親戚に加えて地域の人々にも出している。戦場において、わずかな時間を見つけては、せっせと書いている様子が手紙の文面から覗われる。松村が書いた手紙には、年月日が書いてあり、内容と差出の所属部隊名からはっきりと出された時期が分かる。また、松村は、戦場で受け取った日本からの慰問の手紙をこまめに戦地から自宅に送り返し、分厚い綴じとして自宅で保管していた。封筒はないが、中身の手紙だけで

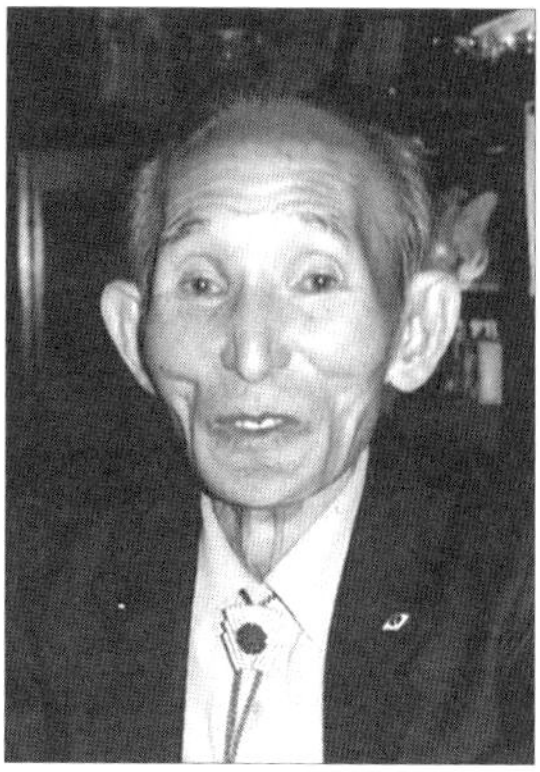
▲…松村芳治

も数百枚以上となる。残念なのは、何年に書かれたのか分からない手紙も多数混じっていることである。松村が戦地から家族に出した手紙は、残した家族を思い、郷里の農作業を心配したり、戦地での不安をも漏らしている。反面、同じ文中に、日本帝国軍人としての姿勢を教えられたとおりの勇ましいスローガンそのままに書き連ねている手紙もある。戦争に駆り出された一兵士の素直な思いが覗きみられる。松村の思いはもちろん、手紙を受け取った父母や姉達の思いまでもが伝わってくるようだ。

このような家族への情愛にあふれた日本兵士が、いったん中国人に向かうと残虐な行為を平気で行なった。松村も南京陥落時の掃蕩では、若い中国人を有無を言わさず軽機関銃で撃ち殺している。揚子江に小舟で逃げてゆく男も女も見境なしに銃を撃って殺したと松村は証言している。手紙の中には日本兵の残虐な行為は一切書かれてはいない。その理由としては、軍の検閲で書けないというのが一番であっただろう。松村は、私達の取材で話しているように、集団虐殺や略奪を南京で繰り広げるのであるが、「当時は、社会がそうでしたし、勇ましいことしか書きませんでしたなあ」と語った。

＊松村芳治の手紙は一九三七年九月～一九三九年四月までの除隊直前まで書かれている。しかし、今回は南京を離れたばかりの一九三八年一月二十八日までを資料として考察することにした。

【澤村次郎】

南京戦当時、第十六師団歩兵第三十三聯隊第十二中隊指揮班（伍長）　一九一三年一月生まれ。

澤村は、一九九八年に取材で三重県の田園が広がる村落に住む彼の自宅を訪れたとき、長らく寝たきりの生活をしていた。年老いた妻と息子の妻が、体の不自由な澤村の日常の世話をしていた。澤村は、耳が聞こえにくくなって

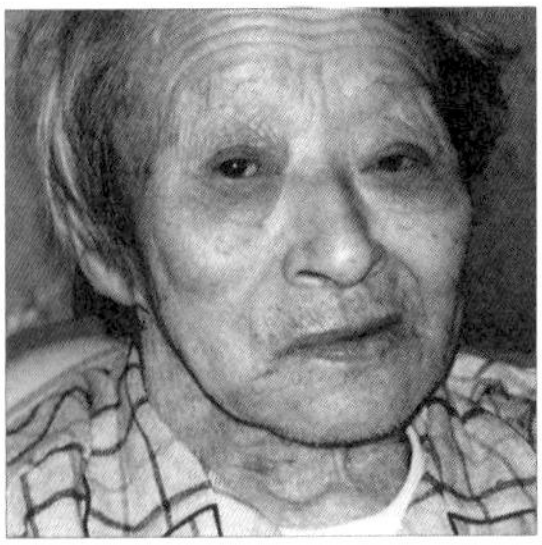
▲…澤村次郎

いて、大きな声で耳のそばで話さないと言葉が聞き取れないように見えた。しかし、私達の目的が日中戦争の聞き取りだと理解すると、満州時代から昭和十二年八月末の召集の様子を詳しく話し出した。南京での体験を話す頃になると、目が輝き、言葉が明りょうになってきた。これまで寝たきりだった体を起こそうと、腕を突きたてしきりに自力で起きようとした。私達は、手を貸して座りよいように背もたれをして、話してもらった。澤村は、南京陥落の翌々日頃、下関で倉庫に押し込めていた捕虜を引き出して埠頭に追いやり、機関銃で撃ち殺してゆく場面を見ていた。最後には、日本軍が、建ち並ぶ倉庫の群れに火をつけて中に詰め込んだ中国人達を焼き殺したのだと証言した。澤村は、これまで大事に持ち続けてきた戦争の記録である日記を歴史の研究のためにと手渡してくれた。

日記は、文語調で書かれ、澤村が第十二中隊の指揮班にいたため、戦闘に関する作戦や中隊に下りた命令等を中心にして記述されている。この日記は、戦場で持ち歩き散逸することを恐れて数ページ書き終わると綴じ糸を解いて自宅に軍事郵便で送ったと言っていた。指揮班の自分が検閲するのだから誰にも見咎められずにできたのだと言った。また妻は、澤村が中国や南方のタイから出した手紙の束を残していた。妻は「思い出の品」だと言っていたが、これも私達の研究のためにと寄贈してくれた。ご夫婦は、拙著が完成する数年前にどちらも亡くなられた。

澤村次郎の日記は、一九三七年九月四日～一九三八年五月二十一日まで記されている。

私家版「歩兵第三十三聯隊第十二中隊　従軍記」には、澤村日記の前半が記載されている。しかし、「同従軍記」に記載されている澤村日記には、原本の文章や単語の漏れ落ちが多く見られる。また、場所などが別の名前に変わっている箇所も数多あるので、拙論を書くに当り、日記の原文を使用した。

【豊田八郎】

南京戦当時、第十六師団歩兵第三十三聯隊第十二中隊第一小隊第一分隊（上等兵）一九一四年四月生まれ。

一九九八年春、松村の紹介で同十二中隊の戦友会に参加者していた豊田の自宅を訪れた。第一印象は、記憶が大変鮮明であるということ。何が何月何日のどこで起きたかを細かい事象も交えて話す姿に強い印象を感じた。その当時豊田は、八十四歳だった。その後も何度か私達は彼を訪れた。豊田にとっての悲惨な戦争は、英米軍によって圧倒的な攻撃にさらされ日本軍将兵達が生死の際をさまよったインパール作戦であった。その前に豊田が従軍した日中戦争は、思い出の勝ち戦のようで懐かしそうに話す表情が私の印象に残っている。

「日中戦争の始まった頃から話してほしい」と筆者が伝えると、豊田は、上海付近の上陸から南京戦を話し始めた。南京陥落の日の出来事より十二月十四日に行われた聯隊規模の南京城内掃蕩をよく覚えていた。「自分の第一分隊約十人だけで二十五人の中国人を殺した」と私達に話した。しかし、話の前に見せてもらった本人の日記には「第一分隊第一回の不算兵《ママ》（敗残兵）十名を殺す　一日に第一分隊で殺した数五十五名　小隊で二百五十名」と記述していた。筆者は、日記のその箇所を指差して、日記の記述と話の内容が違っていると指摘すると、「それはよその部隊やろ」と最初は言っていたが、日記の文字を目で拾いながら「五十五名。第一分隊？……わしの分隊やな」と言葉に詰まりながら自分の分隊が殺した数を認めた。

▲…豊田八郎

豊田の日記には、日中戦争に参戦した二年間、まるでメモ書きのように毎日のスケジュールが簡潔に記されている。上海―南京戦の中で最も多い記述が、徴発に関しての記述である。豊田は、何と何をどこで盗ったと具体的に記している。聞き取りをした多くの兵士達は、糧秣が来ないから、食べるために短期間中国人から奪ったと弁解する。またはお金を払ったとも言う。この場合は具体的に「誰が、どこで、何に対して、何円払ったのか」と聞くと、どの人からも答えは返ってこない。豊田も含めて、多くの南京戦に参加した元兵士は、後方から物資が来るようになったら徴発などせずに規律を守ったと主張する。しかし、日記を読み解くと、長期にわたって布団、石油、塩、醤油、米、やかん、ジャケット、豚等を片っ端から奪っているのがわかる。このような略奪を、南京戦に参加したどこの部隊もするのだということを数々の日記から窺い知ることができる。炊事に必要な木は、家屋や屋内の木でできたものを燃やすのだから、日本軍が宿営した後の部落は、回復に長い時間がかかったと被害を受けた多くの中国人から聞かされる。豊田の日記には、日本軍の快適な生活に必要なすべての物を中国民衆から奪い取っている様子が書かれていて、日本軍による中国民衆からの略奪がはっきり日記から証明される。

【長谷川悌三】

南京戦当時、第十六師団歩兵第三十三聯隊第十二中隊第二小隊第六分隊（上等兵）　一九一一年七月生まれ。

初めて山深い長谷川の自宅を訪れた時、長谷川は見通しの良い広い道路際のバス停の前で私達調査チームの到着を待っていてくれた。自宅に上がり話していると、時間がかなり経ち、家族はお茶を何度も運んでくれたり、最後には夕食まで出していただいた。もちろん丁重に断ったのだが強く勧められご馳走になった。長谷川は、同居する家族から大変大事にされている様子が伺えた。

長谷川も一九三七年の戦争が始まった頃から軍隊生活にいたるまで、記憶が明確な人だった。召集されてから華北での戦闘、揚子江での敵前上陸から紫金山までは大変詳細に話した。ただ彼の場合は、南京大虐殺についてはあまり記憶にないのか、言いたくないのか、南京に近づくと急に口数が少なくなった。本人が書いた日記の内容についての質問でさえも「良く覚えていない」との返答だった。

長谷川の十二月十三日の日記には「下山したら居るは居るは　敗残兵は無数だ　六中隊は太平門の一番乗りだ　敵兵を多く捕まえて居た」「逃げおくれた敵は死体山をなし　馬も何十頭とほってある　戸板に乗った敵もどんどんと下の方に流されて行く　汽車の中、道、家、何処も敗残兵の山だ　大隊砲や重機で面白い程射てる《ママ》」と記述をして

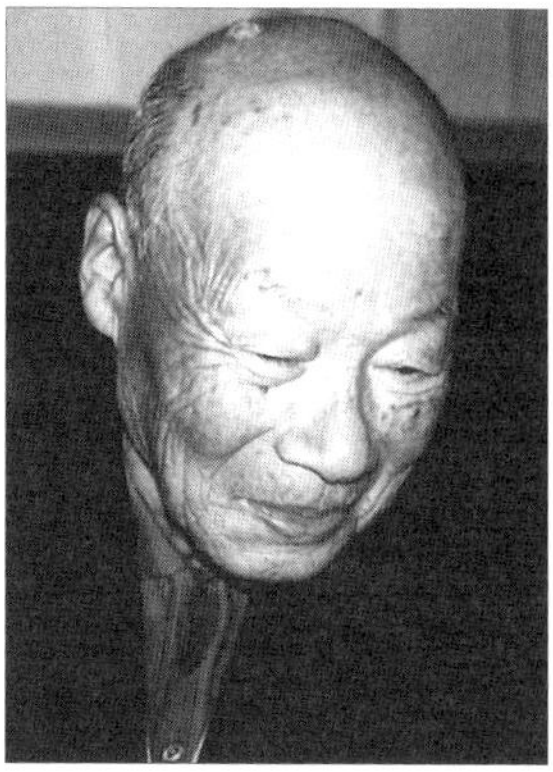
▲…長谷川悌三

いる。

しかし、日記を読みながら当時の敗残兵の姿や、日本兵が撃っている様子を聞いてみても、長谷川は、言葉を濁し、その様子を詳しくは語ってくれなかった。

何回か聞き取りに通ううちに、長谷川は、日記の原本である小さな手帳から写し取った一九四〇年（昭和十五年）作成の手書きの日記帳つづりや千人針、従軍記章などを我々に寄付してくれた。長谷川の言うには、日中戦争の歴史を研究するために役立てたいとのことだった。九十歳に近づく頃から長谷川の記憶は薄れてきた。今、長谷川は、家族に囲まれて穏やかな生活を送っている。

以下、松村芳治の戦場から内地帰還までの手紙や澤村次郎、豊田八郎、長谷川悌三の日記をワープロ化するにあたり、原文とは一部異なる以下の変更が加えられている。①旧字は新字に変更し、送り仮名は当時のままにした。②旧仮名遣いはそのままの表記で使用した。③誤字や旧仮名づかいはそのまま表記した。ただし誤字の脇に「ママ」と入れた。また、旧仮名づかいの本則でない部分もあるが、すべて原文のまま。④引用の日記は、カタカナでは読みにくいのでひらがなに変換した。

1　日中戦争開始から南京攻略戦へ

日本軍人としてはお国のために働くのは当たり前（一九三七年九月二日）

▲…松村の両親

歩兵第三十三聯隊の兵士であった松村は、一九九七年の秋、証言の聞きとりをした時は、「いったん日本軍人として出征したからにはお国のために働くのは当たり前で、それ以外のことは考えられませんでした」と語っていた。父親は自分に、「行ってこいよ」と言うだけでしたと語る。それは、父親が一家を代表する家父長である理由から、私的な感情を押し殺して御国のために息子を喜んで差し出す父親としての態度を貫いたからといえるだろう。松村は、女の子の誕生が続いた後にやっと授かった跡取り息子であるから、母親はことのほか可愛がったようだ。松村の召集令状が来た時から、母親は言葉もなく、泣いてばかりいたと、松村は、語っている。第十二中隊の隊員は、戦時編成（聯隊の下に十二個中隊や工兵、輜重、砲兵、通信、衛生、騎兵等があり各部隊の人数も増えるが、戦争が始まると、聯隊の中でも平時にはない四、八、十二中隊が編成された）の部隊であり、召集令状を受けて八月二十七日に三重県久居にある歩兵第三十三聯隊に入営した。応召する兵が、同時に多数三十三聯隊の営門をくぐった。兵舎が足りないため、松村達、戦時編成の十二中隊は、聯隊本部近くの会社や一般の家を臨時兵舎として宿営していた。一般の家などを宿舎として分散利用していたので、兵舎に入るよりは、気分的にはかなり楽だったようだ。松村も家族には面会の方法などを手紙にこまごまと指示している。「別に用事はありませんから面会に来て戴かなくて宜しい」と手紙で知らせている。反面数行後には、「面会の日は何時でもよろしい　営外〔兵営の外〕ですから自由です」「来るのだったら　亀山〔鈴鹿に近い地名〕で　ブドウでも二箱ばか〔り〕買うて来て下さい（腹巻も持って来て下さい）」と家族が面会に来てくれるのを期待している。また、ブドウを二箱ねだっているのは、同じ分隊の者に分けて食べさせるために気を遣っているようだ。

▲…出征兵士の歓送風景（福井）

澤村の日記や長谷川の陣中日記にも戦争に行く青年達の、お国のために働く決心をあふれんばかりに記している。当時の青年達にとっては、お国のために死ぬ覚悟で戦争に出かけるのは当然であり、戦死することが名誉なことであった。

澤村の日記には、「誰か此の赤誠込たる国民の観送《ママ》〔歓送〕に感激せざるものあらん　更に更に志を堅く持ち此の後援並に期待に報ゆる為大に奮闘努力するを要するの覚悟を堅持す」と、澤村は家族への手紙に書いている。見送る国民の真心込めた見送りに感激しない者はない。さらにさらに日本軍人の志を固く心に持ち続けて、自分達の出征を心から喜んで見送ってくれる国民の後援や期待に報いなくてはならない。そのために自分は、大いに努力し戦場で死に物狂いで働く覚悟を強く持つのだと心に決めている。

長谷川は、入営する日の八月三十一日の陣中日記にはあふれんばかりの晴れがましさと喜びを書き記している。文面からは、当時の青年達が戦争に行って命を脅かされるような不安は感じられない。「御国の為に矢面に立つ身になったかと思えば嬉しさと有難味で　なぜか夕夜は寝られなかった」「よーしやってくるぞ　何度も心に誓った」などと、長谷川は陣中日記の始めの部分に書いている。十二中隊の澤村や長谷川と異なる、他の中隊や聯隊に所属するどの兵士達の日記を読んでみても、「軍国青年達の心意気」が感じられるのである。彼らは他人に読まれることを想定して書いた部分もあっただろう。それに、「お国のために死ぬのが本懐」と心底から信じていたのだろう。何度か訪問した時、松村は当時を振り返って、「軍で教えられることや世の中に疑問を持つこと自体が、間違っていると信じこんでいました」と筆者に言っている。当時の青年達は、新聞やラジオで戦意高揚の報道が流されるのを聞き、「やがて自分も御国のために働くのだ」と心を躍らせた。青年達は、徴兵検査を受ける前の青年学校で軍人の心得や模擬演習や刺突訓練を受け、約二年間の現役の軍隊生活で天皇の赤子となるように叩き込まれた。もちろん、義務教育の小学校で皇国思想をしっかり植えつけられていたことは、当時の国語や修身の教科書を見れば一目瞭然である。日本国民の誰もがこの時代の色濃い思想教育の影響を受けていたと理解できるだろう。幼い頃から皇国史観の思想を吹き込まれた青年達は、国のため、天皇のために命を投げ出す精神を、十分に育んでいったといえるだろう。

【松村芳治の手紙】

日時　：昭和十二年九月二日
表宛名：松村孫右衛門〔松村芳治氏の父親〕
住所　：鈴鹿郡椿村大字小岐須
差出人：野田部隊内　上田部隊加藤隊　松村芳治

毎日引続いて準備中、
明日は軍装検査〔服装の定められた様式の検査〕
後二　三日〔で出発する〕と言ふ状態
別に異常なく至って達者にやって居りますから御安心あれ
今日は子社の池田富松様が来られたそうだが　自分は逢《ママ》はなかったです
別に用事はありませんから面会に着て戴かなくて宜しい
処で　三十一日発の葉書　二日の本は受取りました　面会の日は何時でもよろしい
営外〔兵営の外〕ですから自由です　而し四日か五日頃までです、必要も無いが入場券同封します
若し来られて　私がいなかったら　宿舎できいて下さればよろしい
来るのだったら　亀山〔鈴鹿に近い地名〕で　ブドウでも二箱ばか〔り〕買うて来て下さい〔腹巻も持って来て下さい〕
わざわざ来て戴かなくても宜しいがなあー
一寸急いでいるので　之で筆止め
九月二日夜　現在宿舎久居町東口　辻自動車部〔聯隊入口〕
之からの手紙は次の部隊号で　野田部隊内上田部隊加藤隊　松村芳治

【澤村次郎の日記】

九月四日　晴

愈々征途に上る日来る　大隊は第四次輸送部隊　一、午前九時事務室前に集合し整列場所に至る　集合時中隊長殿より与えられたる注意左の如し

1、愈々壮途の上るの時迫る　只今より輸送の為め集合地に至る予定　而注意せる如く堅思持久一意聖論を奉戴し其の任務を完全に遂行するの決心を要す

2、初《ママ》にも卑怯未練の行動を為し汚名を後世に残すが如き事なき様　覚悟せよ

一、九時二十分集合地に至る　直に三三〔聯隊は〕神社に参拝す　其武運長久なられる事を祈願す

一、午前九時三十分大隊は建制順序を以って威風堂々営門を出て　阿漕駅に向かい前進を開始す

一、午前十一時稍々前　阿漕集合場所到着し　各兵の面会並　三重県知事の祝辞之に対する大隊長の挨拶あり

右終了後駅ホームに入り午前十一時五十分乗車を完了す

一、列車は予定の如く午後〇時二十五分熱誠なる国民の万歳声裡に送られつつ除々行進を開始す　誰か此の赤誠込たる国民の観送《ママ》〔歓送〕に感激せざるものあらん　更に更に志を堅く持ち此の後援並に期待に報ゆる為大に奮闘努力するを要するの覚悟を堅持す

一、列車は途中沿導《ママ》〔沿道〕に沿う各駅の盛大なる観送《ママ》を受けつつ午後六時二十五分一同元気旺盛　大阪市浪速駅に到着す

一、本夜　大阪市に宿営し一夜の夢を浪速に結び

【豊田八郎の陣中日記】

昭和十二年八月二十五日午前十一時　令状布達青年団矢頭の下刈

八月二十七日午前十時入営　同日聯隊通信編入　応急動員甲の上

二十八日　軍装検査同日応急動員開散本動員変効《ママ》〔変更〕

三十日　第十二中隊編入　営外宿営す（水谷たつえ様方）

九月四日　正午屯営出発　午後六時大阪着　午後八時半天満橋泉屋宿舎

【長谷川悌三の陣中日記】

八月三十一日

　御国の為に矢面に立つ身になったかと思えば嬉しさと有難味で　なぜか夕夜《ママ》〔昨夜〕は寝られなかった　今朝見送りに田舎から来て下さる人々に解りやすいようにと宿舎の窓から丈余の自分の出征旗を外に出してくれてある　山田駅前は朝早くから人の波だ　旗波だ　笑ふ人　泣く人　真剣に真字《ママ》目な顔で話して居る人　なかなか様々に見られる　さもあろう　これが此の世の別れとなる人もあるのだもの　国の柱になるのだもの泣け泣け心から泣いてやれ　嬉し泣きに……身動きも出来ぬ中を誠赤タスキのお陰で　人々は道を明けてくれた参急の終点から電車に乗る　道々の駅では婦人団体　学生のバンド等　すべて国防体形《ママ》〔隊形〕の見送りだよーしやってくるぞ　何度も心に誓った　昼飯は一緒の四一さんや勝　孝二君等と神社の庭で頂き　午後一時勇んで五年振りの営門を入る　庭に立てられたるバラックにて簡単な検査を受けて　無事に合格した　いよいよ俺も野戦隊の一員だ　何の話もなく編成　第十二中隊の第二小隊　第六分隊の第四弾薬手となる　それより新町一丁目の前田乙三郎宅に御世話になる

大阪でも出征する我らに盛大な歓送（一九三七年九月五日）

大阪港は、古くから軍事物資の積み下ろしや兵士を送り出す港だった。一九三二年三月十八日、軍の後押しで、大阪の市岡第五小学校で設立された大阪国防婦人会は、全国的な組織「大日本国防婦人会」に拡大し、一九三七年の日中戦争が始まると盛んに各地で兵士を送り出す役目を担った。松村の手紙にも、「昨夕は大阪市東区北大江国防婦人

▲…出航風景

会の心からなる接待を受けました」と書いている。「出征兵士の事とて地方〔軍隊以外の一般社会〕から絶大な歓送を受けるので尚勇気が出ます」と嬉しい気持ちを勇気が出ると書き表している。しかしもう一方では、「まだ行先は不明です」と行き先が知らされない不安な気持ちが行間に読み取れる。澤村は十二中隊指揮班にいたため、一般兵士達より、中隊に下りてくる命令を早く知ることができた。松村は、五日の時点では、行き先に不安を感じているが、澤村は、「輸送計画に依り　当中隊は福洋丸に乗船と決定す　輸送指揮官上田少佐」と五日の日記に記しているように、乗船する船は福洋丸という名前で、乗船する時に采配する指揮官の名前まで知りえている。

澤村の日記の九月六日付には「午前七時整列乗船地たる第一突堤に向い午前十一時当築港に集合　午後二時三十分乗船開始　午後五時三十分出航　万歳声裡に愈々大阪港を後にす」と書き、港を出港する兵を満載した船が、万歳の声に送られていく様子が目に浮かぶ。第十二中隊の松村たちは、この日記を書いた次の日の九月六日、大阪港から福洋丸に乗船して海上に出るのであった。

長谷川の陣中日記には、「午前六時宿の前に軍装をして整列をし出陣祝ひの酒を呑み出発す　途中沿道には多くの人々が旗もちぎれよとばかりに力のかぎり打ち振って見送りの歌を唱ってくれる　走りながら国婦〔大日本国防婦人会〕や愛婦〔愛国婦人会〕の方々が冷コーヒーや氷のかけら　さてはビールのサービスだ」と書かれ、多くの市民がにぎやかに見送っている様子が読み取れる。住友桟橋に着き待機場所を確認してその辺をぶらついている。長谷川は、かって国際航路の船乗りだったので船を見ればその状況が良く分かるようだ。「東洋汽船の福洋丸だ　之は八千頓級の可也古い船らしい　やはり昔が恋しく思えたが貨物船の改造故に大分に狭苦しい」と長谷川らの乗る船は、古い船でおまけに船内が兵士運搬用に改造されてかなり空間が窮屈だったらしい。

【松村芳治の手紙】

日時　：昭和十二年九月五日
表宛名：松村孫右衛門
住所　：鈴鹿郡椿村大字小岐須
差出人：野田部隊内　上田部隊加藤隊　　松村芳治

今日は一日休養だ
昨夕は大阪市東区北大江国防婦人会の心からなる接待を受けました
後藤氏宅で二十名分宿　主として軽機分隊のみ　東に京阪デパートを見る約一丁〔一〇九メートル〕　北は大阪天満市場　西は中之島公園　此付近市街は繁華でも無いが　それでも可なり〔な賑やか〕さ
外出が禁じられているので市内見物が出来ない　明日は乗船らしいが　或は一日延びるかも知れません
一同が非常に元気です、それに　出征兵士の事とて　地方〔軍隊以外の一般社会〕から絶大な歓送を受けるので尚勇気が出ます
まだ行先は不明です
久居町東口、辻喜代松様方で種々御世話に成りその上出発の時には餞別まで戴きました　一度家の方からも礼状を出しておいてください
○〔金銭〕は必要ありません　まだ有りますから　また何か入用な時には頼みます
亀山の駅で下駄屋の息子さんが見送って下さいました　親類人は皆昨日に見送って貰った　礼状は出しまし

た

では又

九月五日

大阪にて

松村生

【澤村次郎の日記】

九月五日　晴

一、大阪に一日滞在す

一、輸送計画に依り　当中隊は福洋丸に乗船と決定す　輸送指揮官上田少佐

九月六日　晴

午前七時整列乗船地たる第一突堤に向い午前十一時当築港に集合　午後二時三十分乗船開始　午後五時三十分出航　万歳声裡に愈々大阪港を後にす

【豊田八郎の陣中日記】

九月五日　大阪にて　午後八時半天満橋泉屋宿舎

九月六日　午後五時大阪港出帆

九月七日　午後六時関門海峡通過

八日　午前五時玄界灘を通過

九日　黄海航海中　馬一頭病死す

【長谷川悌三の陣中日記】

九月六日　晴

昨日の曇りもどこえやら晴だ　日は朝からクッキリして小学校の旗竿にはもう日の丸の旗がひらめいて居る　未だ誰も登校せぬ学校に宿直さんが上げたのであろう　午前六時宿の前に軍装をして整列をし出陣祝ひの酒を呑み出発す　途中沿道には多くの人々が旗もちぎれよとばかりに力のかぎり打ち振って見送りの歌を唱ってくれる　走りながら国婦や愛婦の方々が冷コーヒーや氷のかけら　さてはビールのサービスだ　宿から少しの港までの行軍で汗びっしょりだ何とももろいものよ　強くあれ出征前ではないか　午前十時住友桟橋に着けばもう多くの御用船は出航フライキを上げて黒い煙をはいて居る　桟橋の要所には憲兵と歩哨で堅く守って居るいよいよ馬や荷物の積み込みが始まった　我れ我れは　所々でしばしの内地に別れる間を桟橋にブラブラして居たが　午後六時に乗船す　東洋汽船の福洋丸だ　之は八千頓級の可也古い船らしい　やはり昔が恋しく思えたが貨物船の改造故に大分に狭苦しい　二番ハッチのツインデッキだ　こんな低い所もまだ二階に仕立てあるので　我れ我れは畳四丈《ママ》敷位に八人が入ったが軍装と共故にギッシリとして苦しいくらいだ　中隊長殿は各小隊の分隊長を呼んで何か注意をして居る　一番下のダンブロでは馬屋当番がウインスルの下で何か一生懸命にやって居る　暑いだろう　もう日はとっぷりくれた　どりゃ船の一夜を明かさんものと戦友と枕を並べて寝る

戦死は本懐、死んで靖国に祀られるのは名誉（一九三七年九月十日）

船に乗っている間松村達は、緊張感もあまりなく家にいる家族に手紙を書いたり、船中でにぎやかに気勢を上げて

▲…「御用船は征く」

過ごしているようだ。松村は、「日本男子は　否日本軍人は死を覚悟しています　立派に〔国家のために戦って死に〕靖国神社に祭られておそれおおくも陛下の御参拝を仰ぎ之に何の名誉がありませう　いさぎよく死にます」と書いている。晩年の松村は、当時は、世の中が天皇一色に教育されていたので、戦争に行くのを疑問に思わないのがあたりまえだったと、当時を述懐している。勇ましく死ぬのだと言いながら「どうやら此の方面も平和らしいです　一発も〔銃を〕うたんと帰るかも知れません」と、戦闘がないことを期待している。松村の心には、軍国青年で天皇のため国家のために死ぬべき自分と、死にたくはないと相反する思いがあって気持ちは揺れているのだろう。手紙の文面から読み取れる。松村たちは九月十一日には、華北天津の近くの大沽に上陸する。

　澤村の日記には、「午後五時三十分大沽に上陸　大陸に第一歩を印す」。大沽に上陸して二日後には天津に入っている。澤村もこの間は、指揮班の仕事である命令受領や官給品の配布などの給与に忙しくて、おそらく陣中日記を書く時間すらなかったことだろう。

　豊田の陣中日記には簡潔に「十一日　午前三時頃大沽着　午後六時頃同地上陸」「十二日　午前三時起床第一小隊長広部少尉　小銃分隊　使役一日　午後六時半より湿地行軍　二里余り夜行軍」とある。十二日の上陸後は、湿地を行軍し足を取られて疲れているはずだが、更に夜間に約八キロメートル行軍してかなり疲れたことだろう。十六日には姚馬渡で第一大隊が激戦となり戦死傷者が多数出たことを知るのであった。豊田の陣中日記には、一、二行で記されているので具体的な状況は分からないが、おそらく恐怖感が生まれ、気持ちが引き締まったことだろう。

長谷川の陣中日記では、九月十七日、姚馬渡に上陸し、敵がいるとの情報に緊張が走ったようだ。「早速に姚馬渡部落の要所に障害物を作って警備に付く」と早速、警備の分担箇所で警戒をしている。「正午頃に敵の密偵一名を捕えて来て取調べた　後に射殺す」と捕らえた中国人は、すぐ殺害している。取調べと言っても「どこから来た」とか簡単なことを聞くだけで、すぐ殺してしまいますと松村や澤村は証言していた。他中隊の兵士からも、捕まえた中国人は怪しいと思ったらすぐ殺すという証言を多数聞いている。

【松村芳治の手紙】

日時　：昭和十二年九月十日朝
表宛名：松村孫右衛門
住所　：三重県鈴鹿郡椿村大字小岐須
差出人：北支　野田部隊加藤隊　松村芳治

大阪浪速の港出航以来今日で五日目
玄界灘も浪おだやかにて存外らくに過ぎました
明朝目的地に到着の予定です、せま苦しい船内ではゆっくり手紙を書く事が出来ません
甲板へ上ると四方海ばかりで一天《ママ》〔一点〕の塵もなく　それはきれいです　時々大きなフカが海中に頭を現します　進み行く船上其れは全く秋の様な涼しさです　声高らかに軍歌演習をするのも又勇壮です
尚目的地は北では無かったです　西です　度々新聞に出ている所です　一つは判じて下さい　山中国造氏の宗教の頭字〔漢字一字〕と次は山中〇《ママ》七氏の〇《ママ》の字をよみ合す事　而し下の一字はよみは同じでも字は違います　之が都会の名ですよ　自分が二ヶ月前に行っていた方面とは全く違いますよ　残念乍ら行先を明瞭に知ら

す事が出来ません　而し又いつかはわかるでせう
　思ひ出せば懐しの椿の里を出発して以来　最早三週間にもなります、毎日の様に手紙を出しました筈ですが果して着いているかしら
　こちらは三十一日のハガキと九月二日の封筒がついています
　或は今後手紙はあまり出せないかも知れませんがその時は元気でつとめているものと思っていて下さい
　若しくは　命余って再び故郷へ帰ったら　又くわしく実戦談でも語ります　首尾よく戦死すれば　それこそ本懐です
　日本男子は　否日本軍人は死を覚悟しています　立派に〔国家のために戦って死に〕靖国神社に祭られておそれおおくも陛下の御参拝を仰ぎ之に何の名誉がありませう　いさぎよく死にます
　おじやんやおばあさん達は随分心配していてくださる事でせう　慰めて下さい
　きっと帰ってくるからと言って
　立派に戦って帰るならばそれ以上の幸福は無いですからなー
　之は誰しも望むところです
　どうやら此の方面も平和らしいです　一発も〔銃を〕うたんと帰るかも知れません
　小社中村新三郎氏の息子良一君も居ります　昨日突然会ってしばらく郷土の語り合ひをしました
　凱旋　いつかは此の日が訪れます
　それまで長くはあろうが　元気よく待っていて下さい　自分も一層元気に勤めます
　では乱筆ながらゆれる船中にて
　　九月十日
野田部隊内上田部隊加藤隊

松村芳治

松村一家へ

郵送船　山下汽船株式会社　陸軍御用船福洋丸

【澤村次郎の日記】

九月十一日　晴

一、午前二時　太沽《ママ》〔大沽〕沖に投錨す

一、午後二時　小蒸気船移乗し福洋丸を離る

一、午後五時三十分太沽《ママ》に上陸　大陸に第一歩を印す

九月十二日　晴

一、大隊命令に基き中隊主力　中隊長以下一二四名は正午太沽《ママ》出発　鉄道線路に沿い軍糧城に向い前進す

一、午後六時異常なく軍糧城着　大隊命令により　本夜当地に於いて村落露営をなす

一、最初の行軍にて曽当《ママ》〔相当〕な疲労で有る

九月十三日　雨後晴

一、午前六時半軍糧城を出発　鉄路北側自動車道を天津に向い前進す

一、午後三時半天津に入る

一、午後十一時宿舎天津旧兵舎に宿営す

【豊田八郎の陣中日記】

十一日　午前二時頃太沽《ママ》着　午後六時頃同地上陸

十二日　午前三時起床第一小隊長広部少尉　小銃分隊　使役一日　午後六時半より湿地行軍　二里余り夜行軍
十三日　午前五時雨にてこまる
　午前十一時軍糧　粮城着　大休止　同午後三時天津向ひ行軍
十四日　午前三時半天津着
　同午前五時情報により　第三大隊トラックにて直に出動　午前十一時目的地着銃声きこゆ　午後三時より行動開始　十一師団輜重兵（そうなん）を見る　午後九時汽車にて輸送（楊柳青発）
十五日　午前一時頃下車　二里余り行軍　独柳鎮着　午前五時食事の為（飯ご〔う〕スイサン）大休止、午前十一時四十分制列《ママ》〔整列〕午後六時王河鎮着夕食（宿営）準備中　第一大隊激戦情報により直に出発鉄舟にて
十六日　午前一時半乗船午前六時上陸　朝食乾パン　午後三時頃トーマート〔姚馬渡〕に着（十五日午後六時第一大隊激戦多大損害　二、三十名戦死　激戦死す　七、八十名戦傷）十六十七日両日同地守備

【長谷川悌三の陣中日記】

九月十七日　晴
　昨日の朝から船に乗り続けだ　工兵の舵取は高い所に座してホイルを握て居るが　其の顔には一寸の隙もない心懸《ママ》〔真剣〕そのものだ　午前六時に前の部落に敵ありとの情報があり　すぐ近くの岸に付《ママ》いて各中隊は暫く命令を待って休憩して後に前進を開始せしに　敵は晩早く逃げてしまって　無事に二十四時間の船にもおさらばして　姚馬渡に上陸した　その内に十時頃にはすぐ工兵隊が食料を運んで来て　第一兵站部が出来たので
　早速に姚馬渡部落の要所に障害物を作って警備に付く　正午頃に敵の密偵一名を捕えて来て取調べた後に射殺す

【松村芳治の手紙】＊封筒のみ、中身なし
日時　：昭和十二年九月十七日の印
表宛名：松村孫右衛門
住所　：三重県鈴鹿郡椿村大字小岐須
差出人：野田部隊内　上田部隊　加藤隊
松村芳治

戦闘と行軍に明け暮れ、手紙も出せなかった（一九三七年十月二十一日）

松村の手紙は九月十七日（中身なし）より十月二十一日まで見当たらない。

澤村次郎の日記によると九月二十日未明、韓家頭での戦闘では十二中隊は六名の戦死者と九名の負傷者を出していると記されている。「突如小銃機関銃の乱射を浴す　弾丸雨霰の如くにして我前進困難」「此の時　我には円匙〈スコップ〉なく　戦友に借り壕を掘ったのであった　午前六時前進を刊行し中隊は大隊左第一線となり韓家頭の敵に対し攻撃を開始す」と、突如、攻撃を受け弾が飛び交う中どこにも身を隠すことができず、パニック状態であったことが想像できる。兵隊達が、慌てて穴を掘り、命拾いをした様子を沢村は「円匙の有難さ」と簡潔に表現している。自分で掘った穴と土以外は身を隠す所がないのだから、寿命がちぢまった思いだっただろう。十二中隊の澤村たちは、穴を掘って明け方まで待ち攻撃をしたが、約六時間の戦闘で「我中隊の戦死傷者は中隊長殿以下先十五名にして如何に激戦なりしかを如実に知るを得」と記している。松村も、九月末の戦闘から十月末のこの間は戦闘と前進に明け暮れ、おそらくあまり手紙を書く暇がなかったことだろう。やっと、二十一日に手紙を書く時間が取れ、「其ノ後何

▲…華北・献県を行軍

等ノ便リモセズ　内デハ心配シテイテクレタデセウ」と便りを出さなかったために、家ではずいぶん心配したことだろうと気遣っている。父母や家人を心配させまいとして、「当部隊モ相当激戦ヲ重ネ　戦死傷者モ多数アリマシタ」と短く状況を知らせ、しかし「現在ハ　一地ニ師団ガ集結シテ平和ナ処デス」「何時マデモ元気デイマスカラ御安心下サイ」と現在地は平和で、自分は元気でいると書き、父母達を安心させている。大事な一人息子を案じている母を安心させるためなのだろう。

豊田の陣中日記からは、ほぼ毎日行軍していることが分かり、しかも、一部落に宿営する毎に、中国農民の住居から食べ物を盗っているのである。豊田の属する十二中隊に食料を積んだ大行李が届かず、日常的な食料の欠乏が理解できる。このような行軍が続いたり、戦闘が終わって宿営する時に、日本兵は、中国人の農家や民家に一気に押し入り、食料を奪うだけでなく、逃げられなかった農民の命を奪った場合があったと、多くの元兵士は証言している。豊田の陣中日記には、中国民衆の家の中を捜しても食料がなく、砂糖を口にしたり、家畜である豚を殺して焼いたり、時には調理する時間がなく生芋をかじったりしていると記されている。食料はすべて中国人から盗ったものである。日本軍の食糧輸送が前線に届いていないことがはっきりと分かる。「十月十日（糖分をかしのかたまり）をたべる　酒をのむ　分隊長以下全部」「十二日（砂糖が大かめに四はいある）白赤ざら等」「十三日料末《ママ》（糧秣）にこまる」「十月十五日夜　大豚を殺し朝食と昼食をこさへる　塩を入れずしている」「十六日　腹がへり皆が話さへ出来ないくらい　生でイモを食す　アメを見つけてねぶる　夕（食サツマイモ）で夜行軍」「十七日砂糖をもらふ　夜うどんをこさへて衛兵まで持って来てもらふ」「柏郷で始めて南京米を食す　それまでは小麦粉でだんごをこさへて食しておった」と豊田の陣中日記には、彼の言うところの「徴発（強制的に取り上げること）」が連日のように書き記されている。豊田は、聞き取りをした時に「わしらは食べるものを盗って行ったけれど、後から（来た者が）金を払うだろう？」と言った。しかし、南京戦に関わって「徴発」の話をした元兵士は、ほとんどの者が、「金なんか無いし、払いませんよ」「徴発とは泥棒ですよ」と言っている。

長谷川の陣中日記には、豊田と同じく行軍と徴発が記載されているが、十月の半ば頃は追撃ばかりなので、食料は欠乏していても、中国軍との交戦はないので演習のようにのんびりしていると感じているようだ。九月末の韓家頭の激戦で中隊に戦死者を出した戦闘に比べれば、農民の畑を荒らしたり家畜を殺して奪うのは長谷川たち兵士にとっては、のんびりした光景なのだろう。「米は一粒も口にする事は出来ない」「豚を取って皆で足を一本宛別けて何も煮る物とてなく　塩焼きにして飯盒に入れる　これが今日一日の食料だ」「行軍中休憩となると　早速サツマ芋を掘りに走るのだ」「之が戦場と思えようか　いな演習のような気がする」と、上からの命令によって行軍することと食料を盗ることに長谷川達は時間を費やしていたようだ。

【松村芳治の手紙】

日時　：昭和十二年十月二十一日
表宛名：松村孫右衛門
住所　：三重県鈴鹿郡椿村大字小岐須
差出人：陣中ニテ　　松村

其ノ後何等ノ便リモセズ　内デハ心配シテイテクレタデセウ　御陰様ニテ　至極勇健ニ勤メテ居リマスカラ御安心下サイ　今日ニヶ月振リデ　漸ヤク内地カラノ御便ガ着キマシタ今ハガキヲ読ンデイマス

中西多〇《不明》　二通　小岐須たつへ　一通　丹羽善治　一通　デス　書簡ハモウ二十分程度デス　当部隊モ相当激戦ヲ重ネ　戦死傷者モ多数アリマシタ
現在ハ　一地ニ師団ガ集結シテ平和ナ処デス　次ノ作戦準備中デス　親類一同無事デスカ
何時マデモ元気デイマスカラ御安心下サイ

十月二十一祭礼ノ日

陣中ニテ

松村芳治

松村孫右衛門殿

【澤村次郎の日記】

九月二十日

一、午前一時　南趙扶鎮を発し　西方捜索拠点に集合し隊勢を整え大隊命令に基き夜間隊形にて韓家頭に向かい前進す

一、午前二時　韓家頭東南丁字路に達し　更に払暁の攻撃準備の位置に推進せんとするや　敵早くも大部隊の進出を知り突如小銃機関銃の乱射を浴す　弾丸雨霰の如くにして我前進困難　しかも我が軍は不意の盛射にて隊形整はざるため一時前進を中止し　壕を築き明払暁友軍飛行機の爆撃と連携し攻撃をなすべく準備す

一、此の時　我に第一にしみたるは円匙の有難さでした　我には円匙なく　戦友に借り壕を掘ったのであった　午前六時前進を敢行し中隊は大隊左第一線となり韓家頭の敵に対し攻撃を開始す

中隊は指揮《ママ》〔士気〕極めて旺盛弾丸雨飛の間　友軍歩兵砲及び空軍の爆撃の効果を利用し前進又前進　友軍の負傷にも屈することなく激戦数時間　遂に午後〇時十分韓家頭を占領す　此の戦闘に於て我中隊の戦死傷者は中隊長殿以下左記十五名にして如何に激戦なりしかを如実に知るを得

戦死者　伍長　竹内友善　　上卜兵〔上等兵〕　山田梅吉　　上卜兵　中村清三郎
　上卜兵　加藤一己　　上卜兵　田辺元年　　一卜兵　三谷勲
負傷者　中隊長中尉　加藤清
　小隊長少尉　広部正作
　准尉　中村幸吉
　伍長　柳元雄　　上卜兵　伊卜〔伊藤〕太一　　上卜兵　伊卜良一　　上卜兵　中村五男
　上卜兵　林源三郎　　一卜兵　大西善慶
一、夕方　南方子牙河の堤防に前進同地に露営す
十月二十日　晴
一、午前六時三十分柏郷を出発　甯晋到着すべく前進す　疲労暫時増大し　ために馬匹に背嚢を託して行軍を続ける者　患者十名あり
一、河渠村に於て昼食をなし　午後三時十分甯晋西南方二〇〇〇米の部落言河荘に到着　同地にて宿営滞在す
十月二十一日　晴
一、師団は此処に第一次作戦を終わり部隊を甯晋付近に集結し　爾後の作戦を準備せんとす為に各部隊は兵器人馬　被服の補充を行い且つ手入れをなし装備を完なからしめんとす
一、中隊行事の行事左の通り
　1午前六時　点呼
　2午前六時三十分より中隊長訓示
　3午前中内務実施
　4午後三時より一時間兵器検査を行う

一、本日は入営以来初めて慰問品を受領す

【豊田八郎の陣中日記】

十日　長官省出発　行軍　午後四時半官省にて露営　はや表にてねるきびがら等をしいてねる（糖分をかしのかたまり）をたべる　酒をのむ　分隊長以下全部

十月十一日　曇り　時々雨

　中官省出発午後六時　趙古営にて宿営

十二日　晴

　同地出発　午前六時　一日十里行軍　午後六時大陸村着　同地にて宿営（砂糖が大かめに四はいある）白赤ざら等

十三日　午前六時出発　行軍

　一日夜行軍　四里未其の他の物を車につけたので料末《ママ》〔糧秣〕にこまる　河渠村にて宿営　午前三時着

十月十四日　午前九時出発午後五時王橋村着宿営

十月十五日　曇り　王橋村発午前六時

　午後二時半頃始めて山を見る山の麓を行進して川を渡る（低水河）を午後四時に渡る　午後六時半飯ご水散《ママ》〔飯盒炊爨〕（大根人参白菜）等で一飯をすごす　後夜行軍　午後十一時半南王鎮着　大豚を殺し朝食と昼食をこさへる　塩を入れずしている　午前二時ねる

十六日　時　午前七時発　腹がへり皆が話さへ出来ないくらい　正午イモ（サツマイモ）を見つけていもほりをして生でイモを食す　午後二時任県へ着アメを見つけてねぶる午後三時同地出発　夕（食サツマイモ）で夜行軍　南和県着午後十時　午前一時ねる

十七日　晴
午前五時起床　中川英政君より砂糖をもらふ　兵機《ママ》〔兵器〕の手入れ　午後三時兵機検査　午後四時半より軍旗衛兵　夜うどんをこさへて衛兵まで持って来てもらふ
十八日　晴　午前七時出発
軍旗衛兵　三十七上げ　南和引上げて七里半行軍　南楊洲村着午後六時　ゲリで難儀をする
十月十九日　晴天　午前七時発
十里行軍　午後八時柏郷着　柏郷で始めて南京米を食す　それまでは小麦粉でだんごをこさへて食しておった

【長谷川悌三の陣中日記】

十月十四日　晴
追撃に追撃を重ねて幾日　敵は堅固な陣地を皆捨て雲を霞と逃げるばかりだ　どこまでも追ってやるぞ　夕夜は夜通し歩いて　午前六時半まで下士哨に立った　言わば一睡もせずと言ふところだ　米はあっても牛車は来ず　一粒も口にする事は出来ない　下士哨下番後　豚を取って皆で足を一本宛別けて何も煮る物とてなく塩焼きにして飯盒に入れる　これが今日一日の食料だ　午前九時半　又中隊は大隊の尖兵となって出発す　行軍中休憩となると　早速サツマ芋を掘りに走るのだ　之が戦場と思えようか　いな演習のような気がする　聯隊はもうどんどんと先を進んで居て　大隊は其に追撃して居るのだと始めて知った　何の事だ　それでは敵も居ないはずだ　途中敵の迫撃砲弾の積んだ車が五、六台捨ててあった　沼の為に前進が出来なかったらしい
午後四時半王橋村と言ふ部落に宿る

食べ物が来ないので、中国人の家へ入って盗んでいる（一九三七年十月二十二日）

▲…華北・甯晋城

連日の強行軍が終わり、十月二十一日から、第十六師団は華北の甯晋付近（石家荘南南東約六十キロの地点にある）に集結することになる。「師団は此処に第一次作戦を終わり部隊を甯晋付近に集結し　爾後の作戦を準備せんとす」と澤村の十月二十一日付けの日記に記されているように、松村はほっと一息いれて、父母に手紙をしたためている。九月十九日からの韓家頭、八里庄の戦闘を簡単に伝え、この地が平和だと家人を安心させている。また、忙しい合間を縫って九月二十三日と十月九日に出した手紙の到着を問うているが、どうやら届かなかったようだ。「給養〔与えられる食糧や水など〕に於ても思ふ様にはいかず　支那人の内《ママ》〔家〕へ入って高粱や粟や菜葉やサツマイモ、大根等を徴発して食べました　米等は二日も三日も無い時がありました」と食料がない毎日を過ごしていた様子が分かる。そして、徴発のために家に入って、逃げ遅れた中国人を見つけ次第に殺していたのだ。松村は父親への手紙に、「支那人は皆何処かへ逃げています　年寄りの人とか子供等が残っています　始めの間は之等も皆銃殺しましたが」と書いている。

また日本軍は徴発を常としているので、松村は以下に当然のことのように書いている。「而し鶏や豚や牛等何でも勝手に殺して食ふのですから　そんなに心配もないです」。家畜などを奪われる中国農民の困窮には微塵もの考えも浮かばないことが、「そんなに心配もないです」との言葉に表現されるのだろう。この時点では「戦死するともそれは名誉です　国家の為です」とお国のためにと書き（もちろん検閲があるので、辛いなどとは書けないが）それは名誉なことなのだから、「決して落胆せな《ママ》い様皆に伝へて下さい」と。反面「或は元気旺盛に凱旋する時が訪れるかも知れません　いやきっと其の日があります」と父母や家人に期待を持たせる言葉を書いて、自分自身もそれで希望を持って日々を過ごそうとしたのだろう。この一か月間のように戦闘や行軍で忙しい時に手紙を出さなくとも、元気にしている証拠だからと、松村は、家人を慰め、自分をも慰めている。

澤村の日記にはごく簡単に「午前八時より第二回チフス予防注射を行」と記している。華北での下痢患者発生は、南京戦参加元兵士の聞き取りをしているとどの兵士からも聞かされた。軍隊での伝染病の発生は兵力の消耗となる。事前に防ぐため、または発生した時には、腸チフス等の予防注射が頻繁に接種されている。

豊田の陣中日記にも、戦闘行軍状態から休養に入って餅つきやくず湯を作るなどのんびりしている様子が窺える。しかしこれも、日本軍の大行李といわれる食料物資の運搬が届いたのではなく農民から米を奪って餅をついたのだと、多くの兵士達からの証言を筆者は聞いている。

「餅つきをする　水がへって黒こげになる　陣中にて面白い餅が出来る」「午後休養夜八時くづ湯をこさへる（父の夢を見る）」と豊田は記している。

長谷川悌三の陣中日記には、ここでは既に治安維持会ができて「白菜一つ徴発する事が出来ないのだ」と、それではどうするかというと維持会から買い取ったのを各中隊が分けるとなっている。一時的に日本軍の攻撃は収まったので、これまでのようにむやみに農民から直接、物資を奪わないようにしないと民心を掴めない。そのために、日本軍の傀儡である治安維持会が農民から食料を強制的に調達する仕組みとなっている。しかし長谷川の分隊は、使っている中国人が以下のようにしてくれるので大助かりだと書いている。「……が……自分等の使っている支那人は素麺を多く持って来てくれるので大救《ママ》かり」。文面では使用人を雇っているように考えられるがそうではない。「使っている中国人」とは、中国人を捕らえ、無理やり働かせている場合が多いのだが、この場合は、掃除や料理などを強制的にさせているようだ。日本軍部隊の使用人にされた中国人は、日本兵の指示にすぐ動かないと暴力を振るわれたり殺されることがあった。それゆえに機転を利かせ言われたことにせっせと体を動かして働いた。日本兵の中には、私達が聞き取りをした時点であっても使用した中国人達を懐かしみ「わしらのために良く働いてくれた」「なんでもハイハイといって友好的だった」と言う人が少なからずいる。日本兵は、南京戦の途上では、気まぐれに中国人を殺したり便利さのために生かしたりする生殺与奪権を持っていた。家族から強制的に離され、強制労働をさせられ殺されまいと必死で生きようとする中国人の心情は理解できないのだろう。「〇〇部隊公用」「〇〇部隊使用人」の腕章を与えられた中国人は、同じ民族の中国人から食料や日用品を奪うこともあった。長谷川の分隊に「素麺を多く持って来て」くれたと記しているが、中国人「使用人」が善意で長谷川たち日本兵にプレゼントしたとは考えられない。日本兵の証言には「気のきく中国人が色々な物を持ってきてくれる」と言い、中国側被害者の多くの証言に「日本兵の手下になって漢奸〔対日協力者〕が、中国人から物を奪う」と多数の証言があった。

戦闘中や戦闘が終わった直後は徴発という略奪が横行した。なぜなら日本軍は、兵站基地を十分計画して設置せず、戦争に直接関係のない民衆から野蛮な略奪によって膨大な軍隊を養おうとした。また、戦闘が一段落して、特務機関が入り傀儡の「治安維持会」等を作り上げると、日本兵が直接奪わなくても、中国人を使って間接的に物資を奪い取る仕組みを作っていった。日本軍の直接支配にしても、間接支配にしても中国民衆が被害を受けることには変わりがなかった。

【松村芳治の手紙】

日時　：昭和十二年十月（二十二日）
表宛名：松村孫右衛門

住所　：三重県鈴鹿郡椿村大字小岐須
差出人：中支派遣軍　藤江本部隊気付山田（喜）部隊久我隊　　松村芳治

昭和十二年十月

今日は一寸暇があります、内〔松村氏の家〕の方は昨日祭礼で今日は山おろし〔大太鼓を鳴らす音〕と言ふ調子ですな　気候としては今が一番いい時です　北支の方も内地と変りません　只夜中に少し寒い位です　而し衣類の心配は無用です　中々陣中〔戦のさなか〕は忙しいですよ　少し状況を知らせます

先づ先月十一日北支○○《ママ》地〔河北省大沽〕に上陸し毎日どんどん攻撃前進しました　十九日第一回戦を某地で行ひ　それより三日間戦闘を続けました〔韓家頭、八里庄の戦闘のこと〕此の戦で第十二中隊（加藤隊）で十数名の戦死傷者を出しました　中隊長加藤中尉、中村准尉、廣部少尉の三幹部も負傷しました　其の後　二回戦闘しました　湿地を夜明に前進中　敵の集中攻撃を受けたのには全く閉口しました　泥濘膝を没し随って身体意の如くならず　如何に日本軍でも之には仕方がありません　最も敵の特意《ママ》とする処は迫撃砲ともう一つは此の水ぜめ攻撃です

日本軍は全く涙ぐましい働きをします　而し敵は何しろ日本の十数倍もいるのですから　油断は出来ないです　一昨日からいる現在地は平和ですから何の心配もありません　九月二十三日に手紙を遺骨護送の戦友に依頼しました　それから　十月の九日に工兵隊の人に一通頼みましたが着いたでしょうか　其れも運良く出せたのです

他の者は殆ど今日まで一通も出していません　給養〔与えられる食料や水など〕に於ても思ふ様にはいかず支那人の内《ママ》〔家〕へ入って高粱や粟や菜葉やサツマイモ、大根等を徴発して食べました　米等は二日も三日も無い時がありました　而し鶏や豚や牛等何でも勝手に殺して食ふのですから　そんなに心配もないです　金銭の必要は全くありません　何しろ上陸以来一銭も買ふ処も無く買ふ物も無しですから　支那軍はドンドン退却

して行きます　支那人は皆何処かへ逃げています　年寄りの人とか子供等が残っています　始めの間は之等も皆銃殺しましたが　今は殆ど平和に成って殺しません　物品も勝手に徴発は出来なくなりました　之は凱旋の前徴《ママ》ですなー　現在いる処にはまだ後　四　五日滞在の予定です　今日は大きなカメで風呂をわかして入りました　二ヶ月振りで入浴して本当にいい気分になりました　ほっと一休みした処で一筆書いた訳です　あまり心配する必要はありません　たとへ　戦死するともそれは名誉です　国家の為です　決して落胆せ《ママ》ない様皆に伝へて下さい　或は元気旺盛に凱旋する時が訪れるかも知れません　いやきっと其の日があります

手紙を出さないから　いらぬ心配をしているかもわかりませんが　それは後方との連絡が不充分なためですから　その時は達者で勤めていると思っていて下さい

戦友村田治衛門君は腹部盲貫銃創らしいです　一寸重いかも知れませんが生命には異常無いと思います　神野辰郎、池田匠君は腕、貫通銃創と聞きました之等は先ず　二　三週間で全治するでせう　自分と本郷一男君は毎日同じ行動をしています　中村良一君も植村重郎君も関口友一君、辻行雄君、谷口勇治郎君等　皆元気です　時々顔を合わしてヤアーオーと挨拶をします

今日は大野の矢田邦治殿から書簡（九月二十七日出）を戴きました　早速返事を出しますまた　暇ある限り便りをします　乱筆は時間が許さないから急ぎます　とにかく元気だと思っていて下さいおぢやんやおばあさんにも安心させて下さい

北支派遣　野田部隊上田部隊加藤隊

松村芳治出

（今は食物も充分与へられます　もう之からは何もかも不自由はない様です）

【澤村次郎の日記】

十月二十二日
一、中隊は左の通り本日の行事を行う
　1午前六時点呼　後三十分間体操
　2午前八時より第二回チフス予防注射を行

【豊田八郎の陣中日記】

十月二十二日　晴
　午前六時起床　八時予防注射　午前中に餅つきをする　水がへって黒こげになる　陣中にて面白い餅が出来る　午後休養夜八時くづ湯をこさへる（父の夢を見る）

【長谷川悌三の陣中日記】

十月二十二日　晴
　今日は朝から休養らしい　俺は炊事をやってやった　使っている支那人は好く働く　彼の家だとの事だ　鶏も居るが　北支はすでに我軍で宣撫もせられ自安《ママ》〔治安〕維持会も出来て居るので　白菜一つ徴発する事が出来ないのだ　大隊本部で通訳が維持会から買い取ったのを各中隊が別けるのだ……が……自分等の使っている支那人は素麺を多く持って来てくれるので大救《ママ》かりだ　今日は甕風呂を造って入浴をした　一ヶ月振りだ気持が好い　戦場の初便りを家に出す

甯晋では、顔も洗え睡眠は十分とれる（一九三七年十月二十五日）

十月二十五日の松村の手紙には、「毎朝洗面もできます　睡眠も充分時間があります　内地の新聞も時々読みます」と戦闘が終わり駐屯した地甯晋でのんびりと休養している様子が窺える。「内地の新聞も時々読みます」と新聞が届けられるほど、日本軍の占領がうまくいって安定していると、松村は感じたのだろう。「或は之で戦闘は終るのかも知れません」と内地に帰れる期待をしている。とは言っても、便箋などの日用品は届いていないので、松村は姉ふみ子が送ってくれた手紙の裏を利用して、実家に手紙を送っている。姉が戦地にいる弟の健康を気遣いながら故郷の様子や暮らしを伝えている。それだけではなく、日本内地にいる銃後の人々の常として、弟が戦場で立派に働くよう願っていると、地域ぐるみの取り組みを伝えている。「私等の村も　出征軍人　武運長久祈願の為早朝　三名宛　氏神様へ日参致し居ります」と弟の松村が地域の期待に添えるよう元気づけている。

澤村次郎の日記には、松村と同じく十月二十六日は、「緑筒瓦斯内に於る防毒面の機能精密検査」「銃剣術及体操」「軍装検査　中隊は午後一時整列」と、甯晋で戦闘は無いものの催涙ガスに対する防毒面が機能するかの実地検査や銃剣術と言った白兵戦の稽古、軍装の検査という装備のチェックをしている。気になるのは、「緑筒瓦斯」と称する催涙性の毒ガスを実際使った時、ガスを散布した場所で日本兵が戦闘できるように防毒面の機能検査を行なっていることである。兵士には知らされないが、次の戦闘準備を感じることが十分できる。しかし、夜は「慰安演芸大会」が開催され、浪曲や歌謡を聞き、澤村たちは「一同打興し久方振りに賑々しく愉快な秋の夜を楽しむ」と嵩じている。

長谷川悌三の陣中日記十月二十五日付けには、次の戦場を問い、水にぬれたり破れたりした防毒覆面の機能検査をするために、長谷川自身も天幕の中に入ってマスクをつけ防毒の検査をしている。マスクの状態が良くないのか「俺も中に入ったが涙が出て困った」と記している。続いて午後は「大砲や聯　大隊砲　速射砲等　砲と言う砲は全部実弾を以って機能検査を行った」と見学に行って日本軍の大砲の威力に驚いている。

豊田八郎の陣中日記には、十一月三日は、「明治節で桃山御りょうへ遥拝後、正定を午後九時乗車（発十一時ごろ）、四日は長辛店通過後、天津通過　五日は、唐山通過　山海関着　六日は、錦洲　奉天　大石橋　瓦房店　七日は、大連港」と列車で「南満州」地域の長い距離を移動している。五日間、列車に乗って外洋船の発着する大きな港天津に至った。船でどこかへ搬送されるのだが、一兵卒である長谷川や豊田たちには行き先は不明である。大連では日本人民家に分散して宿営している。

＊催涙毒剤（臭化ベンジル）この種の毒剤は淡黄色の結晶体で人の目を刺激し涙が出ると同時に皮膚にも刺激があり、これが付着すると非常に痛い。この種の毒剤は各種の発射弾や発射筒の中に入れることができ、外には緑色の標識帯をつけている。つまり、「みどり1号」と言う。（歩平『日本の中国侵略と毒ガス兵器』、七七頁）

＊十一月初頭の政治状況、ドイツは十月下旬から日中の和平工作を働きかけていたが、中国現地の日本軍部は強硬に中国侵略を進める方向に動いていった。和平批判は関東軍などから高まったと言われているが、日本の軍部、特に現地軍が南京攻略を強硬に推し進めた。十一月一日、歩兵第三十三聯隊第十二中隊は「中支への転戦命令」を受けている（歩兵第三十三聯隊第十二中隊従軍記行動表）。ただし十二中隊は、十月二十九日に北上し鉄道集結地点石家荘近くを目指して行軍を始めた。参謀本部は現地に押されて十二月一日に「敵首都南京を攻略すべし」との「大陸命」を発した。

【松村芳治の手紙】

日時　：昭和十二年十月二十五日
表宛名：松村孫右衛門
住所　：三重県鈴鹿郡椿村大字小岐須

差出人：出征中島（今）部隊本部気付野田部隊久我隊　　松村芳治

此の頃少し暇があるので毎日手紙を出す
読むのも又楽しみなものであろう
先月十二日北支へ到着した時印刷したハガキで無事到着の便りを百八十枚各戸へ出したが　皆着いていないらしいです　此の宛名を書くのには　相当一生懸命でしたが全部不着とは残念でした
当地は朝霧が多くて今朝もうすぼんやりです　今豚肉と野菜を煮て朝食を終った処です
此の頃は毎朝洗面もできます　睡眠も充分時間があります　内地の新聞も時々読みます
或は之で戦闘は終るのかも知れません　而し終ってもしばらくは警備ですから凱旋はまだまだ出来ないです
現在は体はらくですよ　一寸肥りましたなあ
いつも戦友と内地の話や爾後の行動を面白く語り合って居ります
特記すべき事項もありません　今から防毒面の機能検査です
又通知します　一寸日用品が切れているので裏面をりようします
十月二十五日正午　　松村芳治
こちらの宛名はいつも左記の通り
北支派遣軍中島本部隊気付
野田部隊上田部隊　加藤隊
＊裏面に　故郷の姉ふみ子から貰った手紙の文面が書いてある（以下）
〔九月〕八日発の手紙拝見致しました　其の後　十二日間を過して居ります　益々元気に勤められますか　私達唯ただ新聞のみを〇《不明》じたり〔綴じたりか？〕に　日々案じ案じ〔心配しながら〕すごしています　彼地の方は早寒いとか　こちらはご承ちのお彼岸さん〔秋分の日、秋の彼岸〕で　まことに良い時節　晩秋蚕の真盛りです　小岐須の

方も皆無事です　此頃　一馬〔ふみ子の息子〕です　学校より小岐須へまいり　二三日ついおいてもらって来ます
　本日〔二十日〕は野田部隊〔歩兵第三十三聯隊〕の記事で一パイ　しっかり胸にききました　主人の御世話になった大橋大尉殿戦死との事　非常に残念がって居られます　神様に守って戴いているなれば安心して良くよくつとめて下さい　くわしくは通ち出来ないとの事ですが　大塚源治さん　十四日に召集出発され　十八日に内地を立たれた様うです　同日　水野吾造而し即日帰郷　伊藤藤七君も出られました　どうか身を大切にしてください　私等の村も出征軍人　武運長久祈願の為早朝　三名宛　氏神様へ日参致し居ります　永く書く中に女々しい事が出ますから　ここらで筆を止めます　御身に御注意せられ　一層元気で　お働き下され

ふみ子

芳治殿

【澤村次郎の日記】

十月二十六日　晴
一、本日の行事左の如し
一、第十一中隊長の指揮を受け　緑筒瓦斯内に於る防毒面の機能精密検査をなす
一、午前十時半より銃剣術及体操
一、午後二時大隊の軍装検査　中隊は午後一時整列　三時終了
一、午後六時慰安演芸大会開催　浪曲や歌謡ありて一同打興し久方振りに賑々しく愉快な秋の夜を楽しむ

【豊田八郎の陣中日記】

十一月　三　晴　水曜日
午前七時半制列《ママ》　明治節　桃山御りょうへ遙拝す　午前十一時半制列《ママ》　同地出発　午後三時正定着　大休止

午後九時乗車（発十一時ごろ）
四日　木曜日
午後一時長苫店《ママ》〔長辛店〕通過　正午十一時天津通過
五日　金曜日　晴
午前五時唐山通過　正午山海関着　一時間後発　手紙を妻より中川操　三助氏　後藤より　新聞二つ　封書を出す五通（鈴木兵五郎　井内政男　山岡まさ　父上へ　妻へ）
十一月　六日　晴　土曜日
吾午後十一時錦洲　午前十時半頃奉天　午後四時半大石橋　午後九時瓦房店　午後十一時〇《不明》水子

【長谷川悌三の陣中日記】

十月二十五日　晴
次の戦場は何処ぞ知らん　水にぬれたり破れたりした防毒覆面の機能検査の為に午前中　Ⅲ大隊は十一中隊長松野中尉殿の指揮の基《ママ》に　天幕を張って其の中で色々の方面から検査した　俺も中に入ったが涙が出て困った　午後は言家荘の南の方で大砲や聯、大隊砲　速射砲等　砲と言う砲は全部実弾を以って機能検査を行ったので　それを見学に行った　其の凄い事は恐ろしいくらいだ　集中射撃に於いて凄さは文筆には現《ママ》せないくらいだ　今　目の前に見て実に驚いた砲の威力の絶大よ
十一月一日　晴
今日は先発部隊の輸送がまだとの事で　南石家荘で休養であった〔後略〕

新しい任地は〇〇と書き、家族にも知らせない（一九三七年十一月十一日）

十一月十一日、松村は揚子江上陸作戦の直前、船内にいる間に故郷に便りを出し、「船は今晩十二時頃任地〇〇《ママ》着予定ですが上陸はいつかわかりません」と、軍の動向を書けないのと上陸すれば第一線となる不安が行間に読み取れる。松村のような一兵卒には、当然行き先が知らされないので不安になっているのだろう。家族を安心させるために「至って元気よく努めて居りますから御安心下さい」とわずかな時間を見つけて手紙を書いている。村の青年達の消息を書きながら、最後に、「秋で随分忙しいでしょう　おぢゃん、おばあさん　お達者ですか　皆が体に気を付けて下さい」と松村は、年老いた祖父母が出征した自分の労働力を補って農作業をしていることを良く分かっているので老人達が元気でいることを願っている。翌十二日は、上海上流の揚子江に投錨し、翌々十三日未明には、十二中隊指揮班澤村の日記によると「除《マ》六経《マ》口（徐六涇口）以東　高浦口付近揚子江右岸に上陸」と記され、澤村は中隊に下りて来た命令を的確に書き、長谷川は一兵卒の行動と率直な思いを心に浮かんだまま書いている。

▲…船上にて

澤村次郎の日記には十一月十二日の船内にいる時点で、「上海方面より退却中の敵は大倉蘇洲河の線を越え昆山付近には迂回中の敵の大部隊を見る」とはるかに南の昆山付近の中国軍が大部隊であることを記している。澤村は、大隊から中隊に下りて来た指令等を指揮班の仕

▲…敵前上陸の前

事として書いたのであろう。中隊の記録などと同じものを日記に詳しく写していると考えられる。「軍は速に常熟　蘇洲の線に向い敵を追撃せんとす　重藤支隊は明十三日未明除《マ》六経《マ》口以東高浦口付近に上陸を決行したる後常熟に急追を決行せんとす」と台湾軍の重藤部隊の後を追って敵前上陸し、常熟、蘇洲の線に向い敵を急追撃しなくてはならないと澤村は記している。第十六師団は、明けがたの十三日、徐六涇口の東にある高浦口付近の揚子江右岸に上陸する。その目的は、敵の逃げていく退路を断ち、打ち破ることであった。

豊田の陣中日記には、毎日のように一、二行簡単な事項だけ書かれているが、十一月八日は午前五時半に起床して、大隊で整列し「沖五里の地点にて小舟にうつるけいこ　敵前上陸のけいこ」と記している。いよいよ敵前上陸となる実戦のための練習を行なっているのだ。翌日の九日には台南丸に乗船して「黄海を航海中」となる過程が良く分かる。

そして敵前上陸の十一月十三日は、「午前八時頃　上陸準備　午後三時上陸呉宅直に第一分隊下士哨　午後六時宿舎に入る　第一分隊前方警戒歩哨　上陸は呉宅（ハクボウコウ）」と時系列に簡単に記している。翌日は「午前六時制列《ママ》　砲兵の車りょう上げを援助　前日上陸した所へ」と戦闘に関しては格段印象を持たなかったのだろうか。他には何も書いてはいない。その日の仕事をきわめて簡単に書いている。

長谷川の陣中日記には、きわめて詳しく敵前上陸の様子が書き記されている。「友軍は駆逐艦を二十艘くらいも並べて揚子江の上流に向った左岸を砲撃して居る　御用船も多く来て居る　ずーっと上流にも居る」と中国軍を攻撃する駆逐艦や兵達を運んだたくさんの御用船が、上流にまで浮かんでいる様子を誇らしげに書いている。「いよいよ敵前上陸だ　既に敵の弱点をついて台湾の重藤部隊が上流に敵前上陸をやったとの事だ」と長谷川を含む兵達は台湾から投入された重藤部隊が既に敵前上陸をやったという知らせに戦意を募らせたことだろう。「朝から砲撃は止まらない　工兵は忙しそうに歩兵部隊の上陸をさす準備をして居る」上陸の順を待ちながら、長谷川ははやる心で鉄舟を運転する工兵の姿を見ている。

「午後五時半　いよいよ上陸決行の命は下った」待ち望んでいた上陸だ。十二中隊が第一線に上陸する。「いよいよ上陸」、「エンジンの音は上々だ」と長谷川の戦を待ち望んでいる心を表している。強行上陸は、岸に接岸しないで皆は一せいに河に飛び込んだ。「十一月の揚子江の水は冬服を通して身に答《ママ》える　河床はぬるぬると足のうらに答《ママ》える」と冷たい河に股までぬらして上陸していく。竹のトギスや手榴弾の仕掛けも一杯にしてあったがこれをやり過ごして

薄暗れせまる敵岸に上陸し、長谷川達は、辺りを掃蕩にかかった。「敵はあわてて逃げたのかまだ火も残って居た」「負傷兵も二名捕まえて来た」「重機も一銃取って聯隊本部に渡し」と、日本兵が急襲をしたためか、まだ炊事の火が残っていて、負傷兵も逃げ遅れ、中国側の兵や農民達が慌てて逃げた様子が窺える。

【松村芳治の手紙】

日時　：昭和十二年十一月十一日
表宛名：松村孫右衛門
住所　：三重県鈴鹿郡椿村大字小岐須
差出人：上海派遣軍中島（今）部隊本部気付野田部隊久我隊　松村芳治

今日は十一月の十一日です
六日にハガキを出しましたが　都合上此の書簡と一緒になります　何時頃着くかわからないです　九日〇《ママ》〇《ママ》
乗船の際ハガキを出しましたが着いたですか

今船内に居ります　船は今晩十二時頃任地○○《ママ》着予定ですが上陸はいつかわかりません　至って元気よく努めて居りますから御安心下さい
先日小社の村田久一様と面会しました　岸田の米川善一様とも九日に埠頭で会ひました
酒井正男君とはまだ会わないです　今度は上陸するとすぐ一戦を交へるかも知れません大いに奮闘する覚悟です　本郷一夫君はもう内地へ着くでせう　今度新中隊長が来られて　加藤隊を久我隊（中隊長の姓）と変りましたから注意を　而し加藤隊でも之までの手紙は皆着きます
都合に依ると船内に五日も十日も居るかもしれません
とに角元気ですから御安心下さい　秋で随分忙しいでしょう　おぢやん、おばあさん　お達者ですか　皆が体に気を付けて下さい　上陸地は寒さ内地と変りません

十一月十一日

船内にて

松村

両親へ

【澤村次郎の日記】

十一月十二日　晴

一、早朝錨を上げて揚子江を遡る　濁流色濃く士気亦益々上る　我僚船を巡って駆逐艦ウラナミ在り　弦々相接し艦口より黒板にて命令を伝達するを得　兵亦互いに手を挙げ帽を打振り健康と奮闘を互に祈る
一、河の両岸漸く展望し得るに至る　我航空機の陸上偵察しあるを距かに望む　避難民を満載せる英国船の燥慌として下るを見る

一、午後に至り警戒の駆逐艦に更に巡洋艦二艘を加え　戦機愈々熟々するを知り士気頓みに昇る　八時分隊長以上中隊室前に集合し右の意味の命令注意を受く

「上海方面より退却中の敵は大倉蘇洲河の線を越え昆山付近には迂回中の敵の大部隊を見る　軍は速に常熟　蘇洲の線に向い敵を追撃せんとす　重藤支隊は明十三日未明除六《マ》経《マ》口〔徐六涇口〕以東高浦口付近に上陸を決行したる後常熟に急追を決行せんとす　師団は明十三日第一線部隊を以って重藤支隊の上陸に引続き除六《マ》経《マ》口以東高浦口付近揚子江右岸に上陸し　一部を以って白茆《マ》河《マ》〔白茆口〕付近の敵を駆逐し其主力は支塘鎮―常熟道上に進出し敵の退路を遮断せんとす　佐々木支隊は上陸に伴い白茆口付近の敵を駆逐し爾後歩兵約二ヶ中隊を主幹とするとする沈家口付近白茆口右岸地区を占領し上陸地点を確保せしめ主力は白茆河に沿う地区を前進し敵の退路を遮断すべし」〔中略〕

一、中隊は二日分の糧秣と二食分の弁当を携行す弾薬は各人持得るだけ持つ

台南丸河岸に横付にならず小形の鉄舟にて右岸に向う　是も亦遠浅にして　鉄舟より岸まで二十米も離れとまる　各人は重き軍装にて水中に飛び込み腰をも濡し河中横行上陸す　中隊は上陸後呉宅より支塘鎮に向って前進すとの事であった

一、右の命令要旨に従い各分隊長は地図並に航空写真に依って上陸地点の地形を研究し　中隊長より上陸に関する諸注意及び携帯品等に対する注意を受く

一、夜に至り雨全く止みたれど空尚暗く僅かに僚船の赤灯のみ闇中に凄然と点滅するのみ

十一月十三日　晴

一、未明より砲声盛んに響き　薄霧の中に我が艦より砲火の連続的に発射されるを見る　敵陣地らしきものより機銃音ひびき　続いて我飛行機の乱舞するあり　敵前上陸の朝また快なる哉

一、中隊は命令に基き五班に区分し工兵隊の運転せるランチにて愈々午後二時上陸の壮挙にうつる

一、前日中隊長殿より注意のそのままなり　或は膝或る者は　股まで濡らして目的地に上陸す　敵影全く無し
僅かに他部隊にて敵の負傷兵数名とチェッコ銃を捕獲するのみ　中隊独断を以って上陸地点より呉宅東端に
進出して敵を警戒民家の庭にて火を燃しつつ夜を徹す

一、中隊は上陸に際し全員背嚢を船中に残置し久保軍曹以下十四名之が監視の為船に残る
呉宅にて警戒中命令により野砲隊援護の為吉田准尉以下八拾四名を分遣す

【豊田八郎の陣中日記】

八日　午前五時半起床
七時制列《ママ》第三とっていに大隊集合　沖五里の地点にて小舟にうつるけいこ　敵前上陸のけいこ　午後九時半
帰り宿舎十一時に入る　午前三時半床につく

十一月　九日　火曜日　晴
午前十一時制列《ママ》出発　午後六時乗船　台南丸　日直上等兵を務める

十日　水曜日　晴
黄海を航海中

十一日　晴　木曜日
航海中手紙書く　中川栄之助氏　山岡義雄分会長　兄上　幸市　小学校　中川壮平氏　中村平一郎氏へ出す

十一月　十二日　曇り雨金曜日
午前五時頃　揚子江河口に入る　揚子江を上る

十三日　晴　土曜日
午前八時頃　上陸準備　午後三時上陸呉宅直に第一分隊下士哨　午後六時宿舎に入る　第一分隊前方警戒歩

哨　上陸は呉宅（ハクボウコウ）
十四日　日曜日　晴
午前六時制列《ママ》　砲兵の車りょう上げを援助　前日上陸した所へ
十五日　月曜日　曇り
そうさく一日（付近）

【長谷川悌三の陣中日記】

十一月十三日曇り

朝から雲は低くたれて重苦しいような日だ　午前六時頃　上陸準備の命令が出たと同時に砲の音が始まった　甲板上に出て見れば何時来たものか　友軍は駆逐艦を二十艘くらいも並べて揚子江の上流に向った左岸を砲撃して居る　御用船も多く来て居る　ずーっと上流にも居る　いよいよ敵前上陸だ　既に敵の弱点をついて台湾の重藤部隊が上流に敵前上陸をやったとの事だ　陸には友軍の砲撃でガソリンタンクに火が着いたのか高い火柱は天にも届きそうだ　朝から砲撃は止まらない　工兵は忙しそうに歩兵部隊の上陸をさす準備をして居る午後五時半　いよいよ上陸決行の命は下った　我が十二中隊が第一線に上陸だ　鉄舟の前に軽機をすえて　前進を初《ママ》めた　エンジンの音は上々だ強行上陸だ　船は岸の近くまで来て止まった　皆は一せいに河に飛び込んだ　十一月の揚子江の水は冬服を通して身に答《ママ》える　河床はぬるぬると足のうらに答《ママ》える　幸にして敵は居ないらしい　何だか背嚢がないので身が軽すぎる　無事に十二中隊が一番上陸だ　白坊《ママ》口〔白茆口〕と言う所らしい　敵は素足で上陸すると見たか　竹のトギスが川岸一面につきさしてある　手榴弾が敵の足に引っかかると自然に爆発すると言ふ恐ろしい仕掛けも一杯にしてあったが　之も皇軍には駄目だ　軽く手で白糸をたぐって皆河に捨ててやった　薄暗れせまる敵岸に上陸し早速に掃打《ママ》〔掃蕩〕だ　敵はあわてて逃げたのかまだ火も残って

居た　負傷兵も二名捕まえて来た　重機も一銃取って聯隊本部に渡し　十二中隊は命令が来ないので独断にて
前方に出て警戒を初《ママ》めた　夜はとっぷりと暮れて後続部隊も来た　歩哨だけにして皆は支那人の家に入り仮眠
する

2　南京陥落と掃蕩という虐殺

南京目指して、競争の追撃戦（十一月十三日～十二月二十一日の間）

南京を目指して毎日の行軍は、各師団が競争して走るように進んで行った。松村達の第十六師団歩兵第三十三聯隊十二中隊も戦線がどんどん延びて兵站がついてこなかった。毎日の食料は自分で探して盗ったと松村や多くの兵達が証言する。松村は、約一か月以上手紙を書く機会がなかったようだ。十一月十三日～十二月二十一日の手紙は見当らない。松村達が、南京到着後には頻繁に徴発に出かけていたのは確実だ。豊田、澤村、長谷川の日記や各兵士達の証言でそうした状況を知ることができる。

歩兵第三十三聯隊第十二中隊は十一月十三日に徐六涇口以東高浦口付近の揚子江右岸に上陸した。銃撃戦の末、松村たちは、中国兵を追撃し一部を以って白茆口付近の敵を駆逐し、三十三聯隊の主力は支塘鎮―常熟道上に進軍する。一日に十数キロも行軍し、約ひと月弱を食料の補給もないまま急追撃をして行くのである。南京までの行程で手紙を書く余裕はほとんどなく、また兵站がついてこないので野戦郵便局も設置されていない。松村が故郷に手紙を出せるのは、南京陥落後十二月十三日以降のことである。南京までの様子は、澤村、豊田、長谷川の日記や陣中日記につづられた文章によって、急追撃する部隊の様子や無錫城での略奪、紫金山の攻防等、当時の状況が

▲…上陸地近くの梅李鎮は廃墟となった

良く分かる。
　豊田八郎の陣中日記によると、第十六師団は十一月十三日に揚子江岸の呉宅から敵前上陸をする。第十二中隊は、あまり激しい交戦もなく、十六日には徴発に出かけ、おそらく農家から南京米や空豆を盗っている。十七日～二十日は大嵐が続く。さすがに二十一日には食料も尽きたのか、天候が雨であっても「ごうより南西へ千五百米前進　正午着　午後徴発」に出かけている。翌日二十二日は「午後二時張家市着　宿舎に入った後徴発」とまた連日の徴発をしている。次の日の二十三日は、午前は自分達の物資を「徴発」し、午後は「張家市東南へ一里半　砲兵の馬料を徴発」と記しているように、砲兵隊の大砲を引く馬の食料を盗みに出かけている。日本軍は上海から南京への行程で、食料を届ける兵站が整わず、中国民衆から「徴発」と称して略奪を頻繁に行なった。豊田の陣中日記には、短い文章の中に毎日のように「徴発」の文字が書かれている。
　長谷川悌三の陣中日記には、無錫手前の戦闘が詳しく書かれている。「なかなか敵も強く抵抗して居るらしい」「十二中隊は第二大隊に協力をして右第一線となり敵を包囲すべく攻撃前進を始めた」「草原や田の中をどんどんと前進して部落と言ふ部落は次から次に焼打ちにして前進をした」。無錫手前の村落を通過するたびに、農民が大事にしまってあった穀物や家畜を奪い、日本の兵隊達は中国農民の家屋に容赦なく火を放った。
　澤村次郎の日記によると、十二月五日未明に師団命令を受け「師団は本五日　南京に向い追撃を続行」するのである。丹陽で野砲第二十二聯隊の後から南京へ向い前進する。いよいよ城壁や城内を攻撃するための長い射程の野砲を前面に出して、南京城攻撃をするのだろう。十二月七日には、十二中隊は、句容を出て湯水鎮に至るために前進する。大隊命令では、「我が追撃隊は湯水鎮西方高地並に湯山南方付近の敵を攻撃中なるものの如し」と湯山の西方と南方辺りの中国軍を攻撃したと記している。湯水鎮は、南京まで直線で二十数キロメートル隔たっている。ここは、蒋介石の別荘があった温泉地である。三十三聯隊も三十八聯隊も湯水鎮に乱入すると略奪は当然ながら行なったが、多くの兵士達は久しぶりに湯に入って垢を落としたと証言している。南京に攻め込むには、まだ紫金山での戦闘が待っていた。ここでは蒋介石の精鋭部隊である教導総隊が強固な陣地を構築して日本軍を迎え撃つのである。松村たちは教導総隊のことを蒋介石の「精鋭学生部隊」と呼んでいた。

日本軍の第十六師団が侵攻し戦場となった無錫や句容、湯水鎮やその付近の農村や山岳地帯では、住民たちは身一つで逃げ惑い山の中や遠くの村へ逃げようとする。しかし、日本軍の動きが察知できずに機関銃や砲弾に斃れたり、踏み込まれて捕まり集団虐殺の惨い目にあう農民達があちらこちらで見られた。虐殺だけでなく略奪、放火、強姦の証言を上記の村々やそれ以外の近郊の農村で聞き記録に取ることを何度も重ねてきた。

日本軍が南京へ向かう交通の要所が、古より商業の発達した無錫の町だ。無錫のすぐ東方にある許巷は日本軍が無錫の攻略に欠かせない地点であったと思われる。ここは国民党軍が防衛していたために住民を殲滅する惨案（虐殺事件）が引き起こされた。この惨案に関しては、二〇〇二年から筆者は村での聞き取りを引き続き行なってきた。以下は二〇〇四年八月「銘心会南京友好訪中団」の市民とともに許巷惨案の地を訪れ、歴史学習として聞き取りを行なった時の記録だ。

——昼食後、幸存者から証言を聞く。無錫は経済発展が著しく道路は広く道の両側に大きな建物も連なっている。昔もこの辺りは商業の盛んな地域だったと日本兵の日記にも記され、激しい略奪があったと私が取材した元日本兵の証言がたくさんある。無錫東亭鎮許巷は、無錫のすぐ東に位置する。惨案の記念碑は辺りが池や農地に囲まれた比較的広い空き地に建立されていた。「一九三七年十一月二十四日（新暦）日本軍第十六師団の一部が東亭鎮許巷の村に侵略し村人二百余人を殺す、強姦する放火する略奪するとのあらゆる惨い暴行を働いた。ここに民族の恥をすすぎ中国の隆盛を誓う」との言葉が石碑に書き記されてあった。

無錫市東亭鎮許巷惨案は一九三七年十一月二十四日午後四時に始まったと記されている。

参考に、以下に記された日本兵の日記を読んでいただきたい。「十一月二十三日〔略〕一、午後十時に至り敵退却の兆候あり、払暁に至り西方に退却せり。これを追撃しつつ許巷付近に至る。十一月二十四日　一、午前九時許巷付近に於いて我聯隊並に歩38ｉ〔聯隊〕の前進し来れるに会し、聯隊に復帰し旅団の予備隊となり。十一月二十五日一、中隊は午前八時許巷西端の部落民家数個を占拠し、爾後の前進を準備せり。中隊前面並びに左右側より敵の挑弾盛んに飛来す」（第十六師団歩兵第三十三聯隊三大隊十二中隊指揮班澤村従軍日記より）。

六十七年前の兵士の日記を口語に要約すると、以下のようになる。「十一月二十三日は午前十時になると敵中国軍は退却するきざしを見せている。明け方になると西方に退却した。この敵を追って戦闘しつつ許巷付近に迫る。十一月二十四日午前九時に許巷付近で我三十三聯隊と前進してきた三十八聯隊が合流した。自分の中隊は聯隊に戻り〔三十〕旅団の予備隊になる。十一月二十五日、自分の中隊は午前八時許巷西端の部落民家数個を占拠し、その後の無錫への前進を準備している。中隊の前面及び左右両側より敵の挑弾が盛んにこちらに飛んで来る」。

無錫に侵攻した第十六師団歩兵第三十三聯隊は、無錫近郊で数日にわたり戦闘をする。一万数千人の師団規模なのだからこの辺りの荒らされ方は尋常ではない。しかも次々に部隊が入り込むのだから、許巷だけでなく辺りの村々は徹底的に破壊された。許巷の村に建てられた碑には第十六師団の一部が惨案を引き起こしたと書かれているが、少なくとも十六師団の久居三十三聯隊の三大隊は、十一月二十四日の許巷惨案に直接かかわったか、または同聯隊のいずれかの中隊がかかわった可能性が大きい。村民二二三人を村の広場に集め機関銃で撃ち殺し、まだ死に切れない人や死体を焼いたのだ。このような大規模な村民皆殺しの残虐事件は、一個中隊（戦時約二百五十名）以上程度の人数でなければ、やれないだろう。

無錫東亭許巷惨案は一九三七年十一月二十四日、第十六師団によって引き起こされた惨事だ。地名が許巷と名付けられたようにこの辺りは許の姓が大変多いと聞く。

私達が希望していた証言者・許志明、許玄祖、許泉初さんが三名会場に来てくださった。二〇〇二年十二月、初めて私が許巷を訪れ証言を聞かせて頂いた人たちだ。お爺さん達には、「次の年、必ず日本の友人を連れてこの地に来ます」と私は別れ際約束していた。しかし、年が明けてすぐSARS（重症急性呼吸器症候群）が蔓延して夏まで終息しなかったので二〇〇三年の無錫訪問はかなわなかった。今回やっとみんなで来れたのだが、「必ず日本の人々に無錫での日本侵略軍の行為を知らせてくださいよ」と言う受難者達の思いに私達は応えるよう努力しようと記録を始めた。――

【澤村次郎の日記】

十二月五日　　晴

一、夜中一時頃　左の要旨の命令を受く　「師団は本五日　南京に向い追撃を続行す　旅団は師団の本隊となり　行郷鎮に向い前進す　大隊は午前八時迄に現警戒を徹し　午前十時迄に丹陽西端馬家村北側丹陽―鎮江上に集合し　野砲第二十二聯隊の後方にありて前進せんとす」

一、本日午前七時朱巷里に集合し丹陽に至り馬家村の道路上に於いて野砲隊の前進を待つ昼食を終り約三里行軍　白兎鎮に至り宿営す　途上五里舗の橋梁破壊せられたるを見る

十二月七日　　晴

一、午前八時句容出発　句容より右曲し湯水鎮に向う　一、橋東に於て左の要旨の大隊命令を受く「我が追撃隊は湯水鎮西方高地並に湯山南方付近の敵を攻撃中なるものの如し」

一、大隊は午後六時頃下山村に至り宿営と決す

【豊田八郎の陣中日記】

十五日　月曜日　曇り
そうさく一日（付近）
十一月　十六日　火曜日　雨
午前八時起床　午前十時　徴発に行く　午後二時帰る　南京米　空豆等を
十七日　雨　水曜日　大嵐
一日ごうでねる
十八日　雨　木曜日
前日と同じ
十九日　大嵐　金曜
二十日　大嵐　土曜日
前日と同じ
前と同じ　呉宅発
二十一日　雨　日曜日
ごうより南西へ　千五百米前進　正午着　午後徴発
十一月二十二日　晴　月曜
午前八時半同地発　午後二時張家市着　宿舎に入った後徴発　雪花を見る
二十三日　晴　火曜日

午前徴発　午後小隊の八分通り張家市東南へ一里半　砲兵の馬料を徴発
二十四日　晴　水曜日
午前八時制列《ママ》　張家市出発行軍　午後一時半南京街道へ出る　午後五時古里村宿営　土門　朝氷を見る
南京街道は機械科部隊で一ぱい

【長谷川悌三の陣中日記】

◎　十一月二十三日　晴
午後五時に宿営地〔無錫まで二里の地〕を出発した　なかなか敵も強く抵抗して居るらしい　十二中隊は第二大隊に共力《ママ》〔協力〕をして右第一線となり敵を包囲すべく攻撃前進を始めた　草原や田の中をどんどんと前進して部落と言ふ部落は次から次に焼き打ちにして前進をした　友軍は以前《ママ》〔依然〕として　敵と対陣して居るのが左後方に聞える　攻撃中でも兵隊は何とも思って居ない　部落に入ると早速鶏を追ひ回して居る　夕方近くになって或るクリークの近くまで来た時に完全に敵の中に入ってしまった　もう四方敵だ　致し方ない　一と先ず後方に退かんとせしに　水谷少尉殿が不幸にして戦死された　兵も四、五名負傷した　少し後退して我が六分隊は四分隊と二個分隊で民家に立てこもって壁に銃眼を作り死守との命令を受けて陣地に着いた　三小隊は長岡少尉以下聯隊本部に行って居るので　中隊主力と何程もない　敵の射撃はいよいよ急だ　さあー来い死守だ
十一月二十六日晴

▲…クリーク沿いに行軍

▲…無錫駅に到着

旅団本部と共にクリーク上を無錫に向って船で逆上《ママ》〔遡上〕した　両方の岸には彼我入り乱れてポンポンやって居る　岸から攻撃でも受けたらもう最後だ　避難民が多くクリークを船で逃げて来る　皆捕らえて取調べだ　友軍の戦闘機は地上掃射を行って居る　午前十一時に無錫駅に着く　九聯隊は敵の後に喰ひ着いて追って居る　二〇も三八も聯隊も十一師団もなだれを打って来た　立派な城壁がある　敵の退逆《ママ》〔退却〕振りが思いやられる　荷物が山のように捨ててあるからだ　防空壕に負兵《ママ》が四、五名居たので射殺す　午後六時に宿舎を作り軍装をといて師団野戦糧秣係の命に依り　大きな果物問屋から栗や砂糖リンゴミカン等徴発して夜明けに引き上げた

【許士明（男性）の証言】＊一九二四年十月十四日〔農暦〕生まれ

日本軍はこの地〔無錫東亭許巷〕にやってきて、我々にひどい災害をもたらしました。一九三七年十一月の末、国民党は無錫の手前にあるこの村の橋のところで、二昼夜戦った。また、国民党の軍隊は「今、日本軍の飛行機を撃っている心配するな」と言う人もいました。国民党軍は、「危険だから家に閉じこもって外には出るな」と村人に命令しました。しかし、夜中に戦闘がひどくなり爆弾や銃の音が激しくなってきました。家の中にいる人は一部で、大部分の人達は不安で野原に避難していました。国民党が敗退すると、あとは日本軍が橋を渡り、一気に村に攻め込んできました。人を見れば人を撃ち殺し刺し殺し、たちまちのうちに若者三十数名を村の門柱の建っている所に集め、機関銃で撃ち殺しました。

各家の扉をたたいて開け、若い男と見れば引き出して殺しました。許巷には三つの村があり各村々に続く道には農民の死体ばかり転がっていました。老百姓〔一般の農民〕なのに、日本軍は戦闘員と見て中国人を皆殺しにしたのでした。一陣の戦闘部隊が去っていきました。

一時間後には、日本軍の第二陣が入ってきたのです。この部隊は、先の部隊より残酷で、さらに人を殺す。家を焼き、豚や鶏を奪っていきました。

第二陣の日本兵が来たとき、私の家も焼き払われたのです。このとき私は、祖母と父と母もまた家の中に隠れていました。ドアを激しくたたく音がしました。前日から雨が振り続いてドアが硬いので祖母が私といっしょに開けに行くと、日本軍がどっと入り込んできました。三人の日本軍が家の中に入ってきて父を捕まえようとしました。まず、父と親戚の人を縛りました。父の従弟二人も連れて行かれるようだったから、祖母は父を庇おうとしてだめだと手をふりました。祖母がそうしたので日本兵の銃剣でめった刺しにされました。入ってきた日本軍に驚いて私を含め親戚のものと八人が外へ逃げ出しました。母は一番奥の部屋に隠れていましたが、そこにも日本兵が入ってきて母は殺されたのです。二人は河の方へ逃げ、父は庭に出て豚小屋の藁の中に隠れました。家族十数人はみんな玄関近くにいました。二人が逃げると同時に家族のみんなはものすごい速さで走り出しました。撃たれた祖母が家に残りました。私は別の棟のベッドの下にもぐりました。姉と弟は屋根裏へ隠れました。後で聞いたことですが、豚小屋に隠れていた父は、姉に弟を連れて来させ自分の側に隠しました。もう一人の弟を屋根に隠しました。当時の父の考えは、こんな災難の中でも、分散して跡取りを一人でも残そうとの考えでした。祖母は六十六歳でしたが、体は銃剣で六箇所も刺されていました。母の方は横たわり、死んだ振りをしていたようですが、日本軍に母は性器から首の辺りまで、銃剣を差しこまれてしまいました。母はその日の夜中になくなりました。様子を見に来た父が虫の息をした母を見つけ、そのときの様子を聴いたそうです。後で家族が見ると内臓がとび出ていました。他の親族も、ベッドの下やかまどの近くで殺されていました。また一部の人は河の堤で殺されていました。

日本軍は私達の家で使っている机とか椅子を積み上げ我が家を燃やしていました。私の村は、取れた稲も家もみんな焼き払われました。村の脱穀場には死体がいっぱい積み重なっていました。

当時村には六十三家族がありましたが九十六人も殺され、家族が欠けていない所帯はたった六所帯しかありませんでした。百数十人くらいの人が日本軍から逃れて他の地方から逃げてきた人々ですが、合わせて二二三人が村の脱穀所である広場で殺されました。〔陳誠将軍指揮下の〕国民党の二個部隊が日本軍と戦いました。村の中でも日本軍を食い止めようと銃撃戦となりました。激しい戦いが繰り広げられました。河の中でも塹壕の中でも大勢死んでいました。脱穀場に今記念碑が建っていますが、そこには戦車壕があり中に中国兵の死体がいっぱい詰まっていました。深さは大人の背丈ほどで奥行きはわからないくらいありました。河の中にも、中国兵の死体や一般の市民の死体が何体もあり、戦争が収まってから、銃や弾を河の中から拾い上げました。

十一月二十四日の集団虐殺の後も何度も日本軍はやってきました。中国人を見つけると人を殺したり焼いたりしました。私の父方の伯父は、灰色の服を着ていたので中国兵と思われて日本兵は殺そうとしました。私は泣きながら「殺さないで」と日本兵を拝んでお願いしました。他の子どももみんな泣きながら拝んだので、やっと手を離しました。またある日、何人かの日本兵が通訳一人を従えてやってきました。「王勝泉という男を知らないか」と言うのです。知っているが案内できない。すると私のそぶりを見て、その男は私を殴りつけました。

日本兵がいる当時は、私達は家には住めませんでした。服を着たまま玄関で寝ていました。いつ何時でも、日本兵がやって来る靴音が聞こえると、逃げるためでした。日本兵が時々やって来てはその度に、豚、鶏を盗り、女性も連れて行きました。隣の家の女の人も連れて行かれ強姦されました。

翌年の春には、長江沿岸のこの地域は新四軍〔国共合作で編成された共産党の軍隊〕がやってきて戦い始めました。日本軍の発行する良民証があっても無錫へはいけませんでした。この地域のものだとわかると日本軍に殴られるのでいけないという人もいました。外を歩く時、気をつけなければ、日本軍に出くわすと銃で撃たれる人が何人もいました。日本軍は、焼き殺し奪うの三光政策を私達中国人におこないました。日本が投降するまでの八年間、日本軍が中国にしたむごい仕打ちは、口では言い尽くせません。

南京大虐殺が始まった（一九三七年十二月十三日〜）

●「揚子江で五万の兵を全滅」と故郷に手紙

松村は、南京陥落に関わった日本軍人の一人として、誇らしげに故郷の婦人会に戦勝の報告を手紙に書いている。それも、中国製の封筒、便箋は中国の鉄道会社である京滬鉄道の修理報告用紙レポートを使っている。当時、南京で暮らしていた中国人が現実に使用していた封筒とレポート用紙を松村は手紙に転用して故郷に送っている。歴史のまっただ中にいた日本兵が、その時の生々しい目撃報告を現代にまで残せたことは非常に稀有なことと考えられる。

さて、松村の手紙を読んでいると自分の家族だけでなく、親戚や村の役員や婦人会、小学校などに、小まめに手紙を出していることが書面から分かる。「九月十二日北支へ到着した時印刷したハガキで無事到着の便りを百八十枚各戸へ出し」たのが、一枚も故郷に着いていなかったので残念だと十月二十五日付けの手紙に書いている。恐らく船中でせっせとしたため、九月十一日午後に、天津近くの港である大沽に着いてから、翌日の行軍出発までの間に葉書の束を出したのだろう。このように筆まめの松村であったから、「南京陥落の喜び」の便りをきっと各方面に投函したと考えられるが、残念ながら故郷の椿村婦人会に出した手紙一通しか今に残っていない。

その手紙は、かなり改まった文語調で書かれ、誇らしげに日本軍の戦果を強調している。現在の若い世代の皆さんにはちょっと読みきれない単語や言い回しがあると考えられるので、筆者の口語訳を参考にしてほしい。

一九三七年十二月十三日の午後、南京の下関から揚子江に逃げていく敗残兵や女も子どもも含めた無抵抗の中国人達が、日本軍に追われ次々に揚子江に飛び込んで逃れようとした。大日本帝国陸軍の一下士官だった松村を含め三十三聯隊、三十八聯隊合わせて数千人の兵士達が、一斉に歩兵銃や軽機関銃、重機関銃で射撃をして、元中国軍兵士や一般の人々を撃ち殺すのである。日本軍は、十三日の南京陥落の日は、三十三、三十八聯隊の中隊単位、または小隊単位で各部隊が入り組んで広大な揚子江の沿岸や下関に侵攻した。日本兵達は、逃げ場を失った中国の元兵士や住民に容赦なく銃弾を撃ち込んだようだ。松村たちは、約二時間、断続的に揚子江沿岸で機関銃を撃ったと証言している。

また、続いて十四日の師団規模で行なった掃蕩では、南京城内に入り、難民区にも入って男だけを引っ張り出している。捕らえた約十人の中国人を兵隊らしいと思っただけで連行し、クリークに並べて撃ち殺している。掃蕩に参加した多くの兵士達がやったように、「死体はクリークに落ちて、自分達が死体の処理をしなくて良かったですから」と松村は証言する。十二月十四日からの掃蕩では、中国人の男という男は、兵隊だと決めつけられ引っ張り出された。その場で殺されるか、取り調べもなく次々と屠場に送られるかだった。松村が言うように、「引き出される男は、目つきや面が悪くて、運が悪かったんですな」で済まされてしまうのだ。南京陥落時の十二中隊の詳しい状況を知るため、松村の手紙、澤村、豊田、長谷川の手紙、日記、さらに彼ら元兵士達の証言を引用する。また、兵士たちの記述や加害体験と時間や場所的に一致する南京在住の被害者の証言を引用する。

筆者は、南京戦に参加した元兵士約二百五十名を十年の期間にわたって集中的に個別訪問し聞き取りを重ねた。五〜十回以上訪問した元兵士だけでも三十人はくだらない。延べ人数にすれば、かなりの数になるだろう。

同時期に、被害を受けた老人達へも筆者は個別に家庭訪問して聞き取りを進めた。上海から南京まで訪問した人数は約三百名になるが、被害者の場合も元兵士と同じく何度も聞き取りを重ねているので、この場合も延べ人数はかなり多くなる。

筆者は証言を記録するに当たり、一人一人の映像や音声録音、写真、証言記録を残した。テープやメモ、写真等は膨大な量となり整理するのに長時間かかっている。

手紙や日記の持ち主であるどの兵士にも、当時、中国人を殺すことには、後ろめたさは微塵もない。「考えている間なんかなく、とに角殺すことだけでした」と松村は言った。大量の殺人が繰り広げられる真っ只中にいて、自分達のしている行為に疑問すら思い浮かばないようだった。被害者達は、政府にも軍にも見放され、周りの人々が虐殺されるのを見ながら、惨劇が行われている間は息を潜めて生き延びてきた。

▲…元兵士、被害者への聞き取りを続けた

ではなぜ十二月十三日十四日から大規模な中国人虐殺が起きたのだろうか。命令があったかなかったか、あったとしたらどこから出たのかと疑問がわく。筆者が聞き取りをした大多数の元兵士達は、声をそろえたように「わしら兵隊は、ぜったい勝手なことはしない。上官の命令は天皇陛下の命令や。命令なくして、兵隊は動かない」と決まったように言う。

指揮班の澤村次郎の日記には、十二中隊の行動を記していて随所に「命令により」という言葉が記載されている。十二月十三日の日記を見ると、「一、中隊は命令に従い　天文台より太

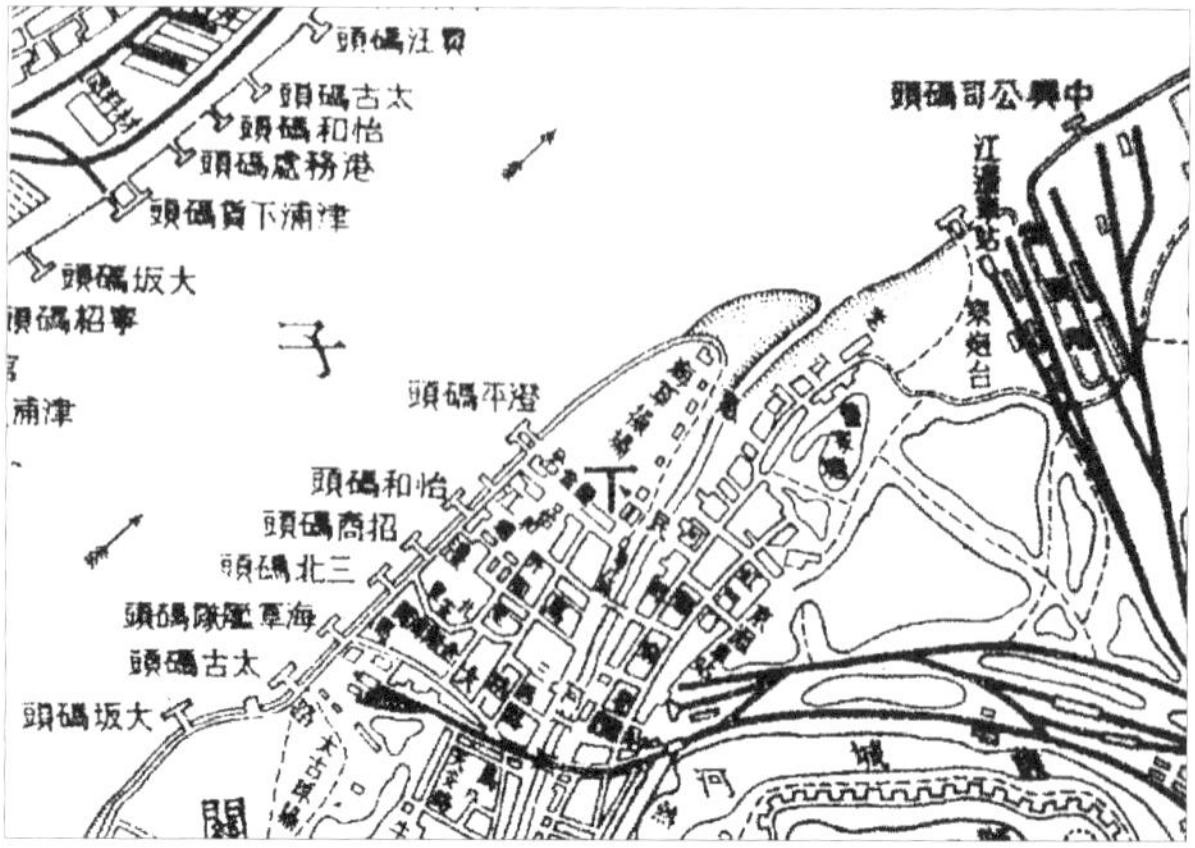

▲…下関付近の地図

平門下を経て玄武湖東側の道路を掃蕩しつつ午後五時下関に到着」と記し、次の日には、澤村達十二中隊は、大規模な掃蕩作戦に参加する。澤村は、下りて来た注意を日記に丁寧に書き連ねている。

十二月十四日には「一、午前十時下関に集合　城内に於ける掃蕩実施に関し左の注意有り　一、各家を洩れなく掃蕩すべし　外国の権益ある家に潜入せる敵あるときは臨検するも可なり　但物品等に触る可からず　地雷等に注意すべし　一、午前十二時挹江門に至り掃蕩を開始す　敗惨《ママ》兵の捕ふる事約三百名　捕獲兵器迫撃砲観測用眼鏡其等別紙報告書　一、夕刻六時所定区域の掃蕩を完了し下関の宿営地に戻る」と書いている。

豊田の陣中日記十二月十四日には「午前六時起床　七時半制列《ママ》　十時城内掃蕩の為入城　直に掃蕩す　第一分隊第一回の負残兵《ママ》〔敗残兵〕十名を殺す　一日に第一分で殺した数　五十五名　小隊で二百五十名　午後六時終り」と記され、命令により豊田は敗残兵の殺害を行なったことを記録していた。

歩兵第三十三聯隊『南京附近戦闘詳報』（南京戦史資料集I、四九五頁）によると、「其六、十二月十三日の行動　一、戦闘経過の概要〔略〕聯隊は午前九時三十分十六師作命甲題一七一号を受領し一部を以って太平門を守備せしめ主力は下関方面に前進して敵の退路を遮断すべき命を受け午前十時半出発第二大隊（二中隊欠）を前衛とし太平門―和平門―下関道を下関に向い前進す而して進路の両側部落には敵敗残兵無数あり之を掃蕩しつつ、前進を継続せり　午後二時三十分前衛の先頭下関に達し前面の敵情を捜索せし結果揚子江には無数の敗残兵舟筏其他有ゆる浮物を利用し江を覆て流下しつつあるを発見す即ち聯隊は前衛及び速射砲を江岸に展開し江上の敵を猛射する事二時間殲滅せし敵二千を下らざるものと判断す」。つまり、第三十三聯隊『南京附近戦闘詳報』の十三日の戦闘詳報には、聯隊は午前九時三十分十六師作命甲題一七一号を受領して、逃げる敵の退路を遮断するために、太平門―和平門―下関へと向うのである。途中、鎮江から逃れてきたり紫金山から逃げてきた無数の敗残兵がここかしこにいてこれらを掃蕩しつつ、前進していく。三十三聯隊の主力は下関に到達すると、揚子江上に逃げてゆく無数の中国兵を殲滅するのである。

「佐々木支隊命令　右側支隊命令　十二月十四日午後五時三十五分於南京和平門外」（南京戦史資料集Ⅰ、四三九頁）には、以下のように書かれている。

「一、敵は全面的に敗北せるも尚抵抗の意思を有すもの散在す　二、旅団は本十四日南京北部城内及城外を徹底的に掃蕩せんとす　三、歩兵第三十三聯隊は金川門（之を含む）以西の城門を守備し下関及北極閣角を東西に連ぬる線及城内中央より獅子山に通ずる道路（含む）城内三角地帯を掃蕩し支那兵を撃滅すべし　四、歩兵第三十八聯隊（第二大隊欠）〔略〕線以西地区を掃蕩し支那兵を撃滅すべし」。

上記の旅団命令は一部を省略して引用しているが、第三十旅団は、南京北部の城内と城外を「徹底的に掃蕩をするのだ」と記している。また、歩兵第三十三聯隊は、南京城北部のいくつかの城門守備と具体的に区切られた掃蕩区域を「掃蕩し支那兵を撃滅すべし」と本資料には記している。さらに、歩兵第三十八聯隊は決められた区域を「掃蕩し支那兵を撃滅すべし」と記している。その上には「各隊は師団の指示ある迄俘虜を受け付くるを許さず」と書き記している。第十六師団は、中島今朝吾師団長の「捕虜はせぬ方針」なので、部隊の兵士達は、片っ端から元兵士や中国人を殺していく。この旅団命令には、中国軍の敗残兵に対しては「徹底的に掃蕩」「掃蕩し支那兵を撃滅すべし」「各隊は師団の指示ある迄俘虜を受け付くるを許さず」と激しい言葉が繰りかえし書かれている。第十六師団から第三十旅団へ、また命令を受けた三十三聯隊、三十八聯隊の配下の部隊は、捕虜をどんどん殺していった。まさに、上からの命令があるからこそ、上の者が命じるままに下級の兵達は、捕虜の殺害や市民を巻き込んだ虐殺を起こして行くのだ。

第三十旅団の命令や第三十三聯隊の戦闘詳報、第十二中隊の指揮班の命令受領が日記に詳しく書かれている。それを読めば、敗残兵や俘虜の殺害の命令があったことは事実であると言い得る。しかし、日本の兵士達が無辜の民衆にもこれほどむごい殺害をしたり強姦に至るのはなぜなのか、拙著を読まれる皆さんと共に考えていきたいと思っている。

一九九七年から二〇〇二年の五年間に私達は多くの南京戦に参加した加害兵士と南京大虐殺被害者たちへの取材を集中的に行い証言集にまとめた。日本の加害兵士と中国の被害者の意識の違い、両者の歴史認識が、なぜこんなに隔たっているのだろうかと私達は取材をしながら強い疑問を感じ始めていた。何度も調査をしながら繰り返し私達はこの認識の隔たりを話し合った。若い世代の皆さんにも、資料を読み取ってこのことも考えてほしいと願っている。

【松村芳治の手紙】＊封筒は赤色の名前枠がある中国製、検印は中松。用紙は、中国の鉄道会社のレポート用紙である「京濾鉄道の修理報告用紙」。

日時　：昭和十二年十二月二十一日
表宛名：小岐須村婦人会々御一同様　代表者原小春様
住所　：三重県鈴鹿郡椿村
差出人：中支派遣軍中島（今）部隊本部気付野田部隊久我隊　松村芳治
（軍事郵便）

謹啓
戦地は既に白雪の大陸　冷風身にしむ候　首府南京の城壁には城頭高く日章旗の翻へる好景　寒冷何のその

一段と勇を増し実に血湧き肉躍るの様に之有候　敵の最大陣地たりし彼の紫金山も僅かに数日たらずして陥落敵は十数万の死体を捨てて逃走　放棄せる幾多の小銃　散在せる迫撃砲　高射砲　其の他総ゆる兵器　被服を見る時の痛快さ　特に十二月十三日午後　廃《ママ》残兵が逃げる途なく　小舟に乗って揚子江を流れのままに降る事其の数実に五万　我が軍機を逸せず之を全滅　思はず万歳を高唱致し候〔略〕

十二月二十一日　　敬具

陣中にて

小岐須婦人会々員御一同様

代表者原小春　様　　松村芳治

＊十二月十八日付けの大阪朝日に「江上の敗走兵狩り　五万の大兵を水底へ」の見出しと記事が書かれた報道がある。当時報道は当然軍の検閲があり、五万という数は軍の流した情報と考えられる）

《口語訳》

謹啓

戦地（南京）は既に白い雪の降っている中国大陸です。冷たい風が身に染みる季節です。国民党政府の首都南京の城壁に、城壁の上高く日章旗の翻る光景を見ていると、寒さなんて何ともありません。一段と勇気がましてきて、興奮して勇気が漲るようになってきます。敵の最大の陣地だったあの紫金山も、わずかに数日足らずで陥落しました。敵は十数万の死体を捨てて敗走し、捨ててある数え切れない小銃、迫撃砲、高射砲、其の他あらゆる兵器、軍服を見る時、とても愉快でした。特に十二月十三日の午後、敗残兵（負けた中国兵）が逃げ道も無く小舟に乗って揚子江を河の流れのままに下って行くその数は実に五万。機会を逃さないでこれを攻撃して全滅させました。思わず万歳を声高く叫びました。

●「揚子江に逃げる無数の中国人を撃ち殺す」

上記の、松村が故郷椿村の婦人会に出した短い手紙には、中国兵の集団虐殺が簡潔に書かれている。さらに松村芳治から聞き取った証言には、松村達の部隊が具体的にどのようなことを南京で行なったのか、松村自身が南京大虐殺下で、具体的にどのようなことを中国の民衆に行なったのかが詳しく述べられている。

三十八聯隊一中隊の田中は「揚子江にいる人間を撃ちたくなるんや。その場では命令なんて無い」と言う。松村も「そこにいるぞ、あっちやと他の兵隊が指差した方を、機関銃でとに角撃つ」と言う。松村は六分隊の分隊長だったので、この時は、岸にびっしり詰めていた日本軍の兵士達と共に二時間くらいは、夢中になって軽機関銃を撃っていたと言う。三十三聯隊第一機関銃中隊の吉田定吉は「上陸の時〔白茆口上流〕命令受領に行ったら『普通の男も殺せ、皆敵や』と言われていた」と言う。同聯隊第一中隊指揮班の浮田源太郎は「とにかく家は全部焼いて、人間は全部殺せという命令でした。南京攻略戦は手当たり次第やったので戦争がしやすかった」と証言している。

松村の証言は、拙著『南京戦・閉ざされた記憶を尋ねて』に収録した十二月十三日の揚子江での虐殺のみ引用した。板切れに掴まったり、ぼろ舟で流れに任せて揚子江を下って逃げてゆく男や女、子どもの群れに、松村たち三重県久居の三十三聯隊（二大隊欠）、奈良の三十八聯隊の兵達が一斉に銃撃するのである。十三日以降の虐殺や略奪等に関する多くの兵士達の証言は、拙著を参考にされることを希望する。

【松村芳治の証言】

十二月十三日昼ごろ、下関にいる敵に向かって掃蕩〔敵をはらいのぞくこと〕を開始しました。下関に来ると揚子江のすぐ傍に駅がありました。砲弾も何もないので、そこかしこに残っている一かたまりごとの敗残兵を、小銃で撃ち殺していきました。一兵卒の私にはわかりませんが、おそらく十六師団のほとんどがここに集結したと思います。南京へは七中隊と同時に入りましたが、数千以上の兵が、下関に攻め込んだと思いますよ〔十六師団の久居三十三聯隊と奈良三十八聯隊のほとんどの中隊は下関から城内へ向かおうとした〕。下関の岸壁は砲撃で壊れていました。

私らの中隊が下関の駅の広場に行った頃、日本の友軍の砲弾がどんどん落ちてくる。ここはまだ敵との大きな戦闘があって、敵はその時はすでに逃げ腰にかかっていました。もう坑戦する力もなく銃も持たず、小さい木っぱ舟や筏や材木を拾って、それに掴まって揚子江を下っていく。五〜八人乗っている小さい舟も、三十人くらいの船もあってね。船には女や子どもの姿も見られ、こちらに向かって抵抗することはありませんでしたな。すぐ目の前二、三十メートル先に逃げる敗残兵を、こちらにいる日本兵は、みんな機関銃や小銃でバリバリと一方的に撃つんや。舟や筏には、普通の服を着た中国人が、小さくじいっとして乗れるだけ乗ってどんどん河を流れていく。命中すると舟はひっくりかえって、そこらの水は血で赤く染まってました。舟の上の人間は撃たれて河に飛び込み落ちるのもありますわな。銃声に混じってすさまじいヒャーヒャーという断末魔の叫び声が聞こえてな。水の中でもがき浮き沈みする人が流れていきます。自分の機関銃分隊は、三十三聯隊の他の中隊と共に撃ちまくった。だれも号令かけるものもなく、ただ単に「おい、あれあれ、あれ撃て」てなもんで、ものすごい人数の日本軍が機関銃や小銃であるだけの弾を撃ちこみました。撃っても全部は死なないので、流れに任せて河を下っていく敗残兵がまだまだいます。私は、そばにいる兵隊たちから「そんなん心配せんでええんや。この下の方に来たら待って一人残さず撃ち殺す部隊がおるんや。下してやってもいいんや」と聞いていました。二時間足らず撃っていましたやろ。

この時、南京城内でも下関でも中国兵は逃げるんで、服装をかえて銃も何も持ってないので、こちらが撃たれたということはほとんどなかったはずです。十三日は、日本軍の一方的な攻撃でした。（『南京戦・閉ざされた記憶を尋ねて』五八頁）

●「集団虐殺する機関銃の音がずっと聞こえていた」

筆者は、通訳であり長年の友人である盛卯弟先生と一緒に、南京大虐殺の生存者である王振挙老人を下関区の街中で探していた。王振挙は、下関でもかなりにぎやかな地域にある、七〇年代に建築されたと思われる古いアパートに住んでいた。家を訪ねたが部屋の中には見当たらず、「散歩に行っているよ」と妻が答えてくれた。近所を捜しているとお年寄りが日向ぼっこをして固まっているので、王振挙の行方を尋ねた。その人だけでなく近所の男性もバイクに乗って探しに行ってくれた。通りの向こうから、とても背の高い中山服を着た恰幅のよいお爺さんが、怪訝な顔をしてやってきた。その老人が王振挙だった。聞き取りの趣旨を伝えると家に案内されたが妻は厳しい顔で、夫に「いまさら南京大虐殺といっても、日本人に言っても仕方ないいんじゃないの?」と言う。妻の言葉が南京大虐殺を否定する日本人の姿勢を批判していると感じた。王振挙は妻を制して、「自分は南京大虐殺の生き証人であって、国民党軍の兵士として日本軍と戦ったんだ」と言う。「一緒に戦った兵たちはほとんど殺され残ってはいないんだよ」といいながら私達に語ってくれた。幕府山の下で集団虐殺する機関銃の音がずっと聞こえていたと、当時を思い出して話し始めた。

【王振挙（男性）の証言】 ＊一九二〇年七月生まれ　当時の住所　揚子江岸老虎山洞穴

まもなく日本軍が攻めてくるので私達の部隊は南京を逃れようとしました。しかし、揚子江は国民党によって封鎖されていたので、もう一艘の船もなく、河を渡って逃げることができなかった。それで我々八十人ほどがとにかく身を隠すところを探して山の洞窟に隠れました。〔略〕その日〔十二月十三日〕に、河で軍艦からの掃射を見ました。人々が河を渡っていました。まるで家鴨のようにバチャバチャと固まって水に飛込んでいました。老若男女、様々な人々でした。板切れにつかまって河を渡る人もいました。びっしりと、大勢の人々でした。夜になると機関銃の音が聞こえてきました。かなり近くからの音でした。はっきりと聞こえてきました。連続三回にわたって聞こえてきました。一回目がもっとも大きく、その後の音は小さくなりました。その虐殺から逃れてきた三人が洞窟に逃げ込んできました。夜の七～八時位のことです。三人とも血だらけでした。彼らを着替えさせました。軍服を脱がし、そこらに転がっている民間人の死体から服を脱がせ、それを着せました。その三人が言うには、日本軍は機関銃で掃射した後、まだ生きている人を銃剣で刺し殺し、最後にはガソリンを撒いて焼き殺したそうです。傷を負っていても死んだふりをして、日本兵の隙を狙って逃げてきたと言うことでした。

何日かして、豚運びに出たまま戻らなかった父を捜すため、母と連れだって大渦子の方に探しに行きました。あたり一面死体の山でした。洞窟より西、上元門より東あたり約一里半〔約三キロメートル〕くらいの距離の間は焼けこげた死体がずっと続いていました。

ほとんどが焼き焦げていたので性別や服装は判別できませんでした。生き残った人の話から、一般市民もいましたが、多くは八十八師

▲…王振挙

団の兵士だったということでした。彼らは二人一組で針金で縛られていました。逃げ出した三人は銃声と共に倒れ針金をはずして逃げ出したのです。みんなは揚子江に向かって跪かされ、後から掃射されたそうです。中国では軍帽を後ろ向きにかぶることは投降を意味しました。投降すれば殺されませんでした。だから彼らは投降したからには無抵抗だったのです。まさか殺されるとは思いもよらなかったのでした。

揚子江での掃射は軍艦三隻で行われました。機関銃のトントントンという音や機関砲のドンドンドンという音が響いていました。洞窟からすぐ前の出来事でした。半里くらいの距離です。河面一面に死体が浮いていました。その後「紅卍字会」が死体を集め、大湾子の岸辺に死体を積み上げていました。

(『南京戦・切りさかれた受難者の魂』一一一頁)

●「河面は死体でびっしり、中山埠頭で死体片づけをさせられた」

下関の細い路地を通行人や三輪車が触れ合いそうになりながら行き来している。マントウやおかず、小間物売りの屋台や小さな店が狭い路地に張り出している。その道を人にぶつからないよう、かき分けて進む。お店の人に聞きながら初めて季和平の家を訪ねあてた。下関の揚子江沿いのこの地域は、これまでに何人もの体験者の聞き取りをするために何度も足を運んだことのある場所だ。通りの家や並んでいる店にも見覚えがある。季和平は、一間だけの天井の低い灰色レンガを積んだ小さな部屋に一人で住んでいた。裏に回ると揚子江の低い堤防があり、すぐ目の前を赤茶けた水をたたえた揚子江がゆっくりと流れていく。南京大虐殺当時の話をしてほしいと言うと、彼も快く筆者を室内に招きいれてくれた。「河面は死体でびっしり、中山埠頭で死体片づけをさせられた」と季和平は話しだした。半そでのシャツに目が行った。腕には日本兵に銃剣で刺された跡が長さ十センチほどの白い傷跡になって残っていた。刺された中心の部分が深く窪んでいた。

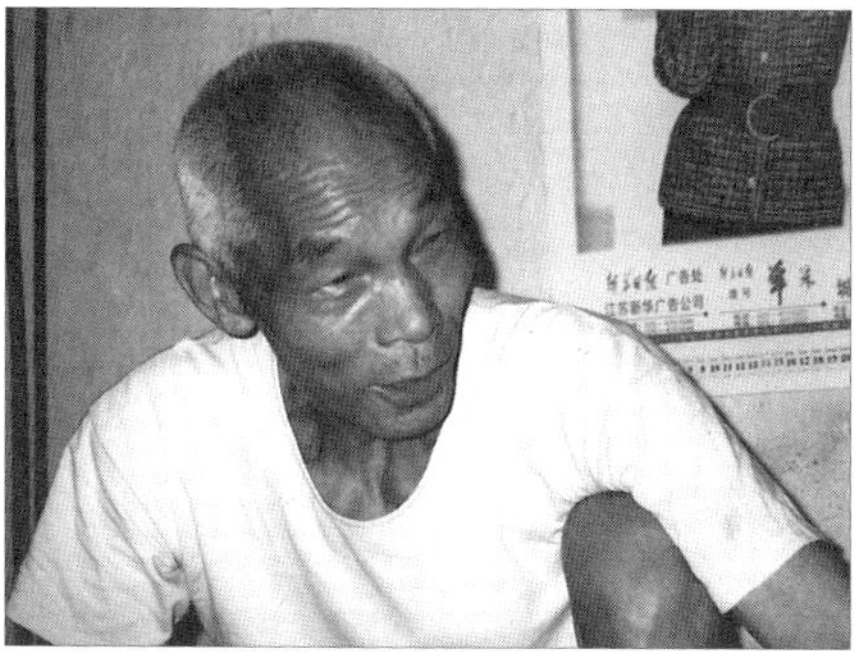

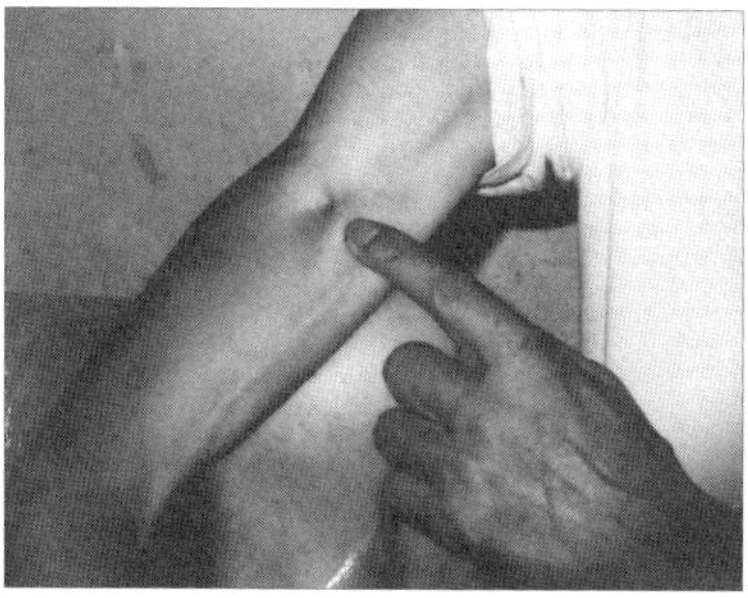

▲…季和平と日本兵による傷あと

【季和平（男性）の証言】＊一九二五年四月生まれ　当時の住所　下関区

当時は母と十歳年上の姉、妹二人の五人家族で暮らしていました。

私が十二歳ぐらいの時、日本兵が南京に入ったと聞いてから二日ぐらい後のことでした。宝塔橋の今は派出所がある場所で、一人の日本兵に出会って捕まえられてしまいました。一号埠頭〔今の中山埠頭のフェリー乗り場〕まで連れて行かれると、中山埠頭のところは、上も下も死体がいっぱいで、揚子江の水が見えないぐらいびっしりでした。それはすごかった。そこで、日本兵から針金を渡され、死体を一人一人、串のような形で繋げるよう身振りで命じられました。その死体を日本兵が船で下流の方に引っ張っていったんです。揚子江は死体でいっぱいで船が通れなかったから。作業は、一人で一番寒い時期に朝から夜まで一日中させられました。日本兵は周りにたくさんいたが水の中には入らなかった。

針金は頭がある人は首のところを縛りつけました。首のない人は手や足に針金をさしこんで結びつけた。一本で一人をしばって、針金ひと握り（十体から二十体ぐらい）を一組にして、日本兵に渡す。そしたら、日本兵がモーターがついている船の後ろにつけて死体を引っ張っていく。船は、二隻ありました。水の中には死体がいっぱいで、タイヤや板も浮いており、船が行き来できる状態ではなかったですね。死体は、冬でも臭くてね。色などは覚えていないが、ふくれて大きくなっていました。片づけていた時も、新しい死体が捨てられており、少々片づけてもきりがなかったほど。この辺り一帯で水が見えないほど死体がいっぱいだという状態は、一か月ぐらい続いた。

寒いなかを裸足で帰る途中も日本兵がいっぱいいました。道にも死体がいっぱい転がっていました。長い軍刀で首を斬っているところも見たよ。死体のなかには首のないものも、銃殺されたものもありました。死体は、女、子どもも年寄りも若い人もいました。水の中の死体はほとんど頭があったが、宝塔橋あたりで見た死体は、首のないものが多かったんです。もともと死体が路上に散らばっていたんですが、道路を開けるために道路のそばに身長ぐらいの高さに積み上げられていました。日本兵は中国人の男を見かけたら片っ端から殺していました。(『南京戦・切り裂かれた受難者の魂』一〇七頁)

●十二月十三、十四日の澤村次郎の日記

日本軍は、十三日の南京陥落の日の掃蕩に続いて、十四日の各師団規模の掃蕩を行なった。南京城内はもちろん北部の揚子江沿岸、東、西、南部の農村部を含めて、「敗残兵の摘出」という名目でローラー作戦のごとく、大規模な集団虐殺が行われた。日本兵に摘出されれば、元兵士だった男ばかりでなく女子どもまでが集団や個別に虐殺された。

十三、十四両日の日記には、中隊に下りた主な命令を澤村は書き記している。

文語体の難解な文であるので、口語訳をつけた。また、澤村は十二中隊指揮班にいたので、十二中隊全体に下りた命令がどんなものであったかよく理解できるし、中隊全体の行動を知ることができる。十三日は紫金山から下りて「敗惨《ママ》兵を捕え完全に所要の目的を貫徹せる」と書いている。これは山の麓に下りて行くにつれて、逃げ遅れた中国兵がもう抵抗する気力も無くうろうろとしている。澤村たち十二中隊の兵はこれらを捕まえて、完全に殺害し、捕虜殲滅の所要の目的を貫徹したのだった。十二中隊だけでなく、紫金山から下りたり、山のふもとを迂回して下関に侵攻した三十三、三十八聯隊の兵士達は、ここかしこにいる数え切れないほどの捕虜の集団を殺害したと証言している。

　中島今朝吾十六師団長の十三日付けの日記には「一、大体捕虜はせぬ方針なれば片端より之を片付くることとなしたるも……〔略〕」「一、此七八千人、之を片付くるには相当大なる壕を要し中々見当らず　一案としては百二百に分割したる後　適当のヶ〔カ〕処に誘きて処理する予定なり」（南京戦史、中島今朝吾日記）と書いている。師団長の考えは、「捕虜を人道的に処遇する」という国際法の精神を無視していた。中島今朝吾日記の内容は、我々は、大体は捕虜自体あることを認めていない方針なので、次々と処理（殺す）することにしている。それに七、八千という数の捕虜を処理するには相当に大きな壕が必要で、そんなものはなかなか見つからない。自分の一案としては、百、二百に分割して搬送し、適当な箇所に連れて行って処分する予定でいる、という意味だ。実際に福知山歩兵第二十聯隊の三中隊の兵士達は、命令によって下麒麟門へ捕虜の搬送を行い自分の隊に戻った。その後捕虜は、中島今朝吾師団長の案の通り各中隊へ二百、三百程度に分けられて処分されたとその兵士の一人は聞いている。

▲…中島今朝吾（前）

　十六師団の下、澤村達三十三聯隊の十二中隊も当然中島師団長の言うように捕虜を認めるはずがなかった。紫金山山系の中で見つけた捕虜も捕まえて殺し、太平門から玄武湖あたりでは鎮江から逃れてきた数えきれないほどの中国兵を殺して午後五時、澤村達指揮班は下関に入った。

松村達は、どんどん前進して下関に着き、揚子江を流れて逃げる中国人を一斉射撃するのは、午後の早い時刻であった。澤村達中隊指揮班は、松村よりかなり後から下関に入っている。次の十四日は、師団規模の南京掃蕩があった。十二中隊は下関に集合して挹江門から城内に入った。澤村は日記に、掃蕩に当たっての中隊長からの注意を書いている。捕らえた捕虜の数約三百と書いているが、殺した中国兵の数は、書いてはいない。

▲…砲撃で破壊された建物

十二月十三日　晴
一、中隊は午前四時半奉納堂を出発　第一峰高地の左側山腹を廻って所定の線に向い前進す
一、敵の敗惨《ママ》兵を捕え完全に所要の目的を貫徹せる　西川分隊長当時下士斥候の報告に依れば　天文台には既に敵影無きことを知り急ぎ天文台に前進　午前九時之を占領す
一、中隊は命令に従い　天文台より太平門下を経て玄武湖東側の道路を掃蕩しつつ午後五時下関に到着
十二月十四日　晴
一、午前十時下関〔揚子江沿いの地域〕に集合　城内に於ける掃蕩実施に関し左の注意有り
「各家を洩れなく掃蕩すべし　外国の権益ある家に潜入せる敵あ

るときは臨検するも可なり　但物品等に触る可からず　地雷等に注意すべし」

午前十二時挹江門に至り掃蕩を開始す　敗惨《ママ》兵の捕ふる事約三百名　捕獲兵器迫撃砲観測用眼鏡其等別紙報告書

一、夕刻六時所定区域の掃蕩を完了し下関の宿営地へ戻る

《口語訳》

十二月十三日　晴

十二中隊は午前四時半奉納堂〔紫金山山中に在る月音寺境内〕を出発　紫金山山系の第一峰の高地の左側山腹を廻って、決められた線に向かい前進する。

敵の敗残兵を捕まえて完全にやらなくてはならない目的を遂げる〔山中で敗残兵を連れ歩くことはできないので、証言のように全員を殺害したと考えられる〕。西川分隊長の当時、下士官の敵情の視察した報告に依れば、紫金山天文台には既に敵の姿が見えないことを知る。そこで急いで天文台に前進して　午前九時、天文台を占領する。

中隊は命令に従い　天文台より太平門下を経て玄武湖東側の道路まで、敵を掃蕩しながら、午後五時揚子江の下関に到着した。

十二月十四日　晴

一、午前十時十二中隊は下関に集合して　城内における掃蕩も実施〔師団規模の掃蕩を行う〕それに関して左の注意があった。「どの家も一つも見落とさず敵を掃蕩しなければならない。外国人や外国の建物に隠れている敵が家に隠れている時は、入って行って検査するのも可能とする。但しその家の物品等に触ってはいけない。地雷等に注意しなくてはならない」

午前十二時挹江門に着いて、掃蕩を開始する　敗残兵を約三百名捕らえた。分捕った兵器は、迫撃砲、観測用眼鏡、其等は別紙報告書に記入した。

夕刻六時に上から決められた区域の掃蕩を完了して、城壁外の下関の宿営地に戻る

●「下関へ攻め下り、集団虐殺を目撃する」

澤村は、十三日下関に入ったばかりで死体が転がっている様子を目撃している。また、南京陥落から三日ほどたってから倉庫に詰め込まれた中国人を集団虐殺する様子を目の前で目撃している。下関一帯は、たくさんの埠頭があって、そこは南京港の地域である。十二月十三日からの掃蕩で中国人達は、日本兵に怪しまれるとその場で殺されることが多かった。しかし無抵抗の人数も多すぎて殺しきれなくなり捕らえられた。その場で殺されなかった人々は、下関のそこかしこにある港の大きな倉庫群や貨車の中に詰め込まれていった。数日後、詰め込まれていた中国人捕虜たちは、揚子江の岸辺や埠頭に引き出されて集団虐殺されるのであった。

▲…捕まえられた捕虜

　この下関周辺で捕虜を機関銃等で殺す多くの兵士の証言がある。筆者が聞き取りをした歩兵第三十三聯隊だけでも十一人の兵士が、自らの手で中国人達を撃ち殺したと証言している。第一機関銃（重機関銃）の吉田定吉、金谷三吉、鈴木力男、松井光雄、小川幸造、第二機関銃（重機関銃）の新山薫、一中隊外山武雄（仮名、軽機関銃）、二中隊高島市良（軽機関銃）、四中隊奥山治（歩兵銃）、五中隊市川治平（軽機関銃）、六中隊葛西徳雄（歩兵銃）、十二中隊松村芳治、平野仙四郎（軽機関銃）達が自らの手で機関銃や歩兵銃を撃ったという。

捕虜の集団虐殺を目撃したとの証言はさらに数多く聞き取っている。拙著『南京戦・閉ざされた記憶を尋ねて』を参考にされたい。

澤村も下関で捕虜を次々に殺しているのを見物していた。一つの倉庫に何百人の人が詰め込まれていた。澤村自身も掃蕩したときに捕まえた男ばかりを次々に倉庫へ詰め込んだ。「埠頭から桟橋の上を五名ずつくらい走らせて、後から軽機関銃でバリバリバリバリと撃った。また、五人くらいを立たせてから、埠頭に向かって走らせる、それを繰り返して全部殺してしまった」と証言している。あまりに多くの人数だったので、最後には倉庫ごと中の人を燃やしてしまったと澤村は語る。捕虜の集団虐殺を目の前で見物している澤村達は、互いに顔を見合わせ「ひどいことをしているなあ」と言い合ったそうだ。戦闘が一段落してほっとすると、普通の心に戻るのだと澤村は言う。どんどん殺されていく中国人を見て、戦争に負けると可哀相なものだと澤村は感じたそうだ。

【澤村次郎の証言】

十二月十三日、紫金山から逃げる中国兵を追い立てて下りてきた時には、大方戦車にやられて、踏みつぶされた死骸がたくさん転がってたで。それをこえてわしらの中隊は山を駆け下りたんや。下関へ入るまでずっと死骸があった。南京陥落は、足の速い部隊が先に入って陥落させたからなあ。歩兵の進むのがあまりにも速いので、ダーと門に押し寄せたところへ、後ろの重砲とか、大きい砲が敵と間違えて撃ち、友軍の弾にやられた兵隊もいたほどやった。

わしらは後から続き、大きな城壁があり、挹江門から入った。中の住居に敗残兵がいないか掃蕩をした。わしらの指揮班はあんまりやらんかったけれど、他の部隊は、男という男を全部捕まえていた。「こいつはおかしい。こいつは兵隊かな」と引っ張って、捕まえたりしてから倉庫へ連れて行き、それを繰り返してたな。

下関の埠頭で大きな倉庫がずうっと並んでいて、そこにいっぱい捕まえた中国人の男をほ〔う〕りこんでた。どの倉庫にも、中国人が詰め込まれ、人で真っ黒になっていたな。何百人詰め込まれていたのか人数もわからんほどや。

掃蕩が終わってから、中国兵を処分すると聞いたので、わしらは埠頭に行って、中国人が殺されるのを見にいったわ。

倉庫の入り口に九中隊の一個分隊十人ぐらいの兵が、軽機関銃二丁を据え倉庫の中に銃を向けて、暴動が起こらないように警戒していた。九中隊は見張りの使役をし、さらに二丁の軽機関銃を使って中国人の殺し役をしたんや。倉庫に詰め込んでいた男たちを外に引きだしてから、埠頭から桟橋の上を五名ずつくらい走らして、後から軽機関銃でバリバリバリと撃った。また、五人くらいを立たせてから、埠頭に向かって走らせる、それを繰り返して全部殺してしまった。男たちは現地の服を着ていたり、仕事の服を着ていた。いいのも悪いのも、みんな埠頭から走らせて後ろから撃ち殺すんやで、わしらは「えらいことするな」と言い合った。撃たれた中国人は揚子江へ飛び込んでいくので片づけもいらん。河に流れてゆくだけや。

揚子江の河岸は飛び散った血で真っ赤やった。二丁の機関銃で狙いをつけられた倉庫の中の中国人たちは座らされたままで、日本兵がオイと手を挙げると中国人は立ち上がり埠頭を走らされたんや。日本兵の命令を聞かずにその場で確実に撃ち殺されるか、河に向かって走り撃たれても、河に飛び込んで万一助かるかもしれん。確率の低い賭けやったで。南京には三日ばかりいただけだったが、あの光景は惨めなものやった。（『南京戦・閉ざされた記憶を尋ねて』九一頁）

●「下関で数千人の人と一緒に私は重機関銃掃射された」

劉永興は、中国で、筆者が個別の調査をした時に体験を話してくれたことがある。日本の学生達が歴史学習のために南京を訪れた時にも、九死に一生を得た悲惨な体験を話したこともある。もちろん日本にも招請して証言集会を開催したこともあった。その時、劉永興は、高齢にもかかわらず、日本の市民の期待にこたえて来日し、揚子江岸で体験した集団虐殺の状況を証言した。弟や友人を殺され自身も死の恐怖にさらされたむごい体験を時には声を震わせて怒り、虐殺だけではなく、その後も続いた強制労働や略奪などの生活破壊の被害をも語った。十二月十三日の南京陥落から、南京市民は、老若男女を問わず生命の危険にさらされた。日本兵によって、南京の男という男は見つかり次第殺されるか、連行された後、揚子江岸や池、広場などのあらゆる場所で殺されていった。劉永興も同じ危機に遭遇し、数千人の市民といっしょに下関に連行され、機関銃掃射を受けた。弟は銃弾が命中した後、その場所で死体の群れと共に焼かれたと語る。

【劉永興（男性）の証言】　＊一九一四年十一月生まれ　当時の住所　中華門から国際安全区内

〔十二月十三日のあと〕日本軍が南京市内の至る所に入ってきて、家の外は日本軍ばかりでした。外は、銃声が聞こえ、人を殺したり、男性を引っ張ってどこかへ連れて行きました。そんな様子を見て、誰も外へ出る勇気がありませんでした。

十五日の午後、遂に家にも日本兵が入ってきて私と弟が銃で脅され引き出されました。道路に出ると私の周りには二十数人の若者がいて、行きたくないそぶりを見せた一人はすぐその場で銃剣で突き刺されてしまいました。私達は大方巷の朝日新聞社の向かいにある空き地に連行され、座らされました。日本人の通訳が出てきて、「皇軍の軍艦が下関の辺に荷物を降ろすから、手伝いに来なさい」と言いました。ここに集められた四千から五千人の人々が移動することになりました。八人の列を作り、一番前は国民党の警察官、後は一般の男たちで私と近所の顔見知りの三十人ほどは列の後ろの方について行きました。冬の日は短く、五時前にはもう薄暗くなっていました。列のあちらこちらに銃を持った日本兵が監視して歩いています。最後の方には、日本軍が機関銃をいくつも抱えてついてきたので、殺されるのだろうかと大変怖かったです。安全区内の大方巷から北の城外の下関まで、かなりの距離〔約六キロメートル〕があります。

途中で死体が道をふさいでいました。国民党の兵士や一般の市民が、すねを針金で縛られて殺されているのや、女性が暴行されて下半身裸で転がっている状況をたくさんこの目で見ました。私たちは死体をよけながら、日本軍に囲まれて八列で下関の近くに連れて行かれました。最初に日本軍は、国民党の警察官の帽子とベルトをはずさせて揚子江に投げ捨てました。周りには日本兵が機関銃をすばやく据え付けていました。この様子ではもう私達はおしまいだと思いました。私と弟はここで敵に殺されるなら、自分たちで揚子江に身を投げて自殺しようと決心しました。二人手を固く握りあって河に入っても、綿入れの服を着ているので体は沈みません。まもなく、日本軍が列の後ろから二十人ずつ引き出して少し離れた場所で機関銃掃射をして殺し始めました。「助けて！」「助けて！」と言う声があちこちで聞こえていました。ものすごい機関銃の音がずうっと続いていました。こちらの方にも機関銃掃射がされ、弟にも弾が当りました。周りの人もバタバタ倒れていきます。日がすっかり暮れていました。日本軍が死体の山の上に乗っかって、生きている人がいないか確かめていました。うめき声を出したり、生きている人を見つけると銃剣で突き刺してとどめを刺していました。私の近くにもやって来ましたが、小舟の影に隠れ死体といっしょに水につかってじっと死んだふりをしていました。

やっと真夜中頃、日本軍が引き上げたので、あたりを注意深く見回すと生き残ったのは私と後七〜八人ほど

の人影が動いていただけでした。（『南京戦・切りさかれた受難者の魂』一一七頁）

●「紅卍字会の父を手伝って死体処理をした」

▲…趙林生と陸宝珍

趙林生の妻は陸宝珍と言い、妻も南京大虐殺の「幸存者」と呼ばれる生存者だ。下関の自宅を訪れると、夫婦共に私達の手を取って家の中に引き入れお茶を勧めてくれた。二人は南京大虐殺当時の話を鮮明に覚えている。

一九三七年、日本軍が攻めてきた当時、夫の趙林生は、宝塔橋に住んでいた。家業は米屋を営み兄弟七人を含む二十人の大家族だった。父は慈善事業をする紅卍字会の宝塔橋分会の会長をしていたので、南京大虐殺当時は紅卍字会の父を手伝って死体処理をしたと話す。そのため趙林生は南京城内外にある数多くの集団虐殺現場に行きむごたらしく殺された死体の状況や死体片づけの様子を詳しく筆者に話してくれた。現在の長江大橋の真下の宝塔橋や下関の貨物駅近くの煤炭港は、三十三、三十八聯隊の兵士達が十二月十三日は掃蕩しながら入り込んだ土地である。日本軍は十三日の下関での掃蕩も十四日の城内掃蕩でも、中国人を次々に殺し、殺しきれずに捕らえた中国人達を倉庫に連行して詰め込んだ。後には、倉庫から引き出して機関銃で撃ち殺したり、倉庫に火をつけて焼き殺してしまった。趙林生は当時の状況を身近に見ていただけに、苦しんで死んでいった人の表情まで話すことができた。終始穏やかな言葉で話しながらも、そのような状況になると分厚い眼鏡の奥は悲しげに目をしばたかせていた。

▲…煤炭港倉庫

【趙林生（男性）の証言】＊一九二二年三月生まれ　当時の住所　宝塔橋西街

十二月十三日の午後一時から二時頃、宝塔橋では、国民党の軍人二十人ほどが橋の一番高いところから日本兵に突き落とされるのを見ました。冬場は河に水がなく、下には爆撃で壊れた橋の瓦礫や石があり落ちたら死んでしまいます。日本軍の馬の部隊は瓦礫や死体を積み上げた上を渡っていきました。死体でできた橋でした。日本軍は河を渡ってからも中国軍を追いかけました。〔略〕

上元門のあたりで午後一時頃からずうっと、一晩中機関銃の音がしていました。後で死体処理に行くと、見渡す限りたくさんの人が殺されていました。人数が多いので中国軍のゲートルを外し、手と手を繋いでいました。少し暖かくなると、たくさんの死体が腐ってきたので紅卍会が死体の処理をしました。それで手と手、足と足がしばられていることがわかったのです。私も会員として手伝いましたから、死体の様子ははっきりと覚えています。

難民区に日本兵が来て若い男たちを並べ検査をしました。引き出された男たちは煤炭港の倉庫に何百人も詰め込まれガソリンを撒いて火をつけられ、焼き殺されました。私の家のとなりに住んでいた散髪屋の人も連れて行かれ殺されました。どの死体も手足を突っ張って無惨にも黒こげでした。ガソリンの臭いが残っていました。そこへも死体処理にでかけたのでよくわかっているのです。死体は地域ごとに大きな穴を掘って埋めました。女性の死体は見ていません。死体は分散して転がっているのもあれば、上元門や煤炭港のように一か所に集中して積んであるのもありました。腐っていくので早く処理しないと大変でした。宝塔橋の上では十数体の死体を見ました。河の中の死体は処理できませんでした。（『南京戦・切りさかれた受難者の魂』一二〇頁）

●十二月十三、十四日の豊田八郎の陣中日記

豊田の陣中日記には、十二月十三日は「午後二時揚子江南京城外に出て川を下る敵を機関銃で一声《ママ》射撃」と記し、聞き取りでも揚子江を逃げてゆく敗残兵を銃撃したという。陥落の次の日である十二月十四日は、南京に攻め入った各師団規模による掃蕩が、城内外で大規模にくり広げられる。各師団は担当地域を区切って南京城内外の中国兵をくまなく摘出しようとした。豊田達十二中隊は、挹江門から南京城内に再び入り中山北路を南へ入った辺りを掃蕩にかかる。豊田はいつもに比べ十二月十四日は、比較的に長い記録を残している。豊田の所属する分隊は、十名の人数で成り立っているのだが、十二月十四日この日の掃蕩だけで豊田の第一分隊は五十五名の中国人を殺している。その上の単位である第一小隊〔六個分隊で構成され、戦闘での消耗もあり約五十人〕では、一日で二百五十名を殺したと日記に記している。豊田と同じ第一小隊六分隊の分隊長として松村もこの日は掃蕩に参加し、中国人を捕らえては殺し、捕らえては殺していった。

十二月　十三日　晴　月曜日
午前四時制列《ママ》　十二中隊第一線　夜中前進で中ト〔中途〕で第一分隊西川伍長の以下十名下士斥候　本隊の

前方五百米の地点十字路を午前五時半に占領するに交戦す　第一分隊援護第一小隊前進す　午前九時敵の根きょ地たる難攻不落の紫金山占領す　久我隊（十二中隊）約三日間で三三（第一大隊欠）の（二三大隊）のみで落す　愈々南京せまる　正午南京城にたどり着く　午後二時揚子江南京城外に出て川を下る敵を機関銃で一声《ママ》射撃　城外に宿営（柵欄門）下関にて
十二月　十四日　晴　火曜日
午前六時起床　七時半制列　十時城内掃蕩の為入城　直に掃蕩す　第一分隊第一回の負残兵《ママ》〔敗残兵〕十名を殺す　一日に第一分隊で殺した数　五十五名　小隊で二百五十名　午後六時終り　午後十一時宿舎へ帰る（昨夜の所へ）完全に南京完落《ママ》す

●「南京城内を掃蕩、分隊で五十五名殺す」

豊田の聞き取りは、豊田の陣中日記を見せてもらいながら進めた。豊田の証言では、十四日の掃蕩で殺害した敗残兵の数を控えめの二十五人と言うのだが、日記のページを繰りながら筆者は実際の「一日で殺した数五十五人」と書いてある箇所を指差して豊田に確かめながら話を聞いた。日記の殺害した数字を見て、「他の分隊がしたこと」と言っていたが、「一分隊」の字を見て、豊田は自分の分隊がしたことを認めたものの、掃蕩の話を避けるようになった。

【豊田八郎の証言】

十四日、城内の掃蕩戦は、わしとこの分隊だけで、二十五人の捕虜を捕まえて来たんや。わしらそれを全部、中隊へ渡した。中隊がそれを何処に持って行ったか、それはわしら全然わからない。あの、殺す分も少々、殺したやろ。思い出したわ、わしの分隊で殺したんは、並べといて、突くのは各人が一人ずつ殺したんや。そして二十五人処分したんや。

わしがウオーと銃剣で突いたら、綿入れ着てるから刺さらんの、きゅっと剣を掴まえられて。こらあかんと思てわしが鉄砲の引き金引いて、〝ポーン〟と。そやで即死や。みんな服装は便衣やったな。

わしら城内へ入って敗残兵だけ捕まえただけや。結局、若い男はな、衣装を替えとる者がおるもんで。それに、各分隊長は命令を聞きに行くけど、兵隊までは命令わからんわ。分隊長はただ「今から捕虜を捕まえに行く」と言うだけでな。

便衣兵かどうかの見分け方？　そらやっぱり、逃げるわ。自分が敗残兵やと思うと、やっぱり逃げる。こっちへ平気で来るというのは、年寄りかそういう者だけや。朝行くと、みんな逃げるでな。とにかく若い者はみんな捕まえて、抵抗した場合は殺してええの。城内で殺したのは、十人ぐらい殺したんやな。

〔ここで、本人の書いた日記から、十二月十四日に書かれた箇所「第一分隊第一回の負《マ》残《マ》兵十名を殺す　一日に第一分隊で殺した数五十五名　小隊で二百五十名」を見せる〕

そやけどこれはうちの中隊やなく、よその中隊やな。うん。一日に第一分隊で殺した数、五十五名。第一分隊？　わしの分隊やな。

城内で殺したのはな、その場で殺したんや。捕まえて捕虜に出したのは、まとめて倉庫へ入れてしもたでな。倉庫というのは下関にあった。捕虜を入れた大きな倉庫が、四つか五つあったやろな。それはわしらの宿舎からはだいぶ離れておるでな。大きな建物やったけどな。捕虜二百五十人は機関銃で殺したんやろな、軽機やな。

処分したのは二百五十人ぐらいやな。あとの捕虜はみんな本部へおさめた。中隊ではもっと捕まえとったやろ。小隊で処分したのが二百五十人やから、まだその倍はおったんやな。（自分の書いた「殺害人数」を見てからは、返答はしどろもどろになった）（『南京戦・閉ざされた記憶を尋ねて』一〇一頁）

●「日本兵にトラックで連行され機関銃掃射された」

▲…蒋坤

日本軍が入城する前に、蒋坤の家の付近は激しい爆撃があり爆弾がいくつも落ちたと話す。もうすぐ日本軍が入城すると聞いたので、安全区内の陰陽営の空き家に避難していたが、蒋坤の記憶によると、陰陽営に三人の武装した日本兵がやってきて、男たちの手を検査し、その後も日本兵はよくやって来て男を引っ張っていった。蒋坤は、安全区でも危険だと逃げようとした次の日、有無を言わさず日本兵にトラック四台で連行され機関銃掃射され重傷を負った。蒋坤は、最初穏やかな好々爺の顔をして話していたが、機銃掃射で殺害される話になると、厳しい口調になった。当時は医者も逃げていておらず、薬を手に入れることもできなかった。死んでも不思議はないような重傷を負っても、なすすべもなく生死の境をさまよっていたのだ。

【蒋坤（男性）の証言】＊一九一五年二月生まれ　当時の住所は夫子廟東関頭

次の日（十二月十四日、日本軍の大規模な南京掃蕩が行われた日）の午前中引っ越ししようとしたのですが、その時にもう日本兵に出くわし、私たちを捕まえて四台のトラックに分けて乗せました。義妹の夫も捕まりました。彼は三台目のトラックに乗せられ、私が乗せられたのは最後の一台（四台目）でした。みんな若い男たちでした。前三台のトラックは先に行ってしまいました。そして最後の一台だけが上海路まで行きました。今の南京大学の後ろのあたりです。当時そこには畑がありました。私たちはそこで降ろされ、畑の中に集められました。みんな跪かされ並べられました。ちょうど私の後ろには一本の柳の木がありました。若者たちの人数は七、八十人いました。突然、機関銃掃射が起こりました。弾を受けて私も気を失って倒れました。後で分かったことですが、このとき生き残ったのは私一人だったということでした。その後、死体収集の紅卍字会の人がやってきました。血まみれの死体を運ぼうとして手足を引っ張ると、息をしているのでその時私が生きていることが分かり、助けてくれたのです。私は「金陵女子大に避難している母親の所に送ってほしい」と頼みました。日本軍の目につかないよう、送り届けてもらったとき、母親と私は抱き合って泣き続けました。下関に連行されたトラック三台分の若者たちがどうなったのか知りませんが、義妹の夫も、他の人も誰一人として戻っては来ませんでした。後に聞いたところでは彼らも全員機関銃掃射で殺されたとのことでした。（『南京戦・切りさかれた受難者の魂』一七八頁）

●「煤炭港で数百人の人が殺されるのを見た」

筆者が二〇〇〇年、大学関係の宿舎だった徐端の家を探して初めて出会った時は、まだ七十歳を過ぎたばかりで次々と当時を思い出して話す、記憶が大変明瞭な女性だった。さらに半年後に訪問した時は、煤炭港で数百人の人が機関銃で掃射されるのを目撃したビルの四階まで私達を案内してくれた。元気に階段を上がっていって当時の佇まいを残したビルから、媒炭港を見下ろした。確かにこのビルからは、石炭を積み出した港である媒炭港の様子が遠いながらもはっきりと確認することができた。ここからなら機関銃の音も聞こえ、人の動きも肉眼で分かる。筆者は写真を撮りながら録音機を回し、聞き取りのメモをした。数年後、南京大虐殺の体験者の一人として市民たちに話を聞かせたいとお願いしたが、彼女は健康を害していて、聞き取りでなくお見舞いということになった。一九八八年から毎年中国を訪問する学習の旅を企画しているが、〇五年からは、多くの学生達が南京で学び、日中の学生同士が交流する企画も進めている。その年、徐端もやや小康を取り戻したので、筆者は大学生を連れて彼女の家まで会いに行った。徐端は、南京大虐殺の証言者の一人として日本の若い大学生に体験を語った。若者達の何人かは、病身を押してまで話してくれた彼女に大変感動したとの感想を述べていた。

▲…徐端はこのビルのベランダから煤炭港の集団虐殺を見た

【徐端（女性）の証言】＊一九二八年一月生まれ　当時の住所　宝塔橋

日本軍が至る所で花姑娘を探して強姦し、男の人を見れば殺していると聞いたので、大人たちは工場のトイレの下に防空壕を掘って、その中に隣家の候さん一家と一緒に隠れました。寒かったので下に藁を敷きました。穴の入り口にも藁を積んで入口を隠しました。そして、周りには大便小便が流れ出るように汚物の溝を掘りました。こんな不潔で臭いところには日本兵は近づいてこないだろうと大人たちは話していました。〔略〕〔ある日候さんの娘が便所をしに外へ出たところ〕十人くらいの日本軍の小部隊に見つかり、引っ張られて行かれて強姦されたということでした。年は十七、八歳でした。彼女は話してからも泣いてばかりいました。とても恐ろしくつらかったのでしょう。彼女は首を吊って自殺しようとしましたが、みんなでなだめて思いとどまらせました。〔略〕

私は防空壕の中が退屈だったし、中が臭くて堪らなかったので、そっと一人で外の様子を見に出たのです。その時、近くで銃声が聞こえました。和記洋行近くの煤炭港の広場の方からでした。私は近くにあった建物の上にあがって、建物のベランダの下にある排水溝の穴から広場の方の様子を見ました。今で言えば四階建てくらいの高さです。そこは今では豚肉加工工場になっています。防空壕からはかなり離れていたところです。見るとそれは大勢の人でした。黒く固まっている人たちを広場の一角に立たせて、それに向けて日本軍の何座もの機関銃が、中国人が逃げないように半円状に囲むようにして据え付けられていました。中国人は六、七十人くらいごとに一列に並ばされていました。みんなで数百人はいたでしょう。そこにいた人々は一般民衆の服装でした。軍人ではなかったようです。日本兵たちが銃を持って何か大きな声で叫んでいました。中国人も泣き叫んでいました。指揮官らしい人が何か大声で叫んだ後、すぐにバ、バ、バ……という機関銃の音が一斉に鳴り響きました。ほとんどが男の人でしたが、女も子どももいました。みんな大きなすごい叫び声を上げていました。暫くして機関銃の音が止んだとき、人々の泣き叫ぶ声もすでに途絶えていました。血が吹き出て横たわっている人々の死体を十数人の日本兵が銃剣の先で無造作に小突きながらまだ生きているものがいないか調べていました。私は恐くなってすぐに防空壕に戻りました。防空壕の中の大人たちはその音を聞いて恐くて外には出ませんでした。あの恐ろしい虐殺場面を見たのは私一人でした。それは日本軍が入城してきてからすぐのことでした。（『南京戦・切りさかれた受難者の魂』七五頁）

●長谷川悌三の陣中日記

長谷川の陣中日記には、十二月十三日の下関の様子が詳しく記されている。死体の山、無数の敗残兵、揚子江上や、汽車の中、道、家、どこも敗残兵が塊となっている。長谷川の話ではみんな便衣（普通の服）に着替えていたというが、他の兵士や被害者の証言から明らかに一般市民だといえる。それに向かって長谷川達は、「大隊砲や重機で面白い程射《ママ》てる」と殺害するのであった。十二月十四日の掃蕩では、「居るわ居るわ　五、六人一組となって戦意なき敗残兵がどの家からもどの家からも出て来る」と、見つけた敗残兵と判定された男達をどんどん殺していったと考えられる。

十二月十三日　晴

〔略〕下山したら居るは居るは　敗残兵は無数だ　六中隊は太平門の一番乗りだ　敵兵を多く捕まえて居た前進前進又前進　十一時過ぎ下関に出た　敵は揚子江を渡って浦口に逃げたらしい　逃げおくれた敵は死体山をなし　馬も何十頭とほ〔う〕ってある　戸板に乗った敵もどんどんと下の方に流されて行く　汽車の中、道、

家、何処も敗残兵の山だ　大隊砲や重機で面白い程射《ママ》てる〔略〕

十二月十四日　晴

午前七時下関の駅に着いて各師団の連合の城内掃打《ママ》〔掃蕩〕に参加した　大隊は挹江門から入城した　城門は天上まで土嚢にて積み上げられ僅かに人が入れるだけだ　おー南京城内第一歩正に午前九時城門上には逃げおくれた敵が哀れにも石油をかぶせられて焼かれて居るのは実に可愛想《ママ》であった　海軍省陸軍省等立派な建物もある　さすがわ《ママ》南京だ　空爆はされて居るが立派な町だ　一軒一軒を探したら　居るわ居るわ　五、六人一組となって戦意なき敗残兵がどの家からもどの家からも出て来る　各師団は夕方まで掃打《ママ》〔掃蕩〕をやった　皆便衣に着替えて居る　軍服は道と言はず山と言はず　所狭しとぬいである　各国の大公使館は自動車に各国の国旗を書いて自国の権益保護だなんて日本のアラを探して居る　難民区には軍隊が立ち入らぬ約束があったが　敵兵の軍服が山と積んであったので掃打《ママ》に行った　至る処に防空壕の多く掘ってあったのには感心させられた　立派な兵器も皆破られてあった　夜になって下関に帰る　城内は盛んに焼けて居る

●「中山埠頭で大勢の男と共に集団虐殺され死体の中から生き返った」

楊紹栄は、私達のメンバーで聞き取りをした時、背筋をしゃんと伸ばして大変はっきりした口調で話していた。とても八十八歳には見えず、細かいこともしっかり覚えている記憶のよさに筆者は驚いた。顔には、南京戦当時日本兵に放火されてやけどを負った傷が目の辺りに引き攣れて残っていた。当時戦死者の多かった国民党軍は、強制的に壮丁を兵隊に取って行った。楊紹栄の故郷である鎮江の村でも、国民党の兵が消耗し遂に行政供出となった。年の若い弟が連れて行かれそうになり、仕方なく自分が補充兵として唐生智の八十三軍に入ることになったそうだ。戦場の句

容では、丹陽から攻めてきた日本兵と八日間戦って中国軍は脆く戦いながら南京に撤退した。しかし小さな集団で南京にたどり着いても、揚子江には船がないのでどうしようもなく、南京を脱出できなかったと、楊紹栄は時間に沿って話す。側には、大学の史学科に在籍する孫が、お祖父さんの話をしっかりメモに取っていた。楊紹栄が話すには、十二月十三日城内掃蕩が始まり、若者や壮年の男たちが乱暴に連行された。楊紹栄も中山埠頭に引き出されて大勢の男達と共に機銃掃射され、山をなす死体の中から生き返ったと証言した。

▲…楊紹栄は何度も焼き殺されそうになった

【楊紹栄（男性）の証言】＊一九一二年生まれ　中央軍兵士として転戦　下関中山埠頭

〔十二月十三日〕私はすぐ日本軍の捕虜になりました。当時の日本軍のやり方では、昼間に隠れている所から空き地に中国兵や男を集め、夜になると並んで列を作らせて、揚子江下関の岸辺の方へ連行しました。行列の人はものすごく多く長く続いていました。中山埠頭に着いたら日本兵は捕虜の手を後ろにして縛り、三人一組の形で揚子江に強制的に行かせた。私は一番後ろの方にいたので座れの命令で座ったところで紐がなくなりました。すっかり日も暮れて辺りは何も見えないので、私はこっそりと自分のベルトをはずして手首に巻き縛るふりをしました。

その後すぐ、日本兵に手を掴んであげさせられ、ばれてしまいました。日本兵は怒って叫び、私の頭を銃剣で刺しました。今でも三か所傷が残っている。日本兵は刺した後、改めて私の親指を電線で縛ってまた二重に紐で縛りました。もう絶体絶命です。日本兵のやり方は三人一組で河に向かって進ませ、銃殺しました。そして、どんどん死体がたまっていくと日本兵が上から灯油をかけて火を付けていました。だんだん自分の番が近づいてきた。どうせ死ぬのだから自分で行こうと三人一組で前に出た。眼の前の人が銃殺されバーンと音がしたと同時に、自分から前に倒れた。ここで倒れていたら銃殺されなくても焼き殺される恐れがあると心配になった。

それで、手は縛られているので足に力を入れて揚子江のほとりにじわりじわりと這って行きました。水に入ったら焼き殺されないと思ってゆっくりゆっくり揚子江に入りました。足の下も死体、頭の上にも死体。腹は岸辺につけて頭の上にはまた死体があるという形で発見されない。やっと焼き殺される恐れはなくなりました。（『南京戦・切りさかれた受難者の魂』一〇二頁）

南京陥落の翌々日以降も厳しい掃蕩が続く（十二月十五日～十七日）

松村が、南京大虐殺を書いた手紙は、現在ただ一通が残っている。十二月二十一日付けの手紙は、いつも出していた父親にではなく、故郷の婦人会に宛てた手紙だ。松村は、その手紙に十三日の南京陥落時揚子江上を逃げる中国人達に向けて機関銃で一斉射撃する様子を簡潔に書いている。南京陥落後は時間的に余裕があり、筆まめだった松村は、この間だけでも家族にかなりの手紙を出していたはずであると筆者は考えている。松村の生前何度も聞き取りをした時、松村は筆者に、「南京では暇でよく遊びに行った」と話していた。「南京で手紙は、書いたはずですけれどな」

▲…南京への入場式

と松村は言う。しかし、手紙は散逸したのだろうか。ていねいに整理している松村の手紙の綴りや封筒の束の中には見当たらない。

松村達歩兵第三十三聯隊第十二中隊は、南京陥落の十二月十三日と翌日の十四日の大がかりな掃蕩に参加している。それが済んで、また、翌日は一部の小隊で掃蕩に出かけ、翌々日の十六日から十七日にかけては、大隊規模で敗残兵を一掃するために南京東方二十六キロメートルの湯山近辺へ掃蕩に出かけている。連日、敗残兵の掃蕩を行う状況を澤村、豊田、長谷川の日記から読み取ってみよう。

十二月十四日は、十六師団を含め各師団が参加して、南京城内外で組織的かつ大規模な掃蕩を展開した。「敗残兵の徹底的な摘出」と言いながら、実際は、元中国兵だけでなく老若男女の見境なく市民を殺しつくすのだった。翌日からの十二月十五日～十七日の間も、さらに引き続き敗残兵や一般市民の摘出を行なっている。十七日は、中支方面軍司令官松井石根大将やその下の上海派遣軍司令官の浅香宮中将、第十軍司令官柳川平助中将等が参加する南京入城式を行うことになっていた。日本軍の武力で南京市民を威圧し、つつがなく入城式を挙行するため、南京城内外から敗残兵を一掃するのだという。

第十六師団長中島今朝吾が書いた「中島日記」（南京戦史資料集Ⅰ、二二二頁）には、十三日から十二月十六日、十七日の掃蕩は、上海派遣軍から第十六師団と下りてきて、中島師団長が配下の部隊に行わせている。澤村達十二中隊はこの命令に従って、南京東郊外の湯山附近まで二日かけて敗残兵の掃蕩に出かけていったのである。

以下は中島日記の引用である。「一、敗残兵の掃蕩　十三日夜より各方面を掃蕩するの必要を感じ軍より各師団に区域を配当して之を行うこととなりし〔略〕一、十六日十七日の二日間を以て掃蕩することとなし両旅団に区域を配当し各隊は併行路に一部隊を進ましめて隘路の出口に至りて一泊し翌日同様にして宿営地に帰還せしむることとす〔略〕」。

中島師団長は、十三日の夜から敗残兵の掃蕩の必要を感じていた。そこで各師団に南京城内外の区域を配当して掃蕩に当らせた。十六日と十七日の両日は、第十六師団全体に当たる第十九旅団（歩兵第九聯隊、二十聯隊）と三十旅団（歩兵第三十三聯隊、三十八聯隊）に掃蕩する区域を担当させて行なった。第十六師団だけでなく、十七日の南京入城式までに敗残兵を徹底的に殲滅するために各師団が総出で南京城内外の掃蕩を行なったことが、残存する戦闘詳報や日記などに記載されている。その後も日本軍は、組織的な掃蕩を繰り返し行い、南京城内や農村部で集団虐殺や個別の虐殺を繰り広げていった。

第十二中隊は、入城式当日の十七日も命令により南京の東方にある湯山の手前（西の地域）で掃蕩を行なっている（これ以降、日本兵の日記や証言には「湯山」という名称の山地やその東側に位置する「湯水鎮」という県城の名称が登場する。しかし一九三七年当時の地図に書かれていた「湯水鎮」は現在では「湯山鎮」と称している。筆者が論じるときには、現在の名称である「湯山鎮」を用いている）。

澤村の日記には、十六日は、午前五時に命令を受け、「敵の敗惨兵《ママ》は紫金山東方及東北地区より湯水鎮西方地区に亙り横行し」と記している。同中隊は、十六、十七日の両日敗残兵の掃蕩を行うべく、南京より二十数キロはなれた湯山鎮の西側地域にまで進出している。澤村の日記には、「太平門に向う　当地に於て大隊集結」した後、湯山の手前西方面の掃蕩に向かうのである。午後湯山鎮の北西の西岡（頭）に到達、その部落で露営をすることになった。食事や宿泊をするとなると当然のように農民から食料や寝床の確保などの略奪が始まった。

湯山や湯山鎮の西地区にある西崗や湖山は、歩兵第三十三聯隊が南京を攻略する時、南京への進路に当たっていた。十二月八日頃、三重久居の三十三聯隊や奈良三十八聯隊が国民党軍と戦い追撃しながら、また部落を掃蕩し荒らしながら南京へ侵攻していった通り道であった。

日本軍は、南京陥落後再び南京東郊外の湯山に掃蕩するために侵攻し、農民達を離散させ苦しめるのであった。この地域湯山を知るために、時間を少し逆上って湯山に侵攻する時の日本兵の日記を見てみよう。十二月七日付けの澤村の日記には、「一、午前八時句容を出発　句容より右曲し湯水鎮に向う　一、橋東に於て左の要旨の大隊命令を受く「我が追撃隊は湯水鎮西方高地並に湯山南方付近の敵を攻撃中なるものの如し」と記されている。追撃隊は南京への攻撃途上であり、湯水鎮西方の高地ならびに湯山南方付近の敵を攻撃中であると書いている。三十三聯隊は、国民党軍を追ってこのあたりの村を掃蕩しながら南京へ向かって進撃したのだった。

十二月八日付けの豊田の陣中日記には、「午前八時制列《ママ》〔整列〕　仙潤橋出発　一町余り前進で大休止　午後二時出発半里余り前進で湯山鎮　夕食飯ご〔う〕すいさん　午後五時より師団の予備第三大隊　湯山鎮午後七時宿営」と「湯山鎮宿営」と記している。長谷川も、八日付けの陣中日記に以下のように記している。食事をするのに材料の略奪は当然であった。「師団の車輪部隊もどんどん来た　夕方から湯山荘と言ふ小部落に宿った　友軍の戦車もどんどんと前進して行く　自分達の宿った所は農事試験所であった」。以上三人の日記や陣中日記からだけでも、湯山西地区の湖山や西岡村の農民達が殺害や略奪の被害にあったことが推測される。豊田の陣中日記にある「付近の敵を攻撃中」とは、日本軍は軍民の区別なく農村に攻め入って殺戮をし、また、「飯ご〔う〕すいさん」とは、村に入り込んで農家の柴や家具を燃やし豚や鶏を盗って食べたのだった。農民達は日本軍の侵攻に逃げ遅れて命を奪われるか怪我をするか、一切を捨てて流浪の難民になるしかなかった。

このように南京陥落前の湯山に住む農民達は日本軍によって殺しつくし奪いつくし焼き尽くされる災難をこうむった。

さらに、南京陥落後も日本軍の敗残兵摘出という名目の掃蕩に遭い、農民達は逃げ出さなければならなかった。長谷川の陣中日記には、十五日には、「下関付近の残敵の掃蕩を行った」と記している。十六日には、「紫金山の裏の方に出発」と記し、紫金山の東側地域の湯山付近を指している。「午後七時頃までに山間の小部落を焼き討ちにしつつ前進」と村々に火を放ちながら「攝山鎮牌頭巷村」という南京より約二十数キロ離れた部落に宿泊する。十七日には、「夕夜は豚と鶏の味噌煮で御馳走であった」と昨夜は農家から豚と鶏と味噌を略奪して夕食にした。おまけに菓子も失敬して、下関の宿舎に帰ってから「昨日徴発した支那菓子を頂く　美味々」と盗んだ菓子を何のためらいもなく味わっている。

湯山中心の地区や湯山鎮の西地区にある西崗や湖山の被害について、筆者は、中国側研究者南京師範大学の張連紅教授、南京砲兵学校の費仲興教授、中国青年報の戴袁支記者らの協力によって二〇〇四、二〇〇五、二〇〇六年に現地で調査を行なった。その結果、生存者から日本軍による農民達への集団虐殺や幼児に到るまでの個別殺害、放火略奪、などに関して多くの証言を聞き取り、記録することができた。

【澤村次郎の日記】

十二月十六日　晴

一、午前五時左の要旨の命令を受く

「敵の敗惨《ママ》兵は紫金山東方及東北地区より湯水鎮西方地区に亙り横行し　後方部隊の危害を受くるもの少なからず　聯隊は本十六日十七日（ＲｉＡ（聯隊砲）１／４及所要の勤務員を欠く）は　午前十時太平門—余岡村道を出発し龍王山の線に前進せんとす　但龍王山南北の線に到着後　更に十七日の掃蕩を準備すべし」

一、中隊は命令に依り午前八時整列にて太平門に向う　当地に於て大隊集結　愈々掃途〔掃蕩の門出の意〕に付く

一、午後は大隊の尖兵中隊となり所定の道路を龍王山に向い前進す　中岡小隊尖兵となり約三百米先方を前進す

一、午後六時半頃下西崗に至るも敵の姿も見ず　同地にて警戒を行いつつ露営す

十二月十七日　晴

一、本日は概ね昨日と同じ道路を下関に向い掃蕩を行いつつ帰る

一、本日午後一時より軍司令官入城式を挙行せらる　聯隊は聯隊長の指揮する一個大隊〔第二大隊〕之に参列する為午前五時宿営地を出発　爾余部隊は依然掃蕩をなしつつ帰宿す

一、中隊は午前尖兵中隊となり　奥山小隊は尖兵となり下関に向い行軍す　途上にて城内の上空に我飛行機の乱舞せるを見る　入城式の壮観を想像するのみ　午後四時半頃宿舎に入る

【豊田八郎の陣中日記】

十二月　十五日　晴　水曜日

午前六時半起床　午前中待機　午後二時より徴発　フトン食料等を　五時帰る　約二ヶ月くらい滞在とのうわさをきく

十六日　晴　木曜日

午前四時起床　第一分隊同地の警備　第三大隊紫金山へ負残兵《ママ》〔敗残兵〕が亦も上ったので掃蕩をす　午後我々は料末《ママ》〔糧秣〕を徴発に行く

【長谷川悌三の陣中日記】

十二月十五日　晴

今日は下関付近の残敵の掃蕩を行った　揚子江に面した河岸には立派なペトンのトーチカが地下室になって無数に作られて居た　家に入って見たら一坪はある立派な物だ　中に弾薬が多く捨てあった　すぐ前の先端に

海軍部隊も駐屯して居る　何等捕える者もなく　夕方引き上げる
十二月十六日　晴
　明日は軍司令官の宮〔中支方面軍上海派遣軍司令官浅香宮鳩彦中将〕の晴れの入城式の為に　大隊は南京付近の敗残兵の掃蕩の為に午前七時整列をして　紫金山の裏の方に出発した　各小隊長まで先日　敵が下関から退逆《ママ》〔退却〕の際に捨てた馬を取って　馬上で気取って居る　午後七時頃までに山間の小部落を焼き討ちにしつつ前進をして攝山鎮牌頭巷村と言ふ方面に来て宿る　南京より七里出ているとの事だ　紫金山の裏の道に高圧線が一杯に横倒しにしてあった　が　好くやったものだ　日本軍の飛行機に依って変電所が破壊されてあった　途中の道に地雷火の多く埋めてあったのには驚いた　逃げる敵が哀れにも地雷に掛って死んで居たのには実に気の毒に思った
十二月十七日　晴
　夕夜は豚と鶏の味噌煮で御馳走であった　午前八時に宿営地を出発したⅡ大隊の一部は入城式参列の為に夕夜から出発したとの事だ　鉄道隊もどんどんと　線路を修理しながら前進して来た　正午友軍飛行機が百台近くも空を圧して居たのは美しく力強かった　午後五時下関に着いて　昨日徴発した支那菓子を頂く　美味々

●南京東郊外の湯山鎮湖山村の状況

歩兵第三十三聯隊十二中隊は、十二月十六、十七日に湯山鎮周辺を掃蕩した。南京城の東郊外にある湯山鎮西付近の地図を見ると、澤村の日記に書かれている掃蕩した土地の名前「西崗」が確かに記されている。西崗に住んでいる陳広順は、二〇〇四年八月戦後初めて会う日本人の私達に南京大虐殺の体験を話した。陳広順は、村人が日本兵

▲…陳広順

▲…西崗頭の村民が建てた記念碑

に次々刺し殺される場面になると、日本軍に対する恨みや憤りを抑えることができなかった。

二〇〇五年に陳広順は、南京大虐殺の証言をするために研究者と共に来日した。筆者は、大阪に三日間滞在した陳広順達から再度くわしく聞き取りを記録した。陳広順は、南京陥落後も続く日本軍の村民集団虐殺を多くの日本市民を前にして語っている。「一九三八年旧暦の一月九日朝、村人は慌てて裏山に逃げたが、日本軍に包囲された。逃げた村人の内二十三人が引き戻され、後から強姦された女性と子ども一緒に建物の間に押し込められていた。その後小学校の校庭で一気に機関銃で殺害され、村の穀物や鶏などが奪われた。自分は日本兵から鶏を逃がさず捕まえておくようにと身振りで命令された」とその様子を当時十四歳だった陳広順は話す。日本軍は機関銃での掃射が終わると一人一人銃剣でとどめを刺すのを、陳広順は終始見ていた。陳広順が体験した西崗の惨劇は、十二中隊が十二月十六、十七日に関わった掃蕩による住民虐殺ではない。しかし、掃蕩となると、日本軍は、武器を持たない一般住民や農民を手当たり次第に殺害し連行した。「掃蕩」の一例として陳広順の証言を記憶にとどめていてほしい。

さらに地図で確かめると、西崗の北西に位置する隣村は、蘇国宝が住んでいた湖山村である。筆者が、中国側歴史研究者に案内されて、初めて湖山村に入り、蘇国宝や被害を受けた老人達に出会ったのは二〇〇六年の四月だった。湖山村では若い世代が、「歴史の惨劇である南京大虐殺を繰り返しはさせない」と受難者への追悼碑を建てていた。二〇〇六年の四月の清明節に合わせて碑の除幕式が行われた。村人達がお金を出し合って自力で建立し、侵略戦争に反対する強い思いのこもった追悼碑だった。筆者も、理不尽に殺害され生活を破壊された受難者達へ追悼の思いを述べ献花をした。湖山村や西崗のような農村において、被害にあった老人達だけでなく次の世代が歴史を忘れず教訓にしようとする運動が今各地で起きている。中国社会で草の根の市民から歴史を残していく運動が動き始めている。

筆者は、村の中を案内してもらった。日本軍が蘇国宝の弟を投げ込んで殺した河や大勢の村人が突き殺された小学校のあった場所で蘇国宝は辛い体験を話した。村の建物や広場など、ほとんどの場所が惨劇の起きた当時の様相を残している。それだけに筆者の脳裏にもはっきりとその時の様子が浮かんできた。

湖山村で最初の聞き取りをしてから四か月後の二〇〇六年八月、筆者は若い大学生達を村に同行し、現地で再度蘇国宝からの聞き取りをした。

同年の十二月私達は、蘇国宝と中国青年報の戴袁支記者を日本に招請して、日本各地の都市で南京大虐殺の証言を聞く会を開催した。筆者は、蘇国宝達を招請した南京大虐殺60ヵ年全国連絡会の共同代表をしている。同会は、南京大虐殺を明らかにする各地の仲間が協力しあって毎年十二月に日本各地（東京、横浜、静岡、名古屋、金沢、京都、大阪、神戸、岡山等）で南京大虐殺の証言集会や研究会を開催している。日本の侵略戦争や南京大虐殺に関心を持つ多くの一般市民が、毎年十二月に開催するこの南京証言集会には、自主的に参加している。

蘇国宝の村、湖山村は、一九三七年十二月六〜九日の間に日本軍の激しい侵攻にさらされた。蘇国宝は、自分の目の前で弟を殺され、村人の集団虐殺を目撃し、一人で逃げ回ったり、家族と共に銃弾の飛び交う中を避難場所を探し回るのだった。日本兵が南京方面に進軍して行き一段落したと思われた頃、自分の村に戻ろうとした蘇国宝や村人達は、また日本兵の恐怖に遭遇するのであった。南京が陥落してからも、日本軍は、この村にやってきて村人を殺害した。蘇国宝の記憶では、十二月十六日の夜に、避難先から村へ戻る男性四人が捕まり、日本兵に殺されている。

歩兵第三十三聯隊第十二中隊の澤村が十二月十六日の日記に記した「掃蕩」が、この村民虐殺に当てはまると推測される。澤村の十二月十六日付けの日記には、午前五時に以下の要旨の命令を受けていると記されている。

「敵の敗惨《ママ》兵は紫金山東方及東北地区より湯水鎮西方地区に亙り横行し　後方部隊の危害を受くるもの少なからず聯隊は本十六日十七日（ＲｉＡ（聯隊砲）１／４及所要の勤務員を欠く）は　午前十時太平門―余岡村道を出発し龍王山の線に前進せんとす　但龍王山南北の線に到着後　更に十七日の掃蕩を準備すべし」と命令の要旨を書いている。命令内容は、敗残兵が紫金山東方及東北地区より湯水鎮西方地区にわたり出現しているので、後方部隊が少なからず危害を受けている。聯隊は十六・十七の両日太平門余岡道を出発して竜王山の南北の線に到着して、翌日の湯水鎮西方地区における「掃蕩」を準備しなければならないとしている。十六日付の日記の最終行には「一、午後六時前頃西岡に至るも敵の姿見ず　同地にて警戒を行いつつ露営す」と記されている。

豊田の十六日付の陣中日記には、「午前四時起床　第一分隊同地の警備　第三大隊紫金山へ負残《ママ》兵が亦も上ったので掃蕩をす」と記している。第一分隊のみが残留して同地の警備、第三大隊全体が紫金山あたりに敗残兵がまたも出現したので、掃蕩をするとのことである。

長谷川の十六日の陣中日記には、「大隊は南京付近の敗残兵の掃蕩の為に午前七時整列をして　紫金山の裏の方に出発した」と記している。紫金山の裏とは、南京城から見て東の方向にあたり、南京より七里、つまり二十数キロ東方は、湯山鎮地域に当てはまる。三人の日記から第十二中隊は湯山地域の各村落の掃蕩を行なったことが考えられる。

以下に、蘇国宝証言の内容を短くまとめた。

【蘇国宝（男性）の証言】＊一九二七年八月三十日生まれ

一九三七年十二月六日の午後、日本兵が湖山村にやってきました。三十人ちょっと位の人数でした。ここに来たら、第一に、木を切って、戦争のための塹壕をつくりました。それから、村の家に来て、まずは犬を捕まえました。日本兵が来ると吠えてばれるからです。もう一つは、鶏や食料を取るために各家に行きました。その後、日本兵は村の周囲を包囲しました。〔略〕日本兵が殺人をしはじめたということで、みんな怖くて、その夜もっと西の現山の方へ逃げて行きました。その当時、孔山には砲台がありました。その夜、日本兵がこの砲台を占領しました。夜が明けると現山のところにたくさんの日本兵が派遣されました。〔略〕七日の午前中には戦闘で銃声が聞こえてきました。みんな穴の中に身を隠していましたが、この二十四時間、銃声がずっと聞こえていました。

八日になると、私も四歳の弟と一緒に湖山村までもどってきました。村に戻ってくるとすぐに日本兵に見つかって捕まえられました。村では、建物と建物の隙間に、十数人の村人が身を隠していましたが、日本兵に発見されました。だから子どももと合わせて、二十人位一緒に捕まえられて、小学校のグラウンドまで連れて行かれました。日本兵が数えで四歳の弟を急に抱き上げました。弟が、怖くて、怖くて逃げようともがいて、日本兵の手を噛みました。日本兵は、とても痛がって怒って、グランドのすぐそばにあった川へ、弟を投げ込みました。〔略〕

四人の日本兵が王さん〔伯父〕をグランドのそばの桑の木に縛ってその場で首を切りました。その後、二十数人の中で、六人が日本兵に突き殺されました。私はその情景を見て、当時数えで十一歳でしたが、叔父さんも殺され、弟も殺され、みんな村人が殺されたので、非常に怖くて、そのあまり、倒れて意識不明になりました。日本兵は、私も死んだと思ったのでしょう、目が覚めると私の体の上に死体がありました。

▲…江南セメント工場は避難民であふれていた

八日と九日は激しい戦闘が続きました。北の方へ逃げました。十数人で逃げて行きましたが、途中七人の日本兵と会いました。突然、日本兵に会ったので、逃げられませんでした。一緒に逃げていた村人の中から二人が、日本兵に引き出されて、弾丸を運ぶ仕事をさせられました。残った他の人はさらに北の方へ逃げました。その途中、その中の一人、庄さんが銃殺されました。その日の夕方になると、小湖村まで行きました。そして、身を隠しました。その夜、火災だったと思いますが、隣の村で煙が上がりました。それでみんなは、日本兵がまた来たと思って叫びました。危ないからというので、もっと北の庄橋村へ行きました。夜中は、庄橋村にいました。

十日の朝、東湖というところに着きました。また運悪く日本兵に会いました。日本兵は後ろから機関銃で撃ち、蘇さん〔父の弟〕一人が殺されました。二人が怪我をしました。〔略〕

十六日の夜に、湖山村までみんなで村人の死体を運んで戻りました。その時、四人が日本兵に捕まりました。この四人は、戻ってくる途中で殺されました。村人の仲間が逃げてきて、四人が銃殺されたことを教えてくれました。私達も同じ十六日に戻ってきましたが、四人は死体を運んでいたので重かったために私達よりちょっと遅かったのです。一緒に帰ってきたわけではありません。私は母と一緒でした。二〜三十人一緒に戻りました。その夜、日本兵がまた来た！　と村人が言っているので、驚いて家から跳び出た四人が、日本兵に捕まって殺されました。

戻ってから三日ほどすると、日本兵がまた南京から掃討に来たので、村人と一緒に栖霞区の江南セメント工場の方へ逃げました。その後、詳しく調査した結果では、湖山村の被害は大人六十八人、子ども十人位が殺されました。家屋二百軒ぐらいが焼かれました。私の家族では、親戚（叔父、叔母）を入れて、九人殺されています。

＊この村の調査をした戴袁支記者によれば、犠牲者の人数が村の紀念碑には六十三人と刻まれているが、その後の詳しい調査で六十八人となっているということである。

南京陥落後の大規模な掃蕩が終わって下関に駐屯、略奪に精を出す（十二月十八日～二十二日）

十二月二十三日頃から十二中隊は、南京の中華門より約二里（約八キロメートル）南方の西善橋に駐屯するので、不要品の焼却や駐屯に必要な荷づくり等の準備にかかる。松村の話によると、この地は南京から揚子江のやや上流の要所である蕪湖に通じる道路もあり、鉄道も通っている交通の要所だそうだ。松村が西善橋に行くまでの状況を知らせる手紙は、書いた可能性はあると思われるが、松村の手元には残っていない。

澤村の日記には、彼が指揮班であるため、豊田や長谷川などの一般兵士とは異なり、南京戦後の事務処理の仕事に追われていると記されている。日記には、毎日こなしている仕事が書かれている。十九日には「中隊事務室では久し振りの事務にて　事務事項多く有り　至極多忙」、二十日「事務多忙にて一日を送った」、二十一日「二時より中隊長兵器検査す　長期の戦闘にて　曽当《ママ》（相当）毀損及紛失物は多く有り」、二十二日「明朝の出発に対して遺漏なき様準備　不要なるもの焼捨つ」と駐屯地の下関から南京城外南方の西善橋に出発するので遺り残すことなく準備し、いらない物は焼き捨てることとの命令が下っている。毎日の日記に書いているように、澤村は、次々と仕事に追われている様子が見うけられる。

豊田の陣中日記には、十七日午前中城内へ徴発に行き、調味料の醤油等を盗り、午後は休養している。十八日午前中休養で午後四時より部隊衛兵の仕事があった。十九日　部隊衛兵を午後五時半十一中隊と交代した後仕事なし。二十日は午前中徴発に行き牛其の他を盗る。二十一日は一日休養、手紙書き。二十二日は午後出発命令が出たので中国人四名を捕まえて荷物運びをさせ、出発準備をする。と言うように、十七日〜二十二日の西善橋への出発前日まで、豊田は徴発に行くか休養と実にのんびりした日々を送っている。

長谷川の陣中日記を読むと、十八日は、「自転車に乗って拳銃一挺と言ふ身軽さ」で出かけ、城内掃蕩時に乗り捨てた自動車を探したり、理髪店で散髪したり羊羹に舌鼓をうったりとピクニック気分でのんびり過ごしている。陣中日記の中で「夕方までに大分に徴発して帰る」と長谷川は記している。

▲…中華門から進攻する戦車隊

農民達から多くの物を盗んできたのだろう。十九日の日記には、宿舎として陣取った中国人の家屋がどうやら菓子屋のようだ「餅米が山程あった　夜具は全部絹夜具だ　てんほてんほ〔中国語でとても良いの意味〕」と餅つくりの材料に事欠かない上に、贅沢な絹の布団で最高！　と喜んでいる。次の二十日も「午前中、餅をついてブンドー〔文豆のこと、緑豆の別称〕でアンを作って　あんころ餅を作った」「午後は一里半あまり城外に出て野菜を取りに行って来た」と餅を作ったり、食料を盗みに行って楽しんでいる様子が読み取れる。二十一日は、「午後は城内の衛舎係《ママ》〔衛舎掛。衛兵の仕事の一つ〕で上番した」と衛舎掛となり中華門城内側での衛兵の仕事として人の出入りを監視していたのであろうか、中華門の様子をよく記述している。

長谷川の陣中日記には、以下のように中華門の様子が記されている。「城門上には中隊が入るだけの大きな家が建って居る　城門の拡《ママ》い事よ　城壁上には前方が射てる立派なトーチカが出来て居た　中門にはガソリン缶が多くあったが特務班にやった　城門が三段になって中は立派な倉庫だ」　そして、中華門の中にいくつもの物置状の倉庫があるのだが、「倉庫の中には抗日の本や支那兵の死んだのが多くあった」と死体の群れを目にしている。松村や澤村たち日本兵は、南京でたくさんの中国人の死体を見ても、もう慣れてしまって何の違和感も持たなかったと語っていた。当時の日本兵は、恐らく誰もが同じような思いだったのだろうか。勝者は何をしてもよく、中国民衆から当然のごとく奪って行く。恐怖で逃げ回り、命や暮らしを奪われ、犯される側の地獄の苦しみは、微塵も感じてはいないようだ。

筆者は、一九九八年から十年間、集中的に南京大虐殺を生き延びてきた老人達に被害の体験を聞き取り記録をしてきた。彼らの証言を整理しながら、日本軍が中国人に手を下した行為は想像を絶するほど惨すぎると感じずにはいられなかった。あまりにも膨大な数の人々が、人間としての最低限の暮らしさえいきなり破壊され、簡単に命を奪われ弄ばれ犯され続ける日々を過ごしていた。この地獄の状況を作った日本の軍隊は、人道に対する大きな罪を犯していた。南京が陥落して日本兵が勝手気ままに南京城内外を歩き回り、金品を略奪したり時には中国人を嬲り殺したり強姦を繰り返していた。南京市民にとっては戦禍が一段落しても日本軍による災いが続いた。南京から避難することができなかった大部分の貧しい人々は、息をひそめて暮らすしかなかった。運がよければ生き延びられた。悪ければ自分の命を落とすか家族を奪われるか生活を破壊される目にあうということだ。

日本兵に強姦され、隠れている避難所からも集団虐殺を目撃した女性二人の証言がこの後に出てくる。二名の証言は、南京大虐殺を体験した南京市民のほんの一部分にしか過ぎない。彼女らは日本人である筆者に話をし、その後も「南京大虐殺は事実。生き証人の自分の体験を日本の若者に伝えてください。日本軍がこんな悲惨なことを引き起こしたのです。戦争は絶対いけません」「でも、夫にも犯されたことは言っていないのです」と訴えた。

逃げ切れずに下関で日本兵に強姦された陳文恵（仮名）は、私達の調査の過程で体験を聞くことができた証言者である。彼女は、二〇〇〇年の十二月に私達が主催する南京大虐殺全国同時証言集会のために来日し、全国各地の集会でご自身の被害体験を勇気を出して証言をしていただいた。陳桂英は同年代の十数人の少女達が日本兵に連れ去られ強姦されるのを目の当たりに目撃している。その後彼女は、日本兵から強姦される危険が迫るので、金陵女子文理学院に避難して難を逃れた。

【澤村次郎の日記】

十二月十八日　晴
一、二ヵ月に渡る戦塵を払って　始めて落着き洗濯などして一日を終る
十二月十九日　晴
一、午前八時中隊より奥山少尉を南京城内中華門に派遣　主として中華門の衛兵並びに付近の警備に服される
一、中隊事務室では久し振りの事務にて　事務事項多く有り　至極多忙で有った
一、寒気漸く厳しく燃料の不足を嘆く者多く我も亦同様なり
十二月二十日　晴
一、昨日と同様滞在で有った　しかし滞在とは名のみにて事務多忙にて一日を送った
十二月二十一日　晴
一、昨日と同様滞在す
一、午後二時より中隊長兵器検査す　長期の戦闘にて　曽当《ママ》の〔相当〕毀損及紛失物は多々有り
徐六経《ママ》口〔徐六涇口〕以来の郵便物にて一同は喜ぶ
十二月二十二日
一、本日大隊命令要旨左の通り

「聯隊は南京警備隊となり主力を以って南京に位置す　第三大隊（旅団無線一基配属）は主力を以って江寧鎮　一部を以って秣陵関及西善橋に位置し同地付近の警備に任ぜんとす〔略〕
一、之に依り第十二中隊は西善橋にて警備する事になる
一、明朝の出発に対して遺漏なき様準備　不要なるもの焼捨つ

【豊田八郎の陣中日記】

十七日　晴　金曜日
午前七時半起床　午前中城内へ徴発　醤油等を　午後休養す
十八日　晴　土曜日　雪を見る
午前中休養トランプをする　午後四時より部隊衛兵
十九日　晴　日曜日
部隊衛兵　午後五時半十一中隊と交代　手紙（はがき）小川重太郎氏　同さえの氏（封書）田中敏十兄三通もらふ
十二月　二十日　晴　月曜日
午前八時起床　午前中徴発　牛其の他　午前牛を殺す
二十一日　晴　火曜日
午前八時起床　一日休養　手紙書き　津兄上一、妻一、前川傎介様一、各一通書く　手紙一通前川傎介様よりもらふ
十二月　二十二日　晴　水曜日
午前八時起床　午前中休養午後出発命令　支那人徴発四名　出発準備

【長谷川悌三の陣中日記】

十二月十八日　晴

　午前八時起床した十四日の日に城内掃蕩の際に乗り捨た自動車がないかと玉村と二人で自転車に乗って拳銃一挺と言ふ身軽さで出発した　挹江門にはすでに警備兵が立って居たが何とも言はずに入城させてくれた　以前　乗り捨てた自動車の所に来たが　すでに他部隊に取られた後であった　致し方なく難民区方面に自転車で走り理髪所にて顔《ママ》を刈った　移動酒保〔軍の日用食品店〕も自動車で来て五銭の羊羹を二十銭も出して買ったが美味な事美味な事　夕方までに大分に徴発して帰る

十二月十九日　晴

　二小隊は中華門警備の命令を受けて　早朝に出発した　太平門から入城した長い長いアスハルトの道路を歩いて足の裏が痛くなった　正午頃に中華門に到着して熊本の六師団から城内警備の引き続きをした　南門の方だ　何とこの大きな門も日本軍の前には手も足も出なかったのかと自分ながら驚いた　途中の両側には至る処防空壕の造ってあったのには感心した　自分達の宿舎は菓子屋で餅米が山程あった　夜具は全部絹夜具だ　てんほてんほ〔中国語でとても良いの意味〕　今日は言家荘以来初めて手紙来る

十二月二十日　晴

　午前八時に起床した　午前中は餅をついてブンドー〔文豆のこと、緑豆の別称〕でアンを作って　あんころ餅を作った　美味　午後は一里半あまり城外に出て野菜を取りに行って来た　戦友達は風呂を作って居たので貰って入浴す

十二月二十一日　晴

　午前中は休養だ　午後は城内の衛舎係《ママ》〔衛舎掛。衛兵の仕事の一つ〕で上番した　城門上には中隊が入るだけの大きな家が建って居る　城門〔中華門〕の拡《ママ》い事よ　城壁上には前方が射てる立派なトーチカが出来て居た

中門にはガソリン缶が多くあったが特務班〔輜重特務兵〕にやった　城門が三段になって中は立派な倉庫だ倉庫の中には抗日の本や支那兵の死んだのが多くあった　各師団が出入りするので　城門も大多忙だ　支那人は城門通過の証がなければ通さないのだ

十二月二十二日　晴

午後四時に城門警備を交代して帰る　八中隊の勝も城門外の兵器廠に警備に行って居たとの事で下番して来て城門を通ったので　昨日　搗いた鏡餅をやったら彼は喜んで持って行った　分隊に帰ったら風呂が焚いてあって入浴して絹夜具にくるまる　暖かい暖かい

十二月二十三日　曇後雨

テンホの用と思った中華門の警備も第一大隊の三中隊が交代に来たので二小隊は追い出されの体だ　中隊は今日先行して居った

【陳文恵（女性、仮名）の証言】＊一九一七年八月生まれ　当時の住所　宝塔橋

当時、私は結婚し夫を養子として迎え、父母と二人の妹の六人家族で宝塔橋に住んでいました。和記洋行〔イギリス人経営の食肉加工工場〕の卵工場に父といっしょに勤めていました。日本軍が入城するぞと聞き八掛洲に避難することにしました。家族で米を持って渡し舟のところに行きましたが、百キロの米を持っていては舟は出せないと断られました。米がなかったらむこうでどう生活できるのか不安でやめて帰りました。知人の紹介で和記洋行の外の工場に住みました。その後、内の工場に移りました。内の工場には食品を入れていた地下室があり夜になるとその地下室に入り防空壕として利用しました。千人が隠れるほどの広さに千五百人も入って人と人がいっぱいでした。その日の夕方に日本軍は入城してきました。午後四時ごろ工場の高いところに上って長江を見ていると、中央軍の兵士があひるのように雪崩を打って次々と河に飛び込み河を泳いで渡ろ

うとしていました。そこへ日本軍が一斉に射撃しました。海軍の軍艦が一隻は七里洲から、もう一隻は八掛洲から進みながら射撃する火が見えました。撃たれて河の中に沈んでいく人が見えました。翌日、昨日の場所を眺めると、波に流されて岸辺には死体が山ほどびっしり打ち寄せられていました。

日本軍が入城してから二日から三日後、工場内で母が幼い妹を抱いていると十数人の日本兵が女を探しに来ました。母は「私は耳が悪い」と身振りで言うと、日本兵は手をかけませんでした。工場では女が見つからなかったので工場の門の外にある米屋に行き、逃げずに家に残っていたおじいさんに「女はいるか」と聞きましたが、おじいさんが「私はわからない。米を守るため残っているだけだ」と答えたら日本兵は怒って銃剣の台尻で殴りました。おじいさんの顔がとても腫れ上がっていたのを私は見ました。それが原因で数日後おじいさんは亡くなりました。出血はしていなかったけれど体中殴られたあとがあり腰の骨を折られていたようです。

私のとなりの家にはアヘン中毒の二人の息子と母親の三人家族が住んでいました。入城の一週間後十七人の日本兵が来て兄の方に「女を捜せ」と命令しました。できないと断ると兄の手を持ってのこぎりで腕を切り始めました。痛さに叫び声をあげても日本兵は許しませんでした。それを見ていた弟は恐ろしくて逃げようとするとその姿を見た日本兵に撃ち殺されてしまいました。母親は兄の腕を見て跪いて助けてくれと頼みました。日本兵はその母親にも銃をむけ殺しました。兄も出血がひどくその傷がもとで死にました。父がこの地区の組長をしていたので隣の家族の死体を処理しました。

入城後二週間ほど経った頃、食べ物が乏しくなり、十数人の若い女の子たちで少し離れた畑に野菜を採りに行きました。南京ではそのころ娘は隠れていて外には出ませんが、妹が熱を出していたので母は行けず、私が代わりに行きました。他の女性たちは蘇州から来た人で中央軍の奥さんや妹たちでしたので代わりに行く人がいなかったのです。日本兵はだいたい朝八時すぎから行動を始めるので、私達は日本兵がまだ出歩かない朝七時ごろ出かけました。野草を摘んで、日本兵がそろそろ来る時間だから早く帰ろうと畑から立ち上がると、もうすぐそこに十数人の日本兵が来ていました。怖くて飛び出して逃げましたが私を含め六人が逃げ遅れ日本兵に捕まりました。私はそのとき妊娠七か月でした。畑の近くに八十歳くらいのおばあさんがひとりで住んでいました。その家に連れ込んだのでおばあさんは日本兵に「話にもならない！　とんでもないことです」と怒って訴えました。言葉は通じないけれどおばあさんの顔の表情から察知した日本兵は、何か叫んで銃剣で刺し、その場で殺してしまいました。目の前で起きた惨事に、私達はもう怖くて声も出ませんでした。六人の中には十八歳くらいの未婚の少女が三人いました。三人の内二人はそれぞれ二人の日本兵に、一人は三人の日本兵に輪姦されました。全員が強姦され日本兵が立ち去った後、どの娘も泣きながら衣服をつけ帰りました。未婚の少女の出血がひどくてズボンは血だらけでした。私も強姦されてしまい、防空壕に帰ってからずっと泣き続けました。母に日本兵から強姦されたことを話すと、「命が助かっただけでも良かった。このことは誰にも話してはいけないよ」と諭されました。だからその後ずっと母以外には話していません。夫にも、大人になった息子にも家族にも話していません。こんな忌まわしい話は、思い出したくもないのです。でも今の日本の情勢を見ていると心配になって話すことを決心したのです。

まだあります。防空壕に入っているとき煤炭港で中国人を虐殺する機関銃の音が二時間くらい聞こえてきました。機関銃で集団虐殺が行われたことをその日の夜、幸運にも生き残った牛乳売りの男の人から聞くことができたのです。その人はいつも帽子を被って牛乳を売り歩いていましたので、頭に紐のラインが残っていました。頭に帽子の跡形をみつけられ、兵士と間違われて日本兵に捕まりました。和記洋行から大勢の男たちといっしょに連れ出されました。煤炭港で射殺されるとき隙を見て長江の水の中に入り死体の下に隠れ夜になって死体の中から抜け出し和記洋行の門をノックしました。父が門を開け中に入れ話を聞きました。連行された人の列は長い列で、五人ずつ並べ射撃し、そのあと銃剣で刺していったそうです。（『南京戦・切り裂かれた受難者の魂』八四頁）

【陳桂英（女性）の証言】＊一九二六年六月生まれ　当時の住所　鼓楼二条巷から金陵女子文理学院

一九三七年十二月、私は十一歳でした。爆撃が日増しに激しくなり、日本軍がやって来るのが分かりました。当時、一歳になったばかりの弟一人とまだ小さな妹二人がいました。両親は人に雇われて荷役の仕事をしていました。当時は大家族で父親の兄弟たちも一緒に住んでいました。最初は漢中路に住んでいましたが、日本軍がそこまでやって来たので、一家で難民区に逃げ込みました。しかし、その日の夜、十二月十三日のことです。大勢の日本兵が私たちの逃げた難民区にやってきて、私たち全員が庭に引き出されました。数十人くらいでした。日本兵は草色の軍服を着て、耳あてのついた帽子をかぶっていました。もちろん銃を持っていました。とても恐ろしかったのと寒いのでみんながたがた震えて立っていました。その時、叔父は日本兵から「花姑娘を出せ」と大声で命令されました。その声に驚いて恐怖で身を縮め、もたもたしていると階段の三階にむりやり上げられ、そこから突き落とされました。日本兵は若い男性と女性をその中から選び、どこかに連れ去りました。

それからは、私たちは家の中の地下室に隠れたままでした。弟が声を出して日本兵に見つかるのを恐れて母親は弟の口をふさぎました。その翌日の夜明け前のことでした。また、日本兵がやってきて、まだ十代の若い女性たちが連れ出されるところを半地下室の窓から見ていました。その中には十二、三歳位の私とあまり歳もちがわない少女もいました。朝になってから日本兵に引きずられるように戻されて来た時、どの娘もふらふらで自分で歩くことさえできない状態でした。小さな少女は十四人の日本兵に輪姦されたといいます。彼女はその後しばらくして死んでしまいました。私は、連れ去られた少女たちのうち、五、六人の人を知っていました。

私達は難民区に逃げ込んだその日の夜にこんなことがあったので、翌日すぐに女性ばかりが避難している金陵女子大に移りました。

世間が落ち着いた後でも、日本兵の革靴の音を聞くと恐怖で体が震えました。金陵女子大では比較的安全でした。ここにも日本兵が来ましたが、アメリカ人の華小姐《ファシャオジエ》〔ミニー・ヴォートリン〕が日本兵から若い女性たちを守るために発電器のある大きなケースの中に隠し、外から鍵をかけたのです。中に入り切れないで部屋の外にいた数人の女性が、押しかけてきた日本兵に連れ出されました。そして、強姦されたのです。私は、こんな怖いことがあったのでもう部屋から出ませんでした。ここでは一日二食のお粥が出ました。運動場の所にめいめいがお椀を持って、お粥をもらいに行くのです。お粥をもらったらすぐに部屋に隠れました。大勢の日本兵がやってきて、難民がほぼ全員が運動場に引き出されて検査されたこともあります。こんなことが四、五回ありました。（『南京戦・切り裂かれた受難者の魂』一二八頁）

3　南京城外西善橋に駐屯

南京城の南八キロメートル　西善橋に駐屯し連日略奪（十二月二十三日〜二十七日）

澤村の日記によると、十二月二十三日まだ夜も明けない午前五時下関の宿舎を出発して、南京城北東部の和平門を経て、最南端の中華門から南京城の南へ向かっている。南京—蕪湖間を結ぶ道路である京蕪路を南へ進んで行く。中華門から南のこの辺りは六師団が侵攻した地域なので、澤村は「路上に戦闘の跡生々しい」と記している。一体どんな生々しい戦闘の跡を目にしたのだろう。うち倒れた死体の群れや放棄された壊れた兵器を見たのだろうか、それとも焼かれた集落だろうか。澤村達は、未明に下関を出発して午後一時に西善橋に到着している。澤村は西善橋が小さな部落であると書いている。「南京より約二里　板橋　江寧鎮に通ずる途中の小部落にして戸口約三十戸　付近に小部落多く　散在せるを見る」。翌二十四日は、兵達の寝具が不足しているので、「寝具を徴発せるものにて之を満たす」と農民からなけなしの寝具を奪い取って自分達の不足を満たしたと解釈できる。次の豊田の陣中日記を読むともっと具体的に、農民から何を盗って行ったかがよくわかる。

豊田の陣中日記によると、十二中隊の豊田の分隊は、西善橋に引っ越し終えると直ちに生活の道具や食料を徴発しに付近の民家に押し入っている。「米フトン石油等」。午後からまた遠くへ出かけて徴発。「フトン石油トリ等を　尚醤油等」。次の日は休養で「ぜんざい等をこさえる　尚毎日牛肉の副食物」と徴発した材料でおやつやおかずを作っている。牛肉の副食物と記しているが、恐らく農耕牛を農民から取り上げ日本兵の食料にしてしまうのだから、その後の農民達の困窮ぶりが目に浮かぶ。またその次の日には、「主食物副食物炭等を徴発　午後六時帰る」と記し、豊田達は、一日中物盗りに時間を費やしている。

　豊田は、毎日のように農村の小部落に出かけては徴発に明け暮れる日々を過ごす。西善橋に到着した次の日二十四日には、南へ一里半以上（趙家凹辺りか）、二十六日には揚子江の方へ三里余り（沙州圩の方向）二十七日は東南へ一里半（后庄村辺りか）とかなり広範囲に徴発するために出かけている。警備と言うべき歩哨に立つ仕事があるくらいで、全般的には、命に関わる危険はなく、案外のんびりと暮らしていたようである。中国軍と正面から戦う戦闘などなく、暇があるゆえに、日本兵は周辺の部落に入り込んでは農民達の食糧や生活用品を盗んでいった。

▲…証言する出口権次郎

　日本兵が「徴発」と言うところの略奪は、強姦や殺人が伴うことがあった。ここに引用している三人の日記には、断定的に強姦行為を書いてはいないが、同じ十二中隊の出口権次郎や大門義雄は、度重なる強姦の体験を筆者に語っている。『南京戦・閉ざされた記憶を尋ねて』に収録した十二中隊の出口の証言では、徴発に行くと「南京ではクーニャン（若い女性）探しばっかりや」「分隊の者が連れて行け、連れて行けというもので、探しに行った」とある。また筆者は、松村と同じ小隊の大門の家に過去十数回訪問しているが、「クーニャン探しはみんながしている、分隊で女学生を囲った」「分隊で行ったら、（強姦は）班長からさきにする」とこと細かに強姦に関する話を筆者に聞かせていた。

長谷川の陣中日記にも、女性を徴発しているそれらしい記述がある。

長谷川達は、南京手前の丹陽の西北方二里の所にある馬頭鎮という部落の偵察をした。「翌十二月四日昼頃から近くの部落に徴発に行って鶏を多く捕まえて来た」「〇〇〇《ママ》もやる」と三文字を〇の文字にして伏せて書いている。同じく一九三八年の一月二十一日付けの長谷川の陣中日記には「今日も勤務もない事にて山村や十河（共に仮名）と南京にて徴発したゴムの長靴をはいて　ロバに乗り付近のクリークを渡って　付近の部落に〇〇《ママ》を見つけに行って完全に成功して帰り」と記述している。一月二十一日付の内容は、その日もまた仕事もなく暇なので、南京で盗んだ長靴を履いて、中国人から取りあげたロバに乗って、付近の部落に〇〇〇を見つけに行って完全に成功という表現をしている。伏字にするようなことを「完全に成功して帰り」と書くこととといえば、伏字の意味は限られてくる。丸に入る文字は、前後の表現から考えて恐らく女性または性交に関した事柄を表す言葉だろう。長谷川たちは、おそらく中国の若い女性を徴発に行ったのだ。日記上に伏字にして書くのは、当時の長谷川にとって白日の下にさらせない行為だと自覚していたのかもしれない。筆者は長谷川の自宅に三度聞き取りにいった。長谷川の陣中日記には「徴発」や「掃蕩」の文字を記している。また南京以外の地域での生活を詳しく語るにもかかわらず、長谷川は、南京で徴発した物や死体の様子などを聞かれると「昔のことだから忘れた」と口を閉ざしていた。この日記の表現や十二中隊の元兵士たちの証言から、物品を徴発する行為と女性を徴発する（性暴力）こととは同じような意味合いを持っていたと言えるだろう。十二中隊だけでなく南京戦に参加した多くの兵士が「ほとんどの兵士が強姦した」と筆者に語っている。

松村や澤村、豊田、長谷川達日本兵は、貧しい農民達から略奪をほしいままにやり、中国人の死体を見ても感情を動かさない。しかし、長谷川は、「道路上に友軍の兵が迫撃砲に斃れた墓標の立てられてあった」のを見て、日本兵の死体に対しては、涙ぐみ同情を寄せるのである。上記の一文からでも当時中国人へ蔑視がはっきりと表されている。「中隊の使役になり二、三名でロバに車を引かせて　南京に米の徴発に行った　うまく米が見着《ママ》かり五俵だけ持って午後五時に帰った」と、また略奪も中隊の命令で組織的にも行われていることが、この長谷川の陣中日記で分かる。

そこで、人間の扱いを受けなかった西善橋に住む農民達は、どのような日々を過ごしたのだろうか、また日本兵からどんな被害を受けたのだろうか。筆者は現地西善橋に行き南京大虐殺当時を知る老人たちから聞き取りを始めた。二〇〇〇年に西善橋地域の被害者達から聞き取り調査をして五人の証言を得た。二〇〇七年現在も、劉長英（一九二九年生まれ）が今なお健康で村に暮らしている。

劉長英は西善橋寺門口という農村の集落に住んでいた。当時まだ七歳だったので、多くの証言者に比べて年も比較的若くて記憶がはっきりとしている。日本兵が西善橋駐屯地から何人も避難地の沙州圩の沼地にやってきては女性を捕まえて強姦して駐屯地に帰って行ったと証言する。沙州圩とは西善橋から北西にあり数キロ近くにわたって広がる湿地帯の総称である。日本軍が攻めてくるので、取り入れの終わった田畑や沼地に水を引き入れて、農民達は日本兵が来るのを防御していた。劉長英の一家は沙州圩に避難した。しかしこの土地にも日本兵がやってきた。兄嫁も日本兵に捕まり西善橋駐屯地に連行されて強姦され続けたと言う。彼女の話を聞いていると、日本兵に対しては、最初から最後まで「日本鬼子」と

▲…農村の人たちが避難していた沙州圩

▲…日本軍が駐屯していた集落を案内する程光信

何度も顔をしかめて話していた。日本兵は、男を殺したり、強姦したり、火をつけたりしたので、恨みはいっぱいありすぎると劉長英は吐き捨てるように語っている。

また〇六年十二月と翌年三月に行った西善橋の再調査によって程光信を探し出すことができた。自分達が作成した名簿を頼りに探すと彼はもう転居していたが、また多くの人に聞きながらも探し出すことができた。彼は日本軍の西善橋駐屯地を記憶していて、筆者を現地に案内してくれた。「当時は二十〜三十軒位の集落があって鉄道線路も近くにあり、建物の通りの前に日本軍の歩哨が立っていた。建物の群れの奥には日本兵がいたんだろうけれど、怖くて近づくことができなかった」「日本軍は鶏や卵を盗ったり、クーニャンをよく探していた」「私の父や兄も日本軍に撃ち殺され、村人も母も私も恐ろしくて山を逃げ回った。それでも村人は百人くらい集められて集団虐殺されてしまった」と程光信は筆者に話した。

【劉長英（女性）の証言】＊一九二九年生まれ　当時の住所　西善村

当時の家族構成は両親、姉一人、兄三人でした。当時は鉄心公司の敷地内に住んでいました。日本の鬼が南京にやってくるぞと大人たちはなにやらあわてていました。この近くでは沙州圩は沼地で、周りに水があり島になっているので安全だと考えて、みんなでそこへ避難しました。しかし、そこも実は全然安全ではありませんでした。日本兵はしょっちゅうやって来ては掠奪を始めました。〔略〕

近所に住んでいた避難民の十七、八歳の女性が日本兵に捕まりました。この女性は以前も日本兵に強姦されたことがありました。いつも日本兵は彼女を目当てにやって来たので、彼女はもう恐ろしくなって川に飛び込み、自殺を図りました。しかし日本鬼子に水から引き上げられて、西善橋に連れ去られました。そこには日本軍の駐屯地があったからです。彼女をいつも強姦していた二人の日本鬼子を私達は「歪口〔口曲り〕」と「小

▲…劉長英

白臉〔色男〕」と呼んでいました。いつもこの二人が来て彼女を輪姦しました。彼女以外にも多くの女性たちがそこに連行されて強姦されました。

日本鬼子は夜に来ることもありました。いきなり家にやってきては「姑娘、姑娘」と喚きました。逃げ遅れた女性を探しだし捕まえては、西善橋の駐屯地にむりやり連れて行きました。こうしたことがしょっちゅう起こっていたので、二週間くらいいた沙州圩も安全ではなく、その後、家に戻りました。

じつは、二番目の兄嫁もその駐屯地に連行されて強姦されています。彼女は捕まるとき、私をおんぶして、まだ子供がいるので助けてほしいと懇願しましたが、その甲斐もなく連れ去られました。一晩中強姦されてから、次の日に家に帰るのを許された兄嫁は号泣していました。家族のみんなは、「あなたが悪いんじゃない。日本鬼子では仕方がないことなんだ」と彼女を慰めました。兄は怒り心頭でしたが日本軍が恐ろしくてどうすることもできませんでした。彼女はその後も何回も同じ日本鬼子に強姦されています。抵抗すると自分が殺されるか、家を焼かれるか、家族を殺されるので誰も拒否することができませんでした。泣くしかなかったのです。（『南京戦・切りさかれた受難者の魂』二七四頁）

【澤村次郎の日記】

十二月二十三日　雨小雪

一、午前五時下関の宿舎を出発　和平門を経て南進　中華門付近にて　奥山小隊長に連絡　中華門を出て京蕪路を南進す　路上に戦闘の跡生々しく此方面を攻撃せる第六師団の活躍を想いつつ　午後一時警備地たる西善橋に到着す　細雪に小雨混じりをついて戒衣《ママ》〔絨衣。ラシャの衣服〕を濡らす

一、宿舎割をなして宿舎に入り掃除終る　南京より約二里　板橋　江寧鎮に通ずる途中の小部落にして戸口約三十戸　付近に小部落多く　散在せるを見る

十二月二十四日　晴

一、宿舎を一巡せるに各室不潔にして寝具等も未だ不足の模様なり　我も同様寝具不足を覚え　しかし　奥山小隊中華門警備より帰り　寝具を徴発せるものにて之を満たす

一、一日中滞在にて兵器被服の手入れ

【豊田八郎の陣中日記】

二十三日　曇り　雨　木曜日

午前三時四十分起床　五時半出発　東門を入って南へ南へ前進　正午後南門〔中華門〕より約二里西善橋着

　午後五時宿舎に入る　直に同地警備

十二月　二十四日　晴　金曜日

午前八時起床　九時頃より徴発　米フトン石油等を　正午帰る　南西へ一里半午後三時より徴発フトン石油トリ等を　尚醤油等　南西へ一里半以上

二十五日　晴　土曜日

　一日休養　ぜんざい等をこさえる　尚毎日牛肉の副食物

十二月　二十六日　晴　日曜日

午前七時起床　昼食持って八時出発　第一小隊徴発に揚子江の方へ三里余り（唐官）主食物副食物炭等を徴発　午後六時帰る
二十七日　晴　月曜日
午前七時半起床　午前八時半徴発　東南へ東南へ一里半　フトン米等を　午後一時帰る　午後休養

【長谷川悌三の陣中日記】
◎十二月二十四日　晴後雨
午前八時に三中隊の一部に引継ぎを完了した　自分達は一輪車に荷物（食料等）を積んで　南京蕪湖間の道路上にて南京より二里余り前方の西善橋に向った　此の途中にも未完成のペトントーチカが無数に張ってあった　一里余り前進した所に鉄の扉で道路を閉じ土嚢で積み上げて　抗戦の跡がアリアリと見受け取られた　道路上に友軍の兵が迫撃砲に斃れた墓標の立てられてあったのには涙した　午後三時に着いた　二小隊は一個分隊宛に別れて宿舎を作る程度注文したるように　二十軒あまりの部落があって　一、二小隊が居る　三小隊は少し隔れた所に駐在した
十二月二十五日　晴
腰が据はると第一に食料だ　午前八時中隊の使役になり二、三名でロバに車を引かせて　南京に米の徴発に行った　うまく日米〔日本の米〕が見着かり五俵だけ持って午後五時に帰った　戦友は美しく部屋の掃じをして居てくれた

西善橋で初めての正月を迎える準備（十二月二十九日、三十一日）

松村は、上海から南京に到る戦争の途上でも暇を見つけるとせっせと手紙を書いていた。

十二月二十九日付けの手紙には以下のような事柄を書いている。「十二月五日にも一通」「十二月二十日に一通」「二十七日にも」「その前は十一月十二日」「皆着いているでせうなー〔いるでしょうね〕」と、出した手紙がちゃんと家族に届いているかを心配して、文中でわざわざ念を押して書いている。戦地からの手紙や葉書は時として故郷に到達しなかったようだ。松村の十月に出した手紙の中には、村の百八十人に出征のあいさつ文を長時間かけて書いたのに届かなかったのは残念と述べている。南京陥落後には自分の時間があるので、松村はたくさんの手紙を故郷の人々に書いている。「昨今一寸暇があるので大分手紙を出しました　四五十通書きました」と記し、筆まめな松村の姿を伝えている。駐屯地での餅つきの楽しさも書き添えている。母親への便りは、全てひらがなで書き表し、教育を十分受けなかった母が最愛の一人息子の手紙を自力で読めるようにと、優しい心遣いをしている。手紙の内容も「さむいあさは　とほい　おみやさん〔遠くの神社〕へ　まいらないで　うちからおがんでいてください」と息子の無事を祈って神社にお百度参りなどをしている母を労っている。松村の母親は恐らく「息子が戦地から無事に帰ってきますよう」と願い、霊験があると聞くと遠くの神社にもお参りに行ったに違いない。神様に息子の無事を願う「願掛け」は、他人に見られたり言葉を交わしたりすると願いが成就しないと言われている。そのため、人目のない早朝や夜間に素足で参る人もいたと聞いている。真冬の季節でも母親は、息子のために毎日欠かさず神社に参っていたことを松村は知っているだけに手紙で、労っているのだろう。

三十一日大晦日の手紙には、遺骨護送から帰った同郷の者から村の様子もくわしく聞いたと松村は安心している。そして今は暇があり、郵便物もたくさん届き、戦友と楽しく手紙をせっせと書いている様子を手紙にしたためている。

また、松村は、家族がみんな元気で暮らしているとのことを知り、とてもよろこんでいる。このように、中国農民達の住処を奪い食料や生活に必要なものを奪って暮らしている松村達は、自分達だけが享受する平和な暮らしを楽しんでいる。日本軍の駐屯地内で暮らす兵士達は、中国農民達を踏みつけて暮らす現状を気にも掛けていなかったのだろう。

澤村は、二十九、三十の両日は、「餅つきや煮物をして正月準備」と日記に短く記している。部隊の兵達が、煮物を作ったり、餅つきの楽しさや正月を迎え喜んでいる様子を書いている。しかし、十二中隊指揮班の事務仕事をしている澤村には、「正月準備とは云え第一線の軍隊には勤務事務には余時なく〔暇はなく〕事務多忙なる一日は過ぐ」。書類つくり等の事務方面の仕事に追われていたようだ。澤村は他の兵隊達のように戦地で初めて迎える正月の準備に浮かれている時間はなかったようだ。

豊田は、「十二月　二十八日午前八時起床」「二十九日午前七時半起床」それ以降も七時半起床と毎日かなりゆっくり起きている。連日休養があり、トランプ等をしたり餅も分隊でたくさん搗いている。三十一日には、山へ正月飾りにする松を切りに行き、宿舎に帰ってきてから、豊田はまた餅を四臼も搗いている。毎日休養があるので手紙も頻繁に書いている。

長谷川は十二月二十九日に分隊の四人で食料取りに出かけ、城外で米を見つけてロバに積んで運んでいる。ついでに南京城内に入り各家を覗き何かないかと物色する。長谷川達は「幸運にも何一つ手の着いて居ない小間物屋を見付け出し　三人で香水　手袋　御白粉　クリーム等　山程も徴発をして城門の衛兵にも少しやって苦もなく城門を過ぎて引き上げた」とその日手に入れた山程の収穫物を具体的に書き上げている。日記のこの文から中国人の家屋に入って物を盗むことが日本軍の習いとなっていたことがわかる。珍しい獲物を見つけ「午後四時まで昼食も食べずに居た」と長谷川達は物盗りに夢中になって時間が経つのを忘れるほどの様子が文面から窺える。日本軍の第十六師団歩兵第三十三聯隊十二中隊は、西善橋で自分達だけが楽しく新しい年を迎える準備に精を出していた。年末の数日間煮物に取り掛かり、餅を搗き、門松やしめ縄を張って、正月気分を盛り上げている。戦勝と新しい年を迎える行事が重なり、松村達兵士の心はさぞかし高揚したことだろう。

松村や澤村、豊田、長谷川達が滞在した西善橋の集落は、南京陥落前は農民達が平和に暮らしていた小部落である。戦争に勝った日本軍は当然として中国人の住居を占拠する。占領者の日本兵の目には、家を奪われ荒らされて追い出された中国人の心情を思い浮かぶことはなかったようだ。西善橋駐屯時を思い出してもらおうと、十二中隊に所属した元兵士の何人かに西善橋の暮らしぶりを聞いてみた。だれもが、「西善橋かあ、ほとんど記憶にありませんなあ」と返ってきた。十二中隊が約一か月の滞在をしたにもかかわらず、西善橋での兵士達の記憶は、日常の食糧の徴発とクーニャンの徴発がわずかに断片的に残っていて思い出せる程度のものだった。

十二中隊占領時の西善橋の状況は、十二中隊に所属した三人の日記に書かれた事柄と中国人証言から、つき合わせて考えることができよう。

新年を迎えるにあたり、松村達日本兵は、内地での暮らしと同じように、正月を迎える準備に喜びを感じていた。召集を受け九月に日本を離れ、幾多の戦闘も経験し命を失う危険も潜ってきただけに、命を落とさずここまで来れた喜びも大きいものだったに違いない。

【松村芳治の手紙】＊手紙の用紙に中国の保険記録用紙を使っている。封筒表の検印は中国式の四角、中松

日時　：昭和十二年十二月二十九日夜
表宛名：松村孫右衛門
住所　：三重県鈴鹿郡椿村大字小岐須
差出人：中支派遣藤江（恵）本部隊気付山田（喜）部隊　村田隊　松村芳治

今日は十二月二十九日
後三日で正月と言ふ有様　扨《さて》十二月七日出の封書　本日拝見しました　家内一同健在で何よりです　相変わらず元気よく勤めていますから安心して下さい　十二月二十日にも一通出しました　二十七日にも出しました　十二月五日にも一通出しました
皆着いているでせうなー〔いるでしょうね〕
その前は十一月十二日でした　皆覚えております
昨今一寸暇があるので大分手紙を出しました　四五十通書きました
戦闘は一休みです　愈々新年は南京で迎へる事に成りました　餅をつく段取りをしています　明三十日は餅つきです　道具一切準備出来上りました、もち米、あづき　砂糖、臼杵、何でもあります　分隊で作るのですたくさんつくる積りです　面白いですよ　内の方も立派な餅を飾って　めでたく新年を迎へて下さい
今日は左記の人から書簡が来ました
高野周助　　高野丹治　　永井源五郎
仲野一博　　椿神社　　国防婦人会（代表森田先生）内
銃後に在りては絶へず種々なる御援助をなして下さる様ですね　何か厄介（御世話）に成った事や或は村で何か家の方へして下さった事は皆知らして下さい　村の様子は　皆誰からとなくくわしく知らせて下さるのでよくわかります
南京が陥落してからは身はらくです　之と言ふ行事もあまりありません　毎日まあ手紙を書く位の事です　しばらくはこんな事ででせう
前の書面に書いた通り入用品ありません　その点御心配無き様重ねて記します　又入用品が出来たら早速頼みます　元気ですから御安心あれ

十二月二十九日夜

芳治

内へ

母へつげる

あまりむようのしんぱいはいりません　このごろはふろもわかします　せんめんもできます　たべものもたくさんあります　きものるいもあまるほどです　さむいあさは　とほい　おみやさん〔遠くの神社〕へ　まいらないで　うちからおがんでいてください　かみさまはきっと　ねがひをきいてくださいます　いらぬしんぱいをしたり　むやみにはたらいたりすると　かへってそちらのほうが　あぶないです

おばあさん　からだにきをつけて　できものなんかつくらないように

おじやんは　ひのばんがだいいちです

【松村芳治の手紙】＊手紙用紙が中国の「訪視記録続編―問診号数」と印刷されたうす桃色の用紙を使っている。

封筒表の検印は木下

日時　：昭和十二年十二月三十一日

表宛名：松村孫右衛門

住所　：三重県鈴鹿郡椿村大字小岐須

差出人：中支派遣藤江（恵）本部隊気付山田（喜）部隊　村田隊　松村芳治

十一月八日の御手紙拝見しました

本郷君が昨日遺骨護送から帰られましたので　村の様子もくわしくききました

家内打ち揃で無事との事何よりです
私も御陰様にて無事元気よくつとめて居ります　御安心下さい
十一月八日の書面に依ると信用組合より一時休職とて召集に対し手当金を貰ったとありました　おくれ乍ら早速組合長宛礼状を出します
衣類の小包はまだ到着せず　而し必要ありませんから心配なく　此の頃毎日手紙が着きます　返事で大多忙です
失礼ながら各戸年賀状は出しませんでした　宜しく伝へられたし　今晩は本郷君と二人が楽しく手紙を書いて居ります
明日正月　おめでたう
徳井勇次君から新聞を送って戴きました　小林清一、水野光郎、学校、矢田一馬、松村勇蔵　徳田重郎、上田己一、高野菊枝、小林〇《不明》了　等の書簡が着きました
右に依り村の様子はすっかりわかります、死んだり、生れたり　嫁いだりしたのもわかりました　内の牛の子が男であった事も　今純一君の手紙で知りました　その他何でも知っています　別に用事はありません　老人は健在ですか　乱筆にて思ひのままに

十二年最後の夜十時　　芳治拝

【澤村次郎の日記】

十二月二十九日　晴

一、昨夜の雪にて付近一帯に白一色の世界に化し壮麗限りなし

一、今日は中隊宿舎区域大掃除にて新春を迎える用意なり
一、掃除も正月の準備なれば亦煮物等にて没頭さる
十二月三十日　晴
一、昨日と同様正月準備
一、正月準備とは何ぞ　先ず餅つきに　我指揮班（事務室）でも昨日付近の部落にて徴発せる南京米の餅米にて　今日は餅つきで有った　餅をつき正月の気分先ず一つ
一、しかし正月準備とは云え第一線の軍隊には勤務事務には余時なく〔暇はなく〕事務多忙なる一日は過ぐ

【豊田八郎の陣中日記】

十二月　二十八日　火曜　雲り雨後雪
午前八時起床　休養　トランプ等をして遊ぶ　午後餅つき　二臼す　夜妻より二通封書十一月十五出《ママ》十二月二十五日出《ママ》
二十九日　雪　水曜日
午前七時半起床　休養トランプ等　午後餅つき四臼　妻へ一通封書出す
十二月　三十日　木曜日　晴
午前七時半起床　休養午前本よみ　午後兵器手入れ　午後三時より兵器検査　後　五時半夕食　手紙内より
三十一日　雨後曇り　金曜日
午前八時半、松切りに行く　東南千五米地点二本大と二本枝を切り　九時半帰り後餅つき四臼　十一時終り入浴す　かめ〔甕風呂・大きな甕に湯を入れて風呂にする〕　午後休養内へ封書を出す　午後隊より上った物は間食　正月の祝物等多く上る

【長谷川悌三の陣中日記】

十二月二十九日　晴
　昨日降った初雪は実に美しいながめだ　今日は分隊の食料取りに　玉村、三瀬、古川の三君　南京に行った所　古川氏は城門外で米の積んだロバの守だ　我等三人で城内に入り各家に何かないかと物色中に幸運にも何一つ手の着いて居ない小間物屋を見付け出し　三人で香水　手袋　御白粉　クリーム等　山程も徴発をして城門の衛兵にも少しやって苦もなくなく城門を過ぎて引き上げた　午後四時まで昼食も食べずに居たので　腹はペコペコだ　宿舎に引き上げたら　皆は喜んだ喜んだ　各分隊にも香水やお白粉等を別けてやった

十二月三十日　晴
　午後二時から兵器の検査であったが　自分は服の洗濯をして居たので　出ないで舎内の監視に居のこった

十二月三十一日　曇
　いよいよ明日は戦場の正月だ　各分隊は何処で持って来たのか　立派な門松や締縄を張って正月気分だ　どんどんと餅も搗いて居る　午前九時より日直下士官だ　自分の分隊も鏡餅など多く作って居た　午後一時からロバに乗って各小隊の越年の掃除の検査を見に行った　明日のご馳走に鯛の氷詰めやコブ巻等が多く上った酒も大分に上った　缶詰や餅も上ったが　餅はカビだらけだ

南京で新年を迎える（一月一日）

松村は、戦地の正月を晴れがましい気持ちで迎えている。

▲…南京で新年を迎える

わざわざ毛筆を用いて伸びやかな筆跡で詩のような文を書き、家族に送っている。一月二日の時点でも中国製の社内箋と封筒を使用している。内容は、今晩、小豆を探して炊いて、明日のぼた餅つくりの準備をしている。月は見えなくても空は冴え渡っています。自分は無事ですからご安心ください。とたった四行の文ではあるが、多くのメッセージが込められている。この文から松村の心の休まりが感じられる。松村は、南京南方の西善橋で銃を撃つことなく、ぼた餅を作って穏やかに暮らし、その心は晴れ晴れとして落ち着いていると家族に手紙で伝えている。

澤村の日記には、一月一日はまず、世の明けやらぬ時刻の「午前六時に衛兵所南側広場に全員集合遥拝式を行う」と記している。自分が召集を受け戦に出てから既に四か月、北支や南支に転戦して今は敵首都近き所にいる。光輝く昭和十三年を迎えることができるとは誰が想像し得たであろうか。我々は誰も考えてはいなかった。にじ色に煌くお目出度い雲が輝き始めたら、ありがたい天皇の犯すことのできない威光が現れたように大空に映えている。「八紘無窮の皇運を示す如し」と全世界に無限の皇室の運を示すようだと澤村は実に神がかり的に、天皇崇拝の言葉を書き連ねている。

遥拝式を終って、澤村達は、各分隊毎に戦場の初春をお祝いした。「餅あり煮物あり加えて清酒あり」と大いに飲み食いして夜が更けるのを忘れたと書いている。「大業の半すでに成る　意義深き初春を心より祝福し」と偉大な日本国の事業が半分以上でき上がり意義深い新春を迎えた、と日記に書いた澤村は、心から天皇の国日本を祝福している。

豊田八郎の陣中日記には、新しい年を迎えてもいつものように簡潔に事例を書いている。豊田は澤村と違ってのんびりと暮らしている様子が読み取れる。遅い時刻の「九時より中隊全員制列《ママ》　皇居遥拝　万歳三唱後小隊（かんぱい）」その後、宿舎に帰り「午前中に入浴　午後休養」と自分の時間がたっぷりある。農民から盗ったロバで乗馬練習をしたり、トランプ等で遊び、もらった手紙の返事を書いて出している。

長谷川の陣中日記には、「戦場とは言え　警備中の正月は面白い　各分隊は思い思いの門松を立ててとても美しい」と正月の晴れがましい喜びを素直に表現している。自分の分隊では早起きして雑煮を作り、各分隊にアコーディオンや胡弓を携えて漫才をしに回っている。

「各分隊も戦場のつれづれに喜んだ喜んだ」とその賑わい振りが想像でき、「呑めよ呑めよ」と言う小隊長は、「自分の身も持てあまして居た」とのことですっかり酔ぱらいふらふらになっていたようだ。日本兵達は、にぎやかに大騒ぎしていたのだろう。

長谷川は翌二日には「玉村や相可と付近に女子軍の秘密偵察者が入り込んだとの情報を耳にしたので　掃討に行った」と書いている。中隊指揮班の澤村の日記には掃蕩の記述はない。長谷川らが命令を受けた様子もなく三人だけで掃蕩に行くことは他に目的があったのだろう。「女子軍」とか「秘密偵察者」とは、これまでにも日本兵が女性を捕まえた時によく使用する言葉であった。長谷川達は女性を探しに行ったのだろうと考えられる。女子軍が現れたということで探しにいったものの目的を達せず、長谷川達は代わりに家禽を追い回して盗って戻るのであった。

【松村芳治の手紙】

封筒：南京恆昌派報社緘と赤字印刷　宛名部分は赤線の枠
手紙用紙：「学生身体缺點統計記録」と印刷された用紙を使っている。封筒表の検印は中村
日時　：昭和十三年一月二日
表宛名：松村孫右衛門
住所　：三重県鈴鹿郡椿村大字小岐須
差出人：松村芳治

〔毛筆で〕
今晩あづき找《ママ》〔さがす、もとめるの意味〕炊いて
　明日のぼたもちの準備中
月は見えねど空清し
　無事御安心あれ
　　一月二日夜九時
　　　　　　　　　　　　　　芳治
故郷へ

【澤村次郎の日記】

一月一日　晴
一、午前六時衛兵所南側広場に全員集合遥拝式を行う　征戦既に四ヶ月　北支南支に転戦して今は敵首都近き

所にて光輝ある〔昭和〕十三年を迎えしとは誰が想像し得たであろう　瑞雲漸く輝き初めれば　皇《〔スメラギ〕》の御威力の如き大空に映え　八紘無窮の皇運を示す如し

遥拝式を終って各分隊毎に戦場の初春を寿ぐ　餅あり煮物あり加えて清酒あり大業の半すでに成る　意義深き初春を心より祝福し　歓談溢きて夜の更けるを忘る

本日の会報左の如し　三日兵器移動修理班来隊するにつき修理の準備すべしとある

【豊田八郎の陣中日記】

昭和十三年　元旦

土曜日　晴

午前七時半起床　九時より中隊全員制列《ママ》　皇居遥拝　万歳三唱後小隊（かんぱい）午前中に入浴　午後休養

乗馬練習ロバにて　トランプ等で遊ぶ　手紙（封書）平田三千鞠氏よりもらふ　同日平田氏へ返事を出す

【長谷川悌三の陣中日記】

一月一日　晴

戦場とは言え　警備中の正月は面白い　各分隊は思い思いの門松を立ててとても美しい　分隊も午前五時に起きて皆で雑煮を作って食べた　美味美味　朝は日直下士官を交代して分隊に帰り屠蘇酒を頂いて大賑いをやった　朝は首に赤の絹布でアコージオン《ママ》〔アコーディオン〕を吊し腰に支那のコキューを付けて各分隊に万才に廻った所　各分隊も戦場のつれづれに喜んだ喜んだ　呑めよ呑めよと奥山小隊長の如きは自分の身も持てあまして居た　午前九時から中隊は広場に集まって日本に向ひ　遥拝式を行ひ　面白い一日を終った

一月二日　晴

戦場の正月気分は一日だけだ　今日は玉村や相可と付近に女子軍の秘密偵察者が入り込んだとの情報を耳にしたので　掃討に行ったが何の影もなく家鴨を追い廻して何十羽も徴発して帰る

正月過ぎて西善橋の警備は遊んでのんびり（一月初め頃）

松村は、正月が過ぎてもまだのんびりできる時間を見つけては手紙を書いている。過ぎた日々を思い出して「一昨年の今日は現役除隊の嬉しい日でした」と旧満州での駐屯が終わり軍隊から解き放たれた一年前のこの日を嬉しい日だと表現している。松村は、除隊になって家族と暮らせる日を懐かしんでいる。ここでは、「南京陥落以来　我々は戦闘しません　引続き西善橋で警備をして居ますが敵は見ないです」と警備をしていても戦闘はなく敵の姿も見ることはなく平和裏に暮らしていると家族に伝えている。その後の文面にも「毎日御馳走ばかりつくって　美しい茶碗で食事をして居ます」と暮らしぶりを伝えている。もちろん西善橋の農民達が住んでいた家を松村達が占拠し、農民達から奪った食材でおいしい料理を作り、奪った美しい茶碗で快適に食事をしているのだ。「洗濯も炊事も支那人二人で美しくやります」と捕らえた中国人を日本兵の思いどおりに強制労働させている様子も分かる。もちろん囚われの中国人らは、命が惜しいので、日本兵の気に入るようしっかり働いたに違いない。日本軍の駐屯地や荷担ぎを強要された中国人の証言はたくさんあり、彼らが異口同音に話すのは「日本兵の気に入らないとすぐ殺される」という当時の状況であった。日本語の分からない中国人にとっては、日本兵からこうしろと命令しても、日本兵が望むようには動けない。その内かっとなった日本兵に暴力を振るわれたり殺されることが多かったと、中国人達の証言だけでなく元兵士からも多くの証言を得ている。

　澤村次郎の日記には、一月の初めごろは、事務仕事もあまりなく命令も下りてこなかったと考えられる。一日に一行程度の短い出来事のみ書かれている。澤村にとってはあまり特筆するような出来事がなく平凡に暮らしていたようだ。

　豊田の陣中日記には、「小隊規模の掃蕩」、一日おきぐらいの徴発を行なっている。農家から相変わらず食料や調味料を盗って暮らしている。

　長谷川の陣中日記には、西善橋宿営地の周りの様子や掃蕩に行った時にはその辺りの風景が記されているので、具体的な状況が目に浮かんでくる。西善橋周辺の状況については、「蕪湖行きの道路上警備の任務だ　毎日自動車わどんどんと走る　すぐ前を汽車も一日に二回ぐらい走って行く」と長谷川は記している。

　実際に松村や長谷川が駐屯していたこの土地を、筆者は七十年後の二〇〇六年十二月と翌年四月に南京大虐殺当時を知る程光信老人と共に歩いた。程光信は、当時の状況をよく覚えていて、鉄道線路が今も昔も同じように続いていると筆者に教えてくれた。十二中隊が駐屯地にしていた西善橋の二十軒ばかりの集落の位置や集落の中に続いていた大馬路〔大通り〕を歩いて確認した。現在のこの地は、広い車の通りがかつては駐屯地であった小集落を貫いている。両側は民家や商店が建ち並んでいてとてもにぎやかだ。写真を撮っていると付近に住む人たちが物珍しげに「何をしているんだ?」と取り囲んで聞いてくる。一日に列車が二本通っていた鉄道線路は、単線のまま今もディーゼル列車が通っていると、集まってきた人たちが教えてくれた。

　七十年前、第十二中隊の駐屯地は、人家もまばらな農村であり、長谷川は「毎日海軍の陸戦員達がキジ射ちに来て」遊べるような広大な土地だったと日記に書いている。また長谷川は、入用の石油を付近の部落へ盗りにいく。そのときの理由が、「戦地なればこそだ　良民の石油を文句なしに取り上げて来るのだ　思えば可愛想《ママ》だが　これも打倒蒋政権の犠牲となる良国民の責任だから致方ない」と、奪う理由を蒋政権の打倒のためであり、犠牲になる領民は仕方ないのだと屁理屈をつけている。一般の中国人が可哀想だがと言いながらも奪うのであった。多くの日本兵が、中国人の命を奪ったり暴力を振るってきたのであるから、長谷川達が物を奪うことは、日常茶飯事だったのだといえよう。

【松村芳治の手紙】

封筒：浦口鴻記派報社緘と赤字印刷　宛名部分は赤線の枠　検印名は中村
日時　：昭和十三年一月六日
表宛名：松村孫右衛門
住所　：三重県鈴鹿郡椿村大字小岐須
差出人：野田部隊久我隊　　松村芳治

昨日慰問品で漸やく便箋が手に入りました
相変らず元気ですから御心配無く、次に内の方も皆達者ですか　正月もすみました　今日は一月六日　一昨年の今日は現役除隊の嬉しい日でした
当時を思ひ出して　戦友と話して居ります　南京陥落以来　我々は戦闘しません
引続き西善橋で警備をして居ますが敵は見ないです　皆遠くへ逃げてしまひました　毎日御馳走ばかりつくって　美しい茶碗で食事をして居ます　大きなカメの風呂も出来上りました　洗濯も炊事も支那人二人で美しくやります　決して心配する事は無いです　毎日　日本の飛行機が勇ましく飛んで居ります　「支那人に炊事をさして毒でも入れられたらしまひだ」そんな事は全く無いです　無用の心配は之又無用　一月三日夜一寸夢見が悪かった　親類一同何も変りはありませんか　無ければ幸ですがなー
入営以来の俸給を本日全部貰ったので使ひ途に困って居る位です　明日凱旋に成っても　みやげ物位は充分

買へます
　凱旋は何時とも不明です　之からドンドン戦闘するウワサもありますが　支那はもう抵抗力がなかろうとも想はれます　とにかく長期戦の覚悟が必要です
　別に変化もありませんから之で筆を止めます
　　一月六日朝
松村芳治
　内へ

【澤村次郎の日記】

一月六日　晴
一、本日より各小隊は第二回の近郊掃蕩を実施する事となり　第一小隊は頭関付近を掃蕩す
一月七日　晴
一、第二小隊は西善橋より南京に通ずる道路　沿道を掃蕩せしも敗残兵並遺棄兵器なし
一月八日　晴
一、本日より各大隊毎に野戦酒保開設され　中隊には移動酒保来る
一月九日　晴
一、紫金山にて負傷せし戦友河村伍長退院す

【豊田八郎の陣中日記】

正月　六日　曇り　木曜日

午前七時半起床　九時よりロバに乗って東南へ徴発　豚　味噌等を　午後三時十分帰る　俸給四十一円四十二銭もらふ　バット〔当時一般的なタバコ〕二ッ上る　銃を取かへてもらふ　六時夕食
七日　晴　金曜日
午前七時半起床　八時半制列　小隊の掃蕩約往復七里　抹糧関《ママ》〔秣陵関。南京の南方〕の方面へ行軍　南京城が北方に見える　午後五時半帰る　背嚢が来る　バット三ツ買ふ十八銭
八日　晴　土曜日
午前七時半起床　午前休養　午後二時より徴発五時帰る　羊かん一本二十銭みかんかんづめ二十五銭一ツで四十五銭払ふ　夕食六時後入浴
九日　晴　日曜
午前七時半起床　九時より郵便護送　印南サンと聯隊本部へ　十一時着後酒保　町へ出る　羊かん二本　角砂糖十一買ふ　午後五時帰る入浴　手紙音松君　妻より封書に写真一枚　慰問袋遠河区婦人会より防弾チョッキ其の他色々

【長谷川悌三の陣中日記】

一月七日　晴
勤務も何もない　寛一兄から手紙が来た十二中隊の警備は　蕪湖行きの道路上警備の任務だ　毎日自動車わどんどんと走る　すぐ前を汽車も一日に二回ぐらい走って行く　毎日海軍の陸戦員達がキジ射ちに来て　十二中隊の警備地区は実に賑やかだ
一月八日　曇
午前八時二小隊は宿営地を出発して　沼地の中を二里あまり前進し揚子江沿岸の敗敵を掃討に行った　友軍

の軍艦が此の狭い河をどんどんと上流に向って登って行く何と大胆なる事よと感じた　幾つもの部落を掃討したけれども　敗残兵の姿も見えず午後五時に引き上げて来た　今日初めて雉の野に立って居るのを見た　二、三羽上で鳴いて飛んで居る姿を見た　戦地とわ言え目出度い目出度い

一月九日　晴

午前中相可や玉村と付近の部落に石油の徴発に行った　戦地なればこそだ　良民の石油を文句なしに取り上げて来るのだ　思えば可愛想《ママ》だが　これも打倒蒋政権の犠牲となる良国民の責任だから致方ない　夕方帰ったら起美と村長から手紙が来て居た

●「日本軍に出くわし従兄弟は銃殺、私は重傷を負い生き延びた」

南京城の南郊外の西善橋は、蕪湖に通じる道が通っていて南京から南へ伸びる経路となっている。南京攻略戦では熊本の六師団が南から攻め込んだ時にこのあたりの住民は無差別の虐殺に遭遇している。村人達の多くは、揚子江沿いの広大な湿地の沙州圩に逃げていった。他にも揚子江の中州である江心洲や南京城外南部の山地へ逃げた農民も多かった。しかし、今と違って当時は正確な情報が入手できない農民にとって、いつまでも日本軍が繰り広げる広範囲な掃蕩から逃げきれなかった。農民達にとっては、土地や家の様子が心配だし食料が尽きたために村に帰らざるを得なかった。農民達は家に帰ると、掃蕩や徴発で村にやってきた日本兵に捕まって殺されるか、逃げるところを撃ち殺された。

許経富は、日本軍から逃げる途中、従兄弟と共に日本兵に撃たれた。従兄弟はその場で死に、許経富は腹に大怪我を負った。医者に見てもらうこともできず薬もなく治るまで八か月もかかり、家族や村人にかくまわれて許経富は生

き延びた。南京陥落後、何回も実施された掃蕩で、日本軍は、中国人を捕虜にしないで男はほとんど手当たり次第に殺した。許経富や従兄弟は武器を持たない農民であるのに、日本兵にいきなり撃たれたのだった。

【許経富（男性）の証言】＊一九二一年七月生まれ　当時の住所　西善橋

一九三七年当時も、この近くの西善橋に住んでいました。両親、長男の私、弟二人、姉一人、妹四人の計十人家族でした。日本軍が来ることを聞いたので周りが水に囲まれた沙州圩に避難することにしました。そこには親戚がいたからです。最初は両親と妹が先に行きました。

ついに、日本軍が入城したその日のことです。逃げなくてはいけないと思って、私は従兄弟と一緒に日用品などを背に担いで、家族の避難場所に向かって行ったのです。家を出て、二十分位周りの様子を見ながら歩いた所で、運悪く十数人の日本軍に出くわしました。私たちが立ち止まり逃げようとすると、いきなり後ろから銃撃されました。従兄弟はその場で撃ち殺されました。何発か撃たれたのですが、私は脇を撃ち抜かれた所を手で押さえて逃げました。〔略〕

沙州圩にも日本軍はよく来ました。家畜は奪うし、女の人をつかまえて強姦することはしょっちゅうでした。私はずっとベットに寝たままで起きあがることすらできなかったので、直接は見ていませんが、周りの人からよく聞かされていました。それでここも安全ではないと思い、十数日間ここにいて、

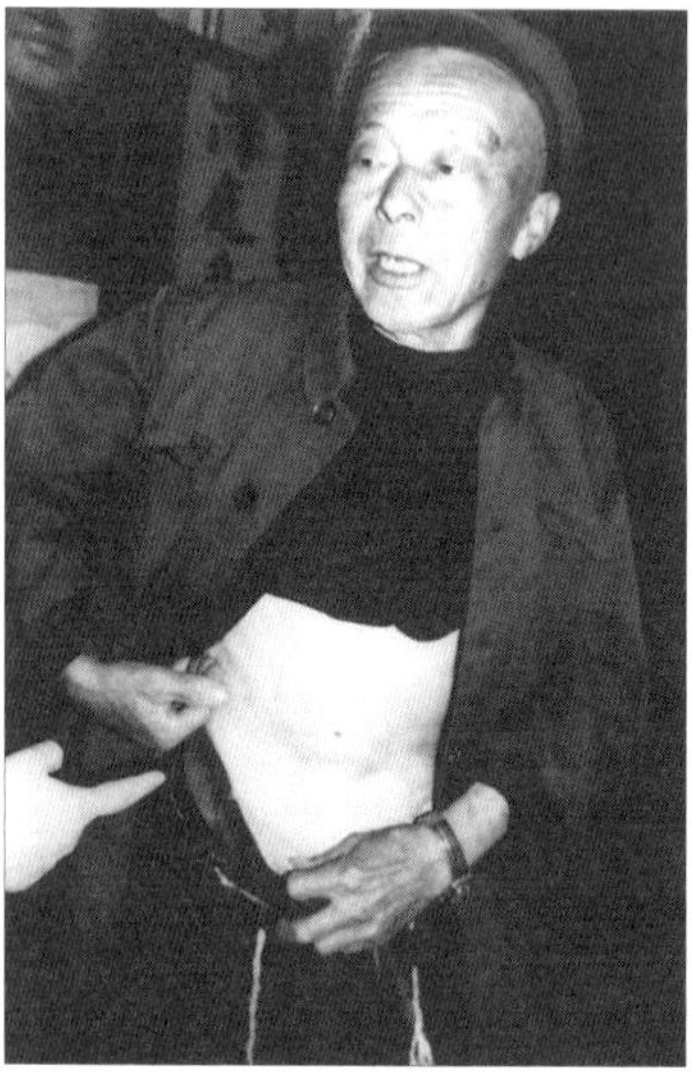

▲…許経富は日本兵にいきなり腹を撃たれた

再び西善橋の家に戻りました。親戚の者が私を担架に寝かして担いで家まで運んでくれました。
家に戻ってからも日本兵はよくこのあたりに、ふらふらと酔っぱらったりしてやってきました。どこでも日本兵による害は同じです。世の中がかなり落ち着いてからは、物こそ奪いませんでしたが、花姑娘探しは相変わらずでした。（『南京戦・切りさかれた受難者の魂』三〇二頁）

●西善橋駐屯は時間的に余裕あり、たくさんの手紙に返事を書く

松村は一月十七日付の手紙で、故郷の婦人会が、松村の部隊に餅を送ってくれたお礼をていねいに書き送っている。「私達も最後まで奮闘努力以て皆様の此の絶大なるご援助に報いる覚悟で居ります」と故郷からの励ましに対して、最後まで戦場で頑張って銃後の皆様の援助に報いると答えている。松村は、お国のために勇ましく戦う姿勢を故郷に暮らす様々な人に見せなくてはならなかったようだ。

翌日の十八日は、家族を代表する父親に手紙を送っている。のんびり過ごした西善橋を離れる時が来たようだ。「二三日の中に　この地を去って又新任地へ向ひます」と次の任地に向かうことを家族に伝えている。「手紙も之でしばらく出せないかも知れません」と松村自身が不安な心境であろうが、家族を心配させまいとその後には「安心して居て下さい」と書き添えている。松村の周りで兵器の整理や荷物の整理、検便などが行われ、いよいよ転戦するという空気を肌で感じられるようになったに違いない。松村は、今書いておかないと、出発準備で忙しくなったり急に命令が出てからでは手紙を書けなくなると判断したのだろう。

澤村の日記は、一月十三日頃からなにやら忙しくなり始める。

一月十三日は、「一日中各人装備用兵器の員数及整理にて多忙」。一月十四日は、「前日に同様」と帳簿整理と事務

仕事に追われている。一月十五日は、「各兵器は搭載前迄に充分手入れの上多量に塗油し置く事」と銃器の手入れや、中隊での兵器検査の実施計画を作る。一月十六日は、「菌便の検査、眼鏡付小銃の支給」。一月十七日は、「防毒面の梱包と防寒地下足袋及外套を支給。重要書類の不用を焼却」。一月十八日は、「滸六涇口《ママ》〔徐六涇口〕上陸前に分配の地図を返納　常洲に於て支給されし押収防寒胴衣を返納」。一月十九日は、「江寧鎮大隊本部より外套其他防寒被服交付」などと日記に記している。十三日から十九日までは、次の任地に転出するために毎日忙しく兵器の手入れや被服の受け取り書類の焼却など、一般の兵士達もいよいよ西善橋を引き払うことを実感したことだろう。松村が十七、十八日と連続して故郷に便りを出した理由が理解できる。今手紙を出しておかなければ、次の任地〔戦地〕で手紙を出せるかどうかは、松村達兵士には未知だったのである。

澤村は二十日の日記に「聯隊は二十一日中に其警備任務を天谷支隊に移し　爾後の輸送を準備せんとす第三大隊は出来得る限り其の宿営力を同支隊に融通し爾後の輸送を準備すべし」と書いている。三十三聯隊は南京警備隊となり、澤村達の第三大隊は江寧鎮に本部を置き、一部が秣陵関や西善橋に駐屯した。その駐屯地を天谷支隊〔歩兵第十一師団歩兵第十旅団天谷直次郎少将〕にできる限り譲り渡すようにと命令が出た。一月二十一日には、「中隊は何時にても出発し得るが如く準備完了す」といつ何時でも、西善橋駐屯地を出て行けるようすっかり準備を終えたのだった。

豊田は、午後防寒被服や襦袢上下靴下手袋などを支給されたり、慰問袋をもらったり、種痘をしたりして転戦が近いことをきっと感じていたのだろう。しかし、豊田はいつものように日記には出来事だけで気持ちや感想は書いてはいない。西善橋を離れるまで手紙を書いている。豊田は一兵卒として、周りに起きたことのみ短く記録している。

長谷川悌三の陣中日記には、一月二十三日に「上海設営の為に先発として橋本氏と五十妻伍長と三人で　聯隊長殿専用自動車に乗って西善橋を出発した」と記している。長谷川達先発隊は聯隊長専用の車に乗って下関へ向い、そこから列車に乗って上海へと移動する。その任務は、後から上海に移動する自分の部隊の宿舎を設営するためだ。

二十四日の朝十時に下関から軍用列車に乗り、午後七時に蘇洲に到着して、夜は列車泊まりとなる。

松村をはじめ四人の兵士達の見た西善橋の日常は、様々な様子を伝えている。四人それぞれの立つ位置や立場が異なる上、興味や関心が異なるので、違った見方で記述している。筆者にとって、松村の手紙や澤村、豊田、長谷川の日記を読むことによって、兵士の日常をかなり具体的に甦らせることができた。彼らの書き記した文章を読み西善橋の農民たちの証言を重ねることによって、より日常が鮮明になった。日本兵による「南京警備」とは、中国側の反撃を恐れ、中国農民や一般市民を引き出し殺害し略奪の日々を送ることだった。日本兵は、中国農民や市民に対して生殺与奪権まで持ち、武器を持たない無辜の民衆を苦しめていたのだった。

【松村芳治の手紙】

日時　：昭和十三年一月十七日
表宛名：原小春様　他三名様
住所　：三重県鈴鹿郡椿村小岐須
差出人：上海派遣軍中島（今）部隊本部気付野田部隊内久我隊　　松村芳治

前省
寒さ今尚きびしき折柄　皆様には如何御暮し下さいますか御伺ひ申し上げます
私事御蔭を以って引続き勇健に御奉公致して居ります故他事ながら御安心下さい
多忙な新年もすぎました　扨《さて》先日は御いそがしい中を態々《わざわざ》御集まり下さいまして私達のために　餅をついてお送り下さいましたとの事　今村英一君の愛らしいお手紙によって知りました　私達が此の陣中で戴きましたあのお雑煮は定めし皆様の熱意の結晶と存じます　一粒一粒の皆様の辛苦を拝察し深く感謝致して居ります

私達も最後まで奮闘努力以て皆様の此の絶大なるご援助に報いる覚悟で居ります
留守中は種々と皆様のご厄介に相成る事と存じますが何卒よろしく御願ひいたします
寒き折柄充分御自愛下さい　　　　　　　　　　　　　　　　　　　　　　　失礼
　一月十七日
上海派遣軍の一員として江南の地に警備中　　　　　　　　　　　　　　　松村芳治
婦人会　原支部長様
　　今村しも様
　小林ともへ様
　徳田やつ様
二伸　会員ノ皆様ヘヨロシク御伝ヘ下サヒ

【松村芳治の手紙】

封筒：中国産　宛名部分は太い赤線の枠　検印名は中村
日時　：昭和十三年一月十八日
表宛名：松村孫右衛門
住所　：三重県鈴鹿郡椿村大字小岐須
差出人：上海派遣軍中島（今）部隊本部気付野田部隊内久我隊　　　松村芳治
その後　内の方は皆元気ですか
御蔭様にて相変らず元気よくつとめていますから安心して下さい
二　三日の中に　この地を去って又新任地へ向ひます

手紙も之でしばらく出せないかも知れませんが安心して居て下さい
どこかで警備でしょう　之で命はまあ大丈夫ですよ　病気にかからない様気をつけます
内も皆が達者でいて下さい
手紙が出せたらすぐ出しますから心配なく
　一月十八日出
　西善橋にて
松村孫右衛門様　家内の皆へ
　　　　　　　　　　　　　　　　　　　　　　　　　　　　松村芳治

【澤村次郎の日記】

一月十九日（二十日）　晴
一、本日作命の要旨左の通り
「師団は其の任務及作戦地域を天谷支隊に移し　爾後の転進を準備せんとす聯隊は二十一日中に其警備任務を天谷支隊に移し　爾後の輸送を準備せんとす第三大隊は出来得る限り其の宿営力を同支隊に融通し爾後の輸送を準備すべし　交代に関しては天谷支隊と直接協議すべし　細部に関しては別命す」
一、会報要旨左の通り
「警備隊の交代は明廿一日正午の予定　依て仝時《どうじ》コク〔同時刻〕以降は何時にても出発出来得る如く準備あること」
右要旨に従い中隊に出発準備を完了すると共に宿舎の清潔に努む
午前九時天谷支隊の一ヶ中隊　西善橋に到着したるを以って宿舎其他宿営に協力す
一月二十一日　晴

一、中隊は何時ににても出発し得るが如く準備完了す
一、聯隊長野田大佐転補せられるに付いての告別のため中隊は午後一時本道路上に整列したるも中止となる
一月二十二日　晴
慰問品中隊に交付せらる　出発前の荷物は増　ほしいやら重いやらで兵にはよくはない　使用せる苦力に賃として慰問品を沢山別けてやる
一月二十三日　晴
中隊全員種痘を実施す
一、Ⅲ〔大隊〕本部より携帯糧秣の交付を受く
一、輸送に関する旨示に布団其の他防寒具の梱包をす
一、海上に於ける宿営並に乗車乗船準備の為め　中隊より広瀬伍長以下三名を本日午後二時南京第二大隊に先発す

【豊田八郎の陣中日記】

十九日　雨　水曜日
休養　午後防寒被服が渡さる　襦袢上下靴下手袋などを　手紙小学校より
二十日　雨後（午前十一時）大雪　木曜日
休養　一日銀世界
（十九日に慰問袋をもらふ）東京学習院より　亦群馬県より　二つを三人にて分ける
正月　二十一日　晴　金曜日　雪がとけ初《ママ》める
休養午前八時に第十一師団へ　第十二聯隊第四中隊交代部隊が来る　午後二時に何もかも申送る

二十二日　晴　土曜日
休養　午後〇、五十分〔零時五十分〕制列《ママ》　中隊長殿の移動に付き　注意後乗馬練習後夕食　手紙　神主氏子総代の年賀　田中、兄上、谷川省三君
正月　二十三日　晴　日曜日
休養　俸給　十円二十四銭　ホーソウ〔種痘〕ヲスル

【長谷川悌三の陣中日記】

一月二十三日　晴
午前八時上海設営の為に先発として橋本氏と五十妻伍長と三人で　聯隊長殿専用自動車に乗って西善橋を出発した　南京の聯隊本部に着いて　各中隊は勢揃いをして本部に一泊した　夜になって各自が飯盒にて自炊をやり　ローソクを二本貰って休んだ　二、三名の戦友は外出をして酒保で沢山呑物や食べ物を買って来た
一月二十四日　晴
夜明けに水道の側で炊事をやって居て辻四五郎大尉に大目玉を頂いた　自分が出した水でわないのだが　近くに居たのだから致し方ない　第一大隊は下関から直行で某港に向って出発したとの事である　ⅡとⅢ大隊の右中隊三名宛の代表者は設営隊長Ⅲ大隊副官堤少尉殿の指揮にて午前八時自動車三台に分乗して下関着く　午前十時に軍用列車は出発した　途中の山々には雪を置き　思い出多い紫金山も静かに後の方になって行く　鉄路の側には心なしな鉄条網がぽかんと張ってある　トンネルの破壊も行軍の前には何の防御法にもならない　立派に修理してどんどん汽車は走って居る　各駅は行軍の飛行機の爆撃に依ってやられて居る　途中の小さき駅に小部隊で警備して居る兵隊が居たのはご苦労に思った　午後七時に滄洲〔蘇州の間違い〕駅に着いたが　夜間列車は危険が多いので　列車の中に寝る事になった　夜であったので　手さぐりでクリークを探し飯盒炊

事をやった　まだ近くに敵が居るから注意して火を焚けとの事であった　駅に移動酒保が来て居たので甘い物をうんと買って食べた　一列車の中は軍装で場をとられ無理な寝方でうつうつとする

●「日本兵は村へ来て、豚を盗り女を追い回していた」

西善橋で暮らす農民達にとっては、三十三聯隊が移動していっても、次に来る十一師団の天谷支隊（十旅団）の部隊も同じように農民を苦しめる日本軍であった。西善橋に住む人々は二、三月になっても日本兵の性暴力や略奪は続いていたとの証言をしている。農村で被害を受ける人々の目から見れば、日本兵はまさに「日本鬼子」だった。

▲…日本兵は２人の農民を殺し、西善橋の村外れの川に投げ込んだ

【范徳保（男性）の証言】＊一九三一年生まれ　当時の住所　西善橋

南京大虐殺があった頃は私をいれて六人家族で、西善橋に住んでいました。〔略〕

日本兵はわが家からは男を苦力として連行し、隣家に押し入って豚を殺して奪っていきました。日本兵が出て行った後、外に出ると、村の若い女性が一人の日本兵に追われているところを見ました。その女性は、家の間を走り素早く隠れてしまったので、日本兵は私の家にいた伯父さんに命じてその女性を探すように命じました。どういうことか分かった

ので伯父さんは嫌だと言いました。日本兵は何か分からない言葉を叫んで彼を家の外に引きずり出しました。伯父さんが先に戸口から出た途端、日本兵は後ろから銃を構えて伯父さんを撃ちました。バーンという音と共に倒れた伯父さんの足から血がいっぱい流れ出ました。伯父さんはすぐには死ななかったのですが、布で巻いても血は止まりませんでした。手当のかいもなく三か月ほどして亡くなりました。私はその家にいて、一部始終その様子を見ていました。〔略〕

西善橋の村には日本兵はよく来ました。女性が目的でした。女性たちはみんな山裾の地下に掘ってあった穴に隠れていました。日本兵が二、三人でかたまってよく夜にやってきました。住民は恐くて日本兵が来ると〝自主的に〟に扉を開けていました。閉めておくと日本軍に中に入らせない何か隠しているのではないかと思われ、かえって門を壊されました。そのような時は、中に押し入って来てから家の人が殺されることが何軒かありました。日本軍は本当に好き勝手なことをしていました。（『南京戦・切りさかれた受難者の魂』三二〇頁）

南京を離れ次の警備地へ移動（一月二十八日）

松村達、第十六師団歩兵第三十三聯隊十二中隊は、西善橋での一か月にわたる警備を終えた。上海に集結して次の任地に送られて行くのだが、松村にはどこへ行くのか見当がつかない。松村は手紙の中で、二十六日に南京を出発して二十八日に上海に到着した報告をしている。出発する前に故郷の友達との面会や、故郷の青年達の様子も自分の家族に知らせている。松村や兵士達は、同じ村の青年達の消息をも自分の家族に伝え、家族の口からそれぞれの出征した兵士の家族にも無事でいたとか怪我をしたとかのニュースが伝えられたのだろう。

【松村芳治の手紙】

封筒：中国産　宛名部分は太い赤線の枠　検印名は中村

日時　：昭和十三年一月二十八日

表宛名：松村孫右衛門

住所　：三重県鈴鹿郡椿村大字小岐須

差出人：上海派遣軍中島（今）部隊本部気付野田部隊久我隊　　松村芳治

本日無事上海に到着しました

一昨日午後二時南京にて忠一氏と面会しました　氏は南京市外下関にいます　約三里程の処を自転車で来てくれました

以前一度来てくれて　自分が西善橋にいると聞いて帰ったそうです　その時は辻行雄、前田丑男の両君と逢ったそうです

十二月出発した七名の勇士の中で山本　酒井貞造一名負傷　その他六名は健在で皆が下関にいる様です　忠一氏もこちらへ来て　ほんとうに戦場の珍風景に驚いています

内から四五回手紙が着いたと言っていました　どうも早く帰りたい様な口振りでしたが　まだまだです

一昨日南京市内に宿泊　昨日午前五時出発同十時発貨車にて上海に向ひました　南京で前田丑男、米川善一、鴨田武雄君等と面会　昨晩は車中にて（夜間は前進せず）一泊蘇洲でした　そうして本日朝六時蘇洲発同十一時無事上海に着きました　上海では辻行雄　村田久一、中村良一、植村重郎等の諸兄と面会しました　皆元気旺盛です　谷口君の戦死もまだ初耳とて　驚いていられました　酒井正男君は健在だと　之は忠一君から聞きました

今晩から二三日上海の某紡績工場の階上に泊ります　そしてその後　船に乗って○○《ママ》地へ進みます　大概は北支だろうと思ひますが　はっきりはわかりません　とにかく　もう平和です　戦闘はありません　油断は出来ませんが之からは　警備でせう
谷口君の家へは　若干の香奠と悔状を出します　色々と村の人から御世話下さいます由本当に感謝して居ります　小岐須臣民の方々へも西善橋から戸毎に或は二軒に一通位で手紙を出して置きました
大野や登里、了他　親類方々からも時々手紙を戴きます　皆が健康の由何よりです
変った事はしらせてください　一寸急いでいるので乱筆にて
　一月二十八日夕方六時
　　上海にて　　　　　　　　　　　　　　芳治
内へ
忘れました　チョッキの小包二三日前到着異常なく受取りました　その後少しの間　手紙が出なかったので通知しませんでした　いま必要品ありません　しばらく手紙出ないかも知れませんが御心配なく

おわりに代えて――南京・戦場からの手紙や日記を読み取って

松村の手紙には、家族を思いやる気持ちが書かれていることと、同時期に応召した村の青年達に関する情報が書きこまれていることで終始一貫している。一九三七、八年当時は、現在のように情報が瞬時に世界中を駆け巡る技術や

メディアがなかった。戦況の概要は、新聞などで内地の人間に伝わっても、個人の安否は故郷にまで伝わらなかった。兵士達が家族や故郷の人々に出す便りは、貴重な情報源の一つだった。松村はせっせと戦場から便りを出し自分と村の青年達の様子も書き送った。松村は日記を書き残さなかった。松村と同じ第十二中隊の澤村、豊田、長谷川の日記を使って戦地での日常生活を浮かび上がらせようと筆者は考えた。日記を書いた三人の兵士達は、同じ十二中隊にいながら、それぞれの位置や意識が異なり、松村の行動を多方面から浮かび上がらせることができた。これらの資料は、十二中隊全体の動きが分かったり、松村の行動の原因を解明したり、互いに補足し合って筆者に新しい事実を提示してくれた。歩兵第三十三聯隊第十二中隊の南京警備の日常とは、どのような状況だったのか。南京陥落後の南京城外の農村部における日本兵の日常が明らかになったといえるだろう。

筆者は、これまで十年にわたり南京戦に参加した二百五十名の元兵士一人一人からの聞き取りを記録した。多くの兵士は、南京大虐殺の凄惨な暴行や南京陥落後も続く強姦、略奪を語った。それらは全て音声や映像で記録されてきた。これまで第十六師団三十旅団は南京陥落後の「南京警備」と称する駐屯で何をしたのか。陥落後も続く暴力を被害者が語っても、加害者の側から毎日の行動に関しては資料を挙げて提示されることはなかった。

今回、手紙と日記と証言で、南京陥落時と南京陥落後にも組織的に大虐殺が行われた事実の一端を証明することができた。十二月十四日の大規模な掃蕩〜十七日のより広範囲の掃蕩のように、中支那方面軍からでた命令があったり、三十三聯隊の第三大隊や十二中隊から出されたと考えられる種々の掃蕩命令があった。南京陥落後の掃蕩での集団虐殺や強姦、放火、略奪を澤村日記と証言から読み取ることができた。兵達が実際具体的に行動した状況は、豊田や長谷川の日記から実態が証明された。

筆者が、南京戦に参加した元兵士を一九九七年に記録し始めてから、早や、十年の歳月が経過した。松村や大門、出口、長谷川と多くの十二中隊の元兵士達に聞き取りをし家族とも親しくなった場合がいくつかある。どの兵士にも親しくできたというわけではないが、特に松村を始め十二中隊の多くの兵士達とは、長く親しく交流を深めてきた。

鬼籍に入る老人達が年々増えていくにしたがって、昨今は数少ない生存者の家を訪問する回数も増えたといえるだろう。

元兵士達には、手紙や日記に書いている出来事を具体的に思い出してほしくて何度もお宅にお邪魔した。話しているうちに時には、略奪だけでなく性暴力をしたという証言も飛び出すことがあった。元兵士が意識的に封印してきた「強姦の記憶」のふたを開けられたのは、筆者との信頼関係ができてきたためといえるだろう。元兵士達から南京戦当時の話を繰り返し聞くことにより、かなり正確に当時の出来事を精選して記録することができた。

日記や戦闘詳報など文字で残された物だけが唯一の重要資料であり、歴史を証明できるという論理は、南京大虐殺の真相究明の場には必ずしも当てはまらない。南京大虐殺の場合は、加害の側が圧倒的な力を持ち、記録する余裕があったので一部の将兵が日記などに残している。しかし、公式の戦闘詳報はもちろんのこと、個人の日記でさえも、特に虐殺や性暴力、嬲り殺し等に関しては、書かれてはいない。軍の検閲を恐れたのはもちろんであるが、部隊や個人の面子を考えてそれぞれの理由で書かれなかったのである。被害の側はといえば、命を奪われる危険の中を逃げ回り、最低限の暮らしをしている日常でたとえ文字が書けても記録する余裕すらなかったのである。南京大虐殺のように関係者が膨大かつ広範囲にわたる場合は、加害被害共に体験した証言が重要となり、かつ証言の検証が必要となるのだ。ここにオーラルヒストリーの意義が理解されなくてはならない。

今回、同じ中隊に属する兵士達の手紙と日記、そして証言を照らし合わせることによって、南京大虐殺の具体的な像が浮かび上がってきた。南京ではこういう暴行があった、こういう日記がこの著書に書かれていると断片的な事例を様々な資料から引き出す研究方法も筆者は否定しない。しかし筆者は、自分が実際に会って記録した南京戦に参加した元兵士や南京大虐殺の受難者たちから聞き取った証言を重要視してきた。もちろん現地で書かれた手紙や日記が重要な資料であることははっきりしている。簡潔に記された日記や手紙の行間を読み取り、具体性を持たすことができるのは、同じ時期に同じ場所にいた加害の側の兵士や被害の側の受難者の語る証言だといえるだろう。今回、日記や手紙類と証言が互いに補完する形をとり、南京大虐殺の実像がより立体的に浮かび上がるように筆者は試みたつもりでいる。

多方面のみなさんから拙論のご批評をいただけることを願っています。

第Ⅲ部　「程瑞芳日記」を読む

▲…金陵女子文理学院避難所の職員と関係者たち。前列左5が程瑞芳、その左へミニー・ヴォートリン、陳斐然（「侵華日軍南京大屠殺遇難同胞紀念館」提供）

1　加害・被害の証言から金陵女子文理学院での日本軍の暴行を検証

はじめに

私が「程瑞芳日記」に出会ったのは、二〇〇五年のことでした。その二年前から、私達日本側研究者と南京師範大学の歴史研究者が共同で、実践的な南京大虐殺研究のために「南京大屠殺研究援助基金」という研究組織を設立しました。この基金を基に、南京大虐殺当時に書かれた新たな日記についての研究論文が発表されると南京師範大学の張連紅教授から知らされました。私達が資料収集などで以前から協力いただいている中国第二歴史档案館の郭必強先生が、この日記の整理をされたと知りました。程瑞芳日記とは、一九三七年当時の南京大虐殺の惨状を克明に記録した日記だと聞いておりました。それだけに、具体的にどういう内容が書かれているのかと、私はその日記に大変興味を持ちました。やっと念願の中文日記のコピーが私の手元に届き、三か月後には、第一稿の日訳文ができ上がりました。

在日華僑の林伯耀先生と翻訳者の全美英、趙国臣、劉春輝さん達が、忙しい中、献身的に訳して下さいました。毎日、日記を書き綴った程瑞芳という女性は、ミニー・ヴォートリンと共に金陵女子文理学院に留まり、南京大虐殺と性暴力を目の当たりにし、中国人女性たちを日本兵の暴力から守った人でした。一九三七年当時この女子大学は、金陵女子文理学院という名前になっていましたが、南京市民は、創立以来の金陵女子大学という名称に親しみ日常的にこの名を口にしていました。私は、二十余年、南京の城内外に住む老人たちから南京大虐殺当時の聞き取りをしてきました。城内に住むお金のある人は、日本軍が攻めてきた当時、郊外や遠くに逃げ、お金がなくて城内中部に住んでいる人の多くは、難民区に避難していったと彼らから聞きました。難民区へ逃げた多くの人々は「金陵女子大は女性を守ってくれる避難所だった」と話しています。

でき上がったばかりの程瑞芳日記日本語訳を読み始めると、私の脳裏には、日本兵から性暴力の被害を受けた南京の女性たちの顔が浮かんできました。南京での戦争被害調査の過程で性暴力被害を私達にカムアウトされたお婆さんたちの顔を思い浮かべました。さらに、金陵女子文理学院に命からがら逃げ込んで日本兵の靴音に身を潜めていたと証言してくれたお婆さんたちの顔もまざまざと浮かんできました。彼女たちから聞き取りをする時、誰もが異口同音に「中国の女性にとって安全なはずの金陵女子大でも、多くの若い女性たちが日本兵に襲われ恐怖の毎日を送った」と語っていました。

私は何度もこの程瑞芳日記を読み、傍線を引き、また、日本兵の書いた日記や証言の資料を読み返しました。程瑞芳日記が記述している内容と日本兵が南京で見たり自分が体験したことを話しているたくさんの事例が、驚くほど重なり合っていました。つまり、安全区や女子学院その他の地域でも、女性への性暴力、市民の連行、集団虐殺、略奪などに関しての出来事が具体的にしかも細部にわたって一致していたからでした。

私は南京戦に参加した日本兵の加害調査を一九九七年から国内で集中的に始めました。学校の教員をして日常の仕事に追われてはいましたが、ほとんどの週末には三重県や奈良、京都、愛知、岐阜などの元兵士の住む各地へ出かけて行きました。

元兵士の調査を始めて一年後の一九九八年から被害者の集中的な調査の必要性も強く感じ始めました。元兵士の調査と同じように、被害者の調査も老人宅を探し出し一軒一軒訪ね歩いて、被害の状況を詳しく記録していきました。

中国南京での調査は、長期休暇の取れる春休み、ゴールデンウィーク、夏休み、冬休みには必ず出かけ調査を続けました。朝早くに宿舎を出発し夕方日の暮れるまで、南京の街中や農村を走り回り、毎日カメラを回し証言を録音し写真を撮り続けました。

揚子江対岸の浦口に住む張秀英は、浦口の北の村に攻め込んできた日本兵が次々に村人を殺すのを見て、体がすくんでしまったと私に語っていました。「私は日本兵に脅され付いて行くしかありませんでした。私が強姦されている間に三か月の娘は焼き殺されました」。張秀英は「自分はこの目で南京大虐殺を見てきたのです」と語っています。

揚子江ほとりの下関にある英国人経営の食肉工場の和記洋行に避難していた陳文恵（仮名）は、避難していた少女たちと共に早朝に野菜つみに出かけて約十人の日本兵に襲われました。「私は妊娠していたのです。一緒に強姦された少女は下半身が血だらけでした。母はこのことは誰にも言うんじゃないよと言いました」と、恐怖の体験を陳文恵は苦しげに話していました。

南京城内に住んでいた陶秀英（仮名）は、十二月十三日、日本兵が住民を虐殺するのを目の当たりにしました。その後避難先の国際安全区内で子守をしていたところを日本兵に押し倒されました「日本兵は子どもの母親を捜しているのだと思いました。まさか子どもの私がやられるとは思いませんでした」と陶秀英は語っています。

張秀紅は安全区内にお祖父さんといて、花姑娘を捜しに来た日本兵数人に犯されました。「日本兵は私をベッドに押し倒し、『姑娘、サイコサイコ』といいました。私は服を脱がされ……後は気を失いました」。日本兵が立ち去った後祖父はまだ幼い彼女の体を抱きしめ泣いていたと張秀紅は話しています。張秀紅は日本では証言をするときにはいつも十字を切り、神に祈っていました。

中華門近くに親子三人で住んでいた楊明貞は父を殺され母親と共に輪姦されました。七歳でした。「やつらは畜生です。まだ子どもの私を強姦し父の首を三度も斬って殺したのですから」と楊明貞は私に会うたびに当時の様子を泣きながら話します。楊明貞は七十二年前に受けた被害のためにいまだに尿漏れに苦しんでおられ、今でも当時を思い出すたびにフラッシュバックを引き起こします。

当時八歳の少女だった陳秀英（仮名）は中華門外の隠れ家で日本兵に犯されました「私は六十数年間、夫にも娘にも誰にも言わずに苦しんできました」。日本で証言を終えた彼女は「自分と同じように犯した日本兵もこれまで苦しんできたのでしょうね。閉じ込めていた私の苦しみを日本のあなた達が受け止めてくれました。私の心の中にあった氷のような塊が溶けてきたようです」と言われました。

黄恵珍は、昨年十二月全国同時南京大虐殺証言集会のために日本に来ていただきました。当時家族と一緒に難民区の陰陽営（金陵大学の西側）に避難していましたが、家に踏み込んできた日本兵に捕まり、他の女性たちと共に強姦されました。

先に名前を挙げた証言者のみなさんは、私達が調査を進めていく中で出会ったり、探し出しやっとお会いできた証言者たちです。彼女たちは当時の記憶がはっきりしていて、自分の身の上に起きたことを具体的に話すことができた女性達でした。

私は十数年間に渡り、三百人以上の南京大虐殺に関わる被害者たちを何度も自宅まで訪問し聞き取り、記録してきました。その中でも、上記の彼女たちは、性暴力の被害に遇いながらも自力で生き抜き、記憶にとどめ、来日して日本の市民に南京大虐殺の史実と戦後半世紀以上たった暮らしをも話してくださいました。南京大虐殺という歴史的な災禍を被りながらも自分の生き様を語る老人たちに、私は記録する立場にありながら、強い感銘をうけました。

南京大虐殺は、世界的には別名南京レイプともいわれ、南京城内や南京近郊に住む計り知れない数の女性たちが陵辱され殺されました。私は南京やその近郊に住む被害者から証言を聞き取って記録しましたが、そのほとんどの人々は、自身の虐殺や略奪放火をされた体験を語るだけでなく、肉親や親族も受けた暴行を語っています。東京裁判では性暴力の件数は、二万件という数が証拠として上がっています。日本軍「慰安婦」問題の研究者である上海師範大学の蘇智良教授は、近年の研究過程で南京大虐殺下での性暴力被害の数は、約七万人と言われています。

このような南京レイプの体験は、当時南京にいた多くの女性たちや身近な人々の口から伝えられ現在まで記憶が引き継がれてきました。

南京大虐殺は、その規模から被害者数は膨大な数になり、それぞれの体験も異なります。それでも多くの被害者が、同じ時期に同じ場所で同じような状況で、日本兵から受けた様々な被害を語ってきました。それにもかかわらず、日本側研究家の多くが、中国人の「証言」は、南京大虐殺や南京レイプの事実として証拠にならないと退けてきました。日本では、「証言は裏づけがなく時代を経て増幅されるもの」「証言は信憑性がない」「感情がはいっていて客観性がない」と言う人がいます。侵略戦争を美化する勢力はもちろん、歴史研究関係の部門でも証言者の語る「証言」は取り上げられませんでした。

今回発見された程瑞芳日記は、日本軍が金陵女子大学で起こしたさまざまな暴行を詳しく書き記しています。南京大虐殺当時、程瑞芳は、毎日体験したことを夜間せっせと、時には深夜に及ぶまで記録として書き記しました。十二月十五日付日記には「昨晩、華小姐〔ミニー・ヴォートリン〕と私は、十二時になってやっと眠りに就いた」。十二月十七日付けの日記には「今は十二時。寝ないで日記を書いているが、今日昼間、亡国の民を体験した」。金陵女子文理学院に避難していた多くの女性達やその近くにいた多くの男性達、さらにそこに駐屯していた元日本兵の証言と重ねあわす時、南京国際安全区にある金陵女子文理学院でおきた南京レイプ南京大虐殺の実態が如実に浮かび上がってきます。程瑞芳は毎日、亡国の悲哀を書き、日本兵たちがしている非人道的な行為を後世に届けるために記録として書いています。

この程瑞芳日記の出現によって、金陵女子文理学院やその他の難民区で起きた南京大虐殺、南京レイプの加害や被害の証言が事実であったことをよりいっそう証明することができます。

「日記」の筆者が程瑞芳と確定した経緯

程瑞芳日記は、第二歴史档案館が保存する金陵女子大関係の書類を整理していたときに発見されたのだと聞きました。表紙には「一九三七年首都陥落　金陵女子大留守校の同僚の日記　陳品芝」とありました。第二歴史档案館へは、私も何度か「南京大虐殺関係の資料」「三〇年代の南京港関係」「日本軍進攻時期の淮南炭鉱関係」「強制連行関係の華北華中の傀儡組織」など資料収集のために何度も訪問し研究員の先生方に協力をいただきました。この歴史的な美しい中国式建物の中には、中国解放までの膨大な資料が詰まっていて、研究者や職員の手付かずの資料が、まだ山ほどあると聞いていました。

金陵女子大関係だけでも保管資料は、約二百件あります。郭必強研究員の論文「程瑞芳日記考証」によれば「この日記は、今世紀三〇年代に上海便箋会社と印刷した手紙の便箋に書かれており、ページは二一センチ×二四センチで、表紙は黄色い石紋の硬い紙、文は万年筆で右から左まで縦書き、日記に記載した時間は一九三七年十二月八日から一九三八年三月一日まで全部で八十四日である。毎日記入した日記で、約三万字ある」。日本兵が南京に進攻してくると分かったときから日本軍の暴行がほぼ落ち着くまで、程瑞芳は、民族の悲哀を記録として書き続けました。国際安全区として中国人の難民を受け入れた金陵女子文理学院では、中国人は日本兵の暴行をうけ、人間としての尊厳を奪われる状況が日常的でした。中国人が、南京大虐殺をその当時、その場で記録した文章はおそらく程瑞芳日記をおいてはないといえるでしょう。(『陥京三月回憶録』や『日寇禍京始末』は、追憶の記録として、日々を記した重要な資料と言えます)。

日記が発見された初期の時点で、南京師範大学の張連紅教授は「表紙の署名は〈陳品芝〉とあるが恐らく状況から判断して程瑞芳の日記でしょう」と言っていました。

郭必強の論文によると「別の一通に中華民国廿七年度〈私立金陵女子文理学院教職員名簿〉があり、この名簿の中には南京に残った六人の教職員リストが記載されていた。その人々は以下の通りである」と以下の六人の名前と略歴を挙げています。

華　群　女、アメリカコロンビア大学文学修士、教育学

陳斐然　男、広東掲陽、東呉大学文学士、事務主任、廿三年〔中華民国二十三年＝西暦一九三四年〕二月、在南京

程瑞芳　女、湖北武昌看護人学校を卒業して、舎務主任、十三年九月、在南京

李鴻年　男、河南潢川東呉大学付属中学校を卒業して、事務助理、廿六年二月、在南京

恵廸穆　女、アメリカアールビン大学文学士、アメリカミシガン大学修士、生物学、十三年九月、在南京

鄔静怡　女、浙江鄞県本校の理学士、アメリカミシガン大学修士、生物学、廿四年九月、在南京

上記の南京に残った職員の名簿の中には、日記の表紙に書かれている陳品芝の名前はありません。しかも彼女は南京陥落以前に武漢へ移動していました。留守校のメンバーには、女性が四人いるので日記の筆者は自然と絞られてきます。華群はミニー・ヴォートリンの中国名であることはヴォートリン日記から良く知られているので、日記の筆者に当てはまりません。郭必強論文では、「恵廸穆はアメリカ籍女性であり、鄔静怡は三十代前であり、共に日記の筆者としては排除される」とあります。日記の中には、日記の筆者自身の孫についての記述が何箇所かに見られます。孫のいる年代の女性ですので、恵廸穆と鄔静怡とは適合しないということになります。したがって消去法では、今回発見された日記の筆者は、程瑞芳となります。

もう一点、程瑞芳が書いたという有力な証拠は、ヴォートリン日記にあります。金陵女子文理学院で留守校の責任

者だったミニー・ヴォートリンの日記を読むと、日常的に彼女と共に活動していた人々の名前や行動、日本兵の動きが記されていることに気づかされます。程瑞芳はヴォートリン日記の中に頻繁に「程夫人」として登場し、筆者ヴォートリンと共に金陵女子文理学院を守った人として記述されています。

十二月十七日付けのヴォートリン日記には「まもなく程先生とメリートワイネン〔中国人と結婚して中国籍になっていた〕が兵士につれられてやってきた。学院の責任者は誰かといったので私が名乗り出ると、彼らは私に、中国人の身分について一人ずつ説明するよう求めた」。十二月十七日付けの陳品芝（程瑞芳）日記には「私は日本兵が私達〔程と戴〕を前に立てて行くことは、前方に華小姐がいるからじゃないかなと思い悪い予感がした。陳さんは私に分散しないようにと言った。着いたところに案の定、華小姐が何人かの日本兵と立っていた。その前にたくさんの人が地面に跪いていた、私らが着いたら陳斐然もいきなり跪かされた。立っているのは華小姐と私と戴さん三人だけだった。跪いている人の中には職員もおれば、夏先生〔華小姐の助手の一人〕の家族もいた。詹さん〔詹栄光のこと、南京市自治会副会長〕は私達を皆呼び出して、華小姐に私のことを聞いたとき、華小姐は自分の仕事を手伝う人で、職員達を管理している人だと紹介した。戴さんも聞かれたため、英語の教師だと紹介した」。

▲…難民避難所を運営した３人。右から程瑞芳、ヴォートリン、陳斐然（「侵華日軍南京大屠殺遇難同胞紀念館」提供）

同じ十七日のヴォートリン日記には、日本兵がやっと立ち去った後、ヴォートリンは「程先生、メリー、それに私とで南東の宿舎に行ってみたが、そこにはだれもいなかった。程先生の嫁や孫たちの姿はなかった。私はぞっとしたが、程先生はきっと難民に混じって隠れていると思う、と落ち着き払って言った」。十七日の陳品芝（程瑞芳）の日記にもその時の状況が書かれています。「私達は四百号〔建物の番号。以下も同じ〕に戻ったが、誰もいなかった。華小姐は私の孫達が日本兵に連れて行かれてないかと恐れ戦きながら私に声を掛けてくれた。私は、そんなことはない、たぶん皆百号に避難しているだろうと言った」。十二月八日のヴォートリン日記には、「隣保学校の生徒たち、〝ビッグ〟王の三人の子ども、程先生の孫の合計五人が案内役になったが」と王先生の息子や程先生の孫が案内役を引き受け、かいがいしく働いている様子を書いています。また十二月十日の陳品芝〈程瑞芳〉日記には、「王先生の子どもと自分の孫が難民を指導する服務団を組織し、入ってくる難民の案内をしている」と記しています。

以上の点から、発見された日記の表紙には、「一九三七年首都陥落　金陵女子大留守校の同僚の日記　陳品芝」と記され、同校の陳品芝のものであるとの体裁を取ってはいますが、実際の筆者は、同大学の留守校を守った程瑞芳であったことが証明されます。「ヴォートリン日記」と本日記を読み取ることによって、この日記は程瑞芳が、一九三七年十二月の南京陥落直前から南京大虐殺について記録を残すために記したものであると、私も確信するに至りました。

見えて来た南京大虐殺当時の南京における国際安全区の状況

私は程瑞芳日記を読みながら、南京戦に参加して安全区の掃蕩や警備に関わった兵士の証言記録を調べなおしました。元兵士の証言や兵士の書いた日記の内容が、程瑞芳日記の内容や時期などと符合する事実がたくさん出現したのには驚きました。さらに当時南京の安全区に避難していた南京の老人たちの証言を読み直し、そこからも新しい事実を確認しました。金陵女子文理学院に避難して日本軍の暴行に遇った人々や近くで侵入する兵士を見ていた人、引っ張り出されたけれど集団虐殺をまぬかれた人の証言を意識して読み返すと、これまで見落としていた事柄が本当にたくさんありました。

程瑞芳日記に書かれた状況を証明する被害加害の証言や日記から、国際安全区や金陵女子文理学院で起きた以下のことが明らかになりました。

(1)国際安全区は安全ではなかったこと。(2)女性ばかりの難民区金陵女子文理学院でも性暴力が頻繁に起きていたこと。(3)国際安全区で日本軍による一般市民の連行と集団虐殺が公然と行われていたこと。(4)性暴力と市民の虐殺をいつでもどこでも不断に再生産している日本軍の実態がみえたこと。

以上の(1)〜(4)まで、資料の一部を例として引用し、具体的に説明してみたいと思います。

(1)日本軍は国際安全区のエリアに乱入したので、決して「安全」ではなかったこと

十二月十三日、日本軍が南京城内に進攻、南京陥落の当日南京城内外では殺しつくし焼き尽くし犯しつくし奪いつくす、すさまじい暴行が南京市民と武器を捨てた中国の元兵士たちに襲いかかりました。

程瑞芳は、十二月十五日金陵女子大に避難してくる人々が急増し、日本兵の対応に追われながら日記に記していきます。「日本の兵隊達は安全区内のどの家にも押し入って、金をかっさらったり、食べ物を探したり、クーニャン〔若い女性〕を探した。その上、家の中にいる者を追い出した。ある時は、クーニャンだけを中に留めさせた。だから、これらの人々は、みなここに逃げ込んで来たのだ。人々は商売をするどころではなかった。今日は、ある兵隊が入ってきて、中を見ただけで去った。また、ある兵隊は南山のアパートまで来て、門を壊して入ってきた」。

十二月十三日、陳桂英は、危険を感じて難民区に避難していました。

「一家で難民区に逃げ込みました。しかし、その日の夜、十二月十三日のことです。大勢の日本兵が私たちの逃げ

た難民区にやってきて、私たち全員が庭に引き出されました」「叔父は日本兵から『花姑娘』を出せ。と大声で命令されました。〔略〕三階にむりやり上げられ、そこから突き落とされました。日本兵は若い男性と女性をその中から選び、どこかに連れ去りました」。「〔金陵女子文理学院に〕大勢の日本兵がやってきて、難民のほぼ全員が運動場に引き出されて検査されたこともあります。こんなことが四、五回ありました。ここにも男がいました。そこで働く職員だったと思います。独身者は中国兵だと見なされて連行されていきました。ほとんど毎日のように、夜になると日本兵は塀を乗り越えて中に入ってきて、若い女性たちを連れ出しました」。

十二月十六日、夏瑞栄（男性）は、難民区五台山へ燃えさかる焔に追われ死体を踏み越えながら避難していました。「翌日十六日、十数人の日本兵が教室に入ってきて、二十～三十代の男を部屋から引き出し、兵隊の容疑の検査を始めました。私も十五歳だったので引き出され、若者たちと一緒に帽子の跡がないか、手にタコがないかと調べられました。私は帽子の跡がないので助かったのです。銃で脅され運動場に並ばされた男たちは、トラック二、三台の荷台に立ったままぎゅうぎゅう詰めに詰め込まれました。荷台には日本兵が三人ほど、銃剣を付けた銃で武装して乗り込んでいました。満杯になるとトラックは出発しました。どこへ連れ出されたのかはわからないが、機関銃で殺されたのだろうとみんなは噂しあっていました。

次の日の十七日も日本兵はやってきて、昨日と同じように若者を引き出し、銃で脅しトラックに乗せて走り去りました。私は教室から運動場の様子を見ていましたが、連れ去られた男たちの誰一人として戻ってきませんでした」。

第十六師団歩兵第三十三聯隊の松村芳治は、十三日に下関地区で日本軍から逃げようとする中国人の群れに向かって軽機関銃を撃ち続けました。翌十四日には師団命令により挹江門から南京城内に入り南京城の北西半分地区を掃蕩し難民区の中へ入り男性たちを引き出しています。「部隊からの命令では『敵兵と分かったら容赦なく突き殺せ』と命令が出ていた」「私達の中隊は、分隊単位に別れて捜索に当たりました。難民収容所には、老人も女も子どももいるし、また屈強な男も建物の中に座れないほどびっしりと入っていました。何千人もの人がいましたで。他の分隊も捜索を始めていますんやで。たいがい家族が一か所に固まっており、携帯品を調べるんや。写真なんか出てくると写真と本人かを見比べたりいい加減な方法でした。オイッオイッと指で指し示し瞬時のうちに怪しそうな者を選びだしてね。男たちは抵抗もせず素直に前に出てきました。それぞれの分隊は、男たちを収容所から外へ引き出してみんな突き殺しました。殺されるかどうかは運ですな」。

歩兵第三十三聯隊第一大隊鬼頭久二（仮名）は、わたしが聞き取りのために訪問するたびに「掃蕩の目的は女性だ」と断言しています。「町に入って掃蕩の一番の目的は女の人を探すことで、女を徴発するのが一番楽しかった。例えば、南京でも暇があったら女を捕まえて強姦してたな。〔中略〕掃蕩する時、家を一軒一軒まわり女の子を見つけるとその場で強姦した。女の子はだいたい床の下かカーテンの後ろとかに隠れていたな。見つかった時、怖いかどうか分からないけど、反抗しなかったな。憲兵から止められたりしなかったので、やり放題やった」。

歩兵第三十三聯隊の第三大隊の出口権次郎は、「ほとんど女ばっかりの難民区〔恐らく金陵女子大〕にも行って、部屋に入ったらこれとこれ、指差して、女は選び放題やった。その場でやってしまうんや。わしの部隊でだれやったか、やってる最中に中国の敗残兵に頭を殴られたもんがあったので、見張りをつけて強姦やった。昼夜お構いなしじゃ。だいたい一個分隊で行った。十数回は行ったやろうかな。各分隊がみんなそんなもんじゃった。〔略〕何しろ毎日女ばっかり捕まえよった。恐いこともあったが、面白いこともずいぶんあった」と彼らは、あっけらかんと強姦話をしています。

日本軍は、南京市行政区の郊外を殺戮しながら十二月十三日、南京城内に雪崩れ込みました。私が証言を記録するために会った多くの元兵士たちは、南京を陥落させ、中国人を見たら誰でも殺している実態を証言や日記で残しています。

(2)女性が守られるはずの金陵女子文理学院でも性暴力が頻繁に起きていたこと

金陵女子文理学院留守校を守っていた程瑞芳やミニー・ヴォートリンが懸命に女性たちを日本軍の手から守ろうとしていました。両者の日記を読むとその状況がよく理解できます。寝る間も惜しんで日本兵を追い出したりしたにもかかわらず、日本兵は、次々と校内に入り込んで、女性をその場で強姦したり連れ出していったと、程瑞芳は、自身の心の苦しみを書いています。

ここに避難していた女性たちからの聞き取り証言からも、当時の様子がはっきりと浮かんできます。元兵士や中国人被害女性の証言からは日記に書かれた事柄の真実性を証明し、金陵女子文理学院での当時の実態が克明に浮かび上がります。日本兵は、昼夜を分かたず、人の見ている場でもそうでないところでも、正門からでも垣根や塀を乗り越えてでも、毎日毎夜、「花姑娘」を求めて、次々と金陵女子文理学院にやって来ました。

【程瑞芳日記】

十二月十八日

昨夜、日本兵に連れて行かれた女の子達は今朝になって皆返された。一人だけ帰って来ていない。日本兵にどこかに留置されたか、恥ずかしくて自ら帰って来ないのかは分からない。この二、三日は、難民がたくさん入ってくるため、中も外も人でいっぱいになった。今日も日本兵が何回も来た。〔略〕日本兵の狂暴さはますます酷くなっていく。どうにもならない。彼らは人を殺したいと思えば人を殺す。強姦したいと思えば強姦する。それも老人か子供かを問わずに。親子が同時に日本兵に強姦された。母は六十を過ぎていて、三人の日本兵に強姦され、娘は四十過ぎで二人の兵隊に強姦された。親子とも夫はいなかった。日本兵は人倫がまったくない。

十二月十九日

昨夜、憲兵が正門の方で寝ているにもかかわらず、夜中に日本兵が入ってきた。彼らは五百号のリビングで大勢の前で女性を強姦した。今日の昼間も二人の兵隊が五百号にやってきた。一人は入り口で見張りをして、一人は部屋の中に入って来て、女の子一人だけを残してほかの人を皆追い出した後強姦した。華小姐はその時ちょうど養鶏場にいた。日本兵が鶏を取りに来たのでそこにいたのだ。もしその件がなかったら華小姐がもうちょっと早く五百号に駆けつけていれば、女の子は被害を受けなかったかもしれない。華小姐が駆けつけた時にはもう遅かった。ここまで書くと思わず涙が出てきた。どんなに苦しかったかたぶん皆が想像できると思う。

十二月二十日

今日もたくさんの難民が来た。二百号〔文学館〕の三階までぎっしり埋まっている。おそらく憲兵が保護していると思って避難してきたと思うが、憲兵も女の子を庭に引きずり出して強姦する。彼らは人間じゃない。場所を問わないでやる。畜生だ。今日の昼、兵隊が来て二人の女の子を連れて行く時、彼女達の物まで奪って行った。ちょうどその時、ある長官が見学に来ていて、華小姐が長官に部下たちの行動を見せ付けると、とてもまずい顔を見せたが、それはどうでもいいことだと思っているに間違いない。中国人は彼らの仇だ。

【屈慎行（女性）の証言】

十四日の夜八時か九時頃、電気もつかない真っ暗闇の中、日本兵が入ってきました。建物のあちらこちらで、女の子の叫び声が聞こえだしました。「助けて！　ああ」「きゃー」、そして、泣き声、ぶつかる音がしました。

時間はそう長くはなかったようです。一時間ぐらいの間、私は恐くて母たちと一緒に教室のすみに身をよせあって隠れていました。

【熊秀芳（女性）の証言】

避難所〔金陵女子文理学院〕には日本兵もやって来ました。私は怖くて下には降りなかったのですが、みんなの話を聞くと、トイレが外の遠いところにあり、人がたくさん並んでいるので、門の近くの人気のないところで用をたそうとしていた女性が何人も日本兵に捕まって、強姦されたと聞きました。彼女らが、その後戻ってきたかどうかはわかりません。たいがい午後の明るい時間で、十人から二十人くらいの日本兵がやって来たと聞いていました。

【趙政蓮（女性）の証言】

〔金陵女子文理学院に日本兵が〕トラックで入ってくる目的は、唯一花姑娘探しでした。〔十二月二十日頃〕華小姐が女性を助ける場面を一度だけ見たことがあります。ある女性が着ていた綿入れを日本兵に切り裂かれていた時、華小姐がやって来て、その日本兵に抗議しました。女性は恐ろしさのあまり倒れてしまいました。すると日本兵はその場を立ち去りました。この女性は二百号校舎にいた人でしたが、そこから引きずり出されてこんな目に遭ったのです。

【元兵士・亀田徳一の証言】

〔十二月の陥落数日後以降〕女の子の悲鳴がよく聞こえましたな。また路上で拳銃で女の子を脅かしていた兵隊もいます。憲兵が入ってくる前はひどかったですな。憲兵が入ってきてから、ちょっとやかましくなったんです。〔金陵女子文理学院で〕警備している時、三交替なのでみんな暇で退屈だったので、よく女の子を捕まえにきましたよ。

【元兵士・居附萬亀男の証言】

〔十二月十八日頃〕金陵女子大学の警備に入った。警備に入ったら十人で一週間交替制やった。女子大学は女の人の避難所や。そこに日本の将校たちがよく来て「ちょっと入るで」と言って、女子大の構内に入って行っては女の子を連れて出て行った。将校たちはむちゃくちゃで、女の子を連れて行って強姦した。将校といったら中隊長以下の小隊長ぐらいの軍人や。わしらは警備といっても、将校たちが女の子を連れて行っても上官なので、見てるだけや。よく出入りする部隊は三十三聯隊だけではなく、それ以外の九師団と十六師団の三十旅団もいた。あの人らはトラックで来た。昼間はあまり来ない。一日だいたい二、三台ぐらい来るな。将校を含め兵隊四、五人で来て三人は銃を持っている。一日五、六台来る時もある。一台に二十人ぐらいの女の子を乗せて連れて行くこともあり、嫌がって泣く子もいた。トラックの荷台に引き上げられ、上からシートをかけるとおとなしくなった。送り返されてくる娘は少なかったな。

十三日から三十一日までの程瑞芳日記、被害証言、加害証言の三者の文を読めば、日本兵が毎日中国女性を襲っている状況が読み取れます。日本兵は暗黙の内の了解で、占領地の掃蕩、平定の一環として性暴力を積極的に行なっていたことが窺えます。日本軍の中国市民に対する考えや行動の実態が克明に見えてきます。

将校や軍幹部は、下級兵士の性暴力を容認したばかりか、自らも性暴力に積極的に加担しています。金陵女子文理学院で警備をしていた居附萬亀男の証言には、将校が強姦目的で女性を連日引き出している様子があります。日本兵の証言だけでなく、天野郷三の軍法会議に見られるように、当時強姦が多発しているにもかかわらず、ほとんど全員が、法によって裁かれなかったことをうかがい知ることができます。天野郷三が、女性を連れ去り強姦した現場にリッグズ（金陵大学職員で委員）とベイツ（金陵大学教授で委員会の中心メンバー）が救出に駆けつけました。天野は、拉致強姦した中国女性を帰さず、反対にアメリカ人を殴打したために、アメリカからの抗議を受けたのです。他にアメリカ大使館乱入事件もあり、このままでは日米間の国際問題となるため仕方なく軍法会議にかけたのです。他の多発する強姦事件や略奪などの見せしめのために軍法会議にかけただけにしか過ぎませんでした。天野郷三の行いや軍法会議に関する記述は、次章の程瑞芳日記の十二月三十一日の部分に記載しています。

一月二十四日まで南京に駐屯した歩兵第三十三聯隊第三大隊の出口権次郎は、南京での治安がかなり良くなっても強姦はあり罪にならなかったと証言しています。治安がかなり良くなるというのは、日本兵が街中で十二月十三日の陥落当初より頻繁に殺人を起こさなくなったということです。陥落から日がたってからも以下のように中国女性への強姦を証言しています。「だいぶたって治安がよくなるとな、部隊のみんなを並ばせて、憲兵隊が強姦された女を連れてきて、誰がやったと調べたこともあった。平時と違って罪にはならんかったが、『やめとけよ』と怒られる程度じゃった。罪にも何にもならへんかったけど、叱られたくらいじゃ。悪いことし放題やった。十人おって九人まで強姦しとらん者はおらん。自慢話にもなっとる。〔略〕街の中でも女が隠れとる所を良く知っとるわ。若いもんも、お婆あも、みんなやった。それからばれたらまずいから殺すんじゃ。南京に入る前から、南京に入ったら女はやりたい放題、物はとりたい放題じゃ、と言われておった」。

金陵女子文理学院だけでなく、国際安全区やもっと広い南京の城内外で、日本兵による中国女性への強姦は、なくなることはありませんでした。このような多発する強姦・強殺事件の原因は、決して、軍紀の弛緩ではなく、不作為の作為ともいえる日本軍全体の暗黙の容認があったことを物語っています。軍の容認はまた、敵首都南京までの補給のない強行軍と激戦で疲れた兵士に対する論功行賞のようなものでもあり、「聖戦」への確信と民族的優越心を植え付け、殺人道具としての兵士の戦意を高揚し、その生産性＝殺人行為を高める効果を果たしていました。

(3) 安全区内でも市民の登録をさせて、男性を連行し集団虐殺が公然と行われていたこと

程瑞芳日記と加害、被害の証言や日記を同時に読んでいくと、安全区内の金陵大学や五台山、金陵女子文理学院でも良民証の登記と称して短い期間に南京の住民に名前や住所写真の登録手続きをすることを推し進めています。金陵女子文理学院で登録手続き中に中国人男性の引き出しをしたことについては、程瑞芳日記十二月二十八日付にその時の様子が記されています。

【程瑞芳の日記】

十二月二十八日

今朝から鬼〔日本兵〕がここに来て、登記をさせている。構内には男女がそんなに多くない。おそらく労働者だと思う。労働者が登記した後に難民が登記するべきだが、彼らはそうしていない、外から男性達を強引に連れて来て登記させた。我々は第五区で、外から連行してきた男性達もここの庭で登記させた。まずは一列ずつ訓示があり、難民登録後は帰って安穏に暮らすことができると言っているが、それは全部でたらめな話にすぎない。自分が兵隊だったものは名乗り出よと言われて、百人を超える人が自分が元兵隊であることを自ら申し出た。実は彼らの運命は前線に出るか、殺されるしかない。〔略〕今日の登記は一枚の用紙しかない。みんな一列ずつ並ばされて、もし間違ったら日本兵の捧がすぐ飛んでくる。女性が殴られて頭から血を流している場面を目撃したことがある。今日登記したメモ用紙を寧海路に行って大き目の紙に交換しなければならない。

朝早くから来て待っても、昼過ぎにならないと大きな紙を交換できない時もある。若い人が残されている時もある。

【丁栄声（女性）の証言】

ある日〔十二月二十八日〕、日本兵がたくさん金陵女子大にやって来て、難民登録をするので教室から出ろといいました。その当時は日本兵に会うと歩けないほど怖かったのですが、仕方なく出ました。歩いていると、日本兵が棒ではありませんが、木の枝で私の頭をなぐりました。その時、芝生のところに行列になって並んで、難民登録をしなくてはなりませんでした。登録の仕事をしているのは中国人ですが、日本兵がそばで見守っているのです。私は日本兵が怖いということと、また寒いということがあって、震えているとなぐられたのです。そこには机が三つぐらいあって、一人一回の登録ではすまないんです。二回、三回ぐらいの登録をする必要がありますけれど、私は日本兵の近くに行くのが怖くて、結局登録はやめました。

【呉秋英（女性）の証言】

人びとが広場に集められて、良民証の発行を受けなければならないことがありました。〔前に〕机を二つ置いて、男と女を一列ずつ並べ長い列ができました。そこへ日本兵が、一つの列を挟んで五、六人並んでいました。列の中から男の人だけ引き出していました。男は帽子をとり、額に帽子のあとかたがある者、手のひらにマメができている者を元兵士だという嫌疑でぬき出しどこかへ連行しました。難民区にはたくさんの人がいましたから、その中の人から「抜き出された男たちはトラックに乗せられ、下関につれていかれ、機関銃で撃ち殺された」と聞きました。

【王金福（男性）の証言】

金陵女子大の校庭で登記をすると良民証をもらえ、仕事にも就けることを張り紙を見て知りました。その日の朝早く七時から並んで登記を待ちましたが、この時刻ではすでに大勢の人々が並んでいました。日本兵は四十～五十の机を校庭の真ん中に置いて登記をしていました。一万人近い大勢の人たちで混み合い、長い長い列ができていました。男だけでした。外に出て仕事をしなければならないからです。自分の番になると、名前、年齢、顔の特徴などを記入していました。登記の事務仕事をしていたのが日本人だったのか、中国人だったのかは知りません。日本軍が着剣した銃を持って「並べ、並べ」と銃で脅し、列を挟むように警備していました。彼らはまず並んでいる人たちの手のひらや頭を調べていました。手に「たこ」のある者、頭に帽子をかぶっていた跡がある者は中国兵と見なされて別の所に連行されました。かなり多くの人たちがこうして列の両側から日本兵に引き出されました。そんな人が数百人単位でいました。〔略〕

登記に行った日のことですが、金陵女子大の北の方にある広場で機関銃を掃射する音を聞きました。登記の時に中国兵と疑われた人たちです。翌日、赤十字会の人たち五十人くらいでしょうか、その人たちが死体に筵をかけて運んでいるところを見ました。

【元兵士・亀田徳一の証言】

〔十二月二十八日以降〕金陵女子大で警備する時、良民証を発行したことがありますな。朝九時から夕方暗くなるまで、冬だったので夕暮れが早く、だいたい四時頃までやったと思いますわ。〔略〕

「良民証をくれ」と大勢の難民たちがやって来るんです。良民証を持っていたら、日本人が警備する所を通れるし、家にも帰れるんです。良民証を出す時、男は男で女は女で別々に並ばせてね。男だけは十人ぐらい並んでいる日本の兵隊の真ん中を通らせ、〔中国の〕兵隊でないかどうかを調べるんです。兵隊やと思ったら引っ張り出して便衣を脱がして調べます。兵隊やと思ったら引っ張って行って殺さなければならんのやから。一日やるとだいたい八十〜百人ぐらい出てくる。日が暮れたら分隊単位で引っ張って行って殺すんです。一人で六、七人連れて行く。わしも五人ほど引っ張って行って殺したことがありますな。味噌工場の前を通った時大きな桶があったので、その大きな桶の中に突き倒して上からポンポンと撃ったことがあります。その時は、早く始末して、早く風呂に入りたいなんて気持ちで殺してたな。二回ほどやったことがありますな。

第十六師団歩兵第三十三聯隊第六中隊の亀田徳一は、登録の様子や引き出した男たちを殺す様子を詳しく語っています。南京陥落から数週間後にわたって難民区内に指定された施設の多くで一般市民の引っ張り出しと集団虐殺があったと資料に記されています。金陵女子文理学院では、膨大な数の南京女性たちを保護していました。当然、ここでも難民の登録があり、ここに避難していた女性たちや日本兵は、中国人一般市民を騙して連行し集団虐殺した事実を語っています。

(4) 性暴力と市民の虐殺をどこでも、いつでも不断に再生産している日本軍の実態が見えてきたこと

集団虐殺や強姦がこれほどまでに大規模に起きたのは何も南京からいきなり始ったのではありません。日本は一九三七年七月七日、盧溝橋に始まる中国全面侵略戦争を開始し、八月十三日、華中の上海に戦火を飛び火させました。日本軍は、大軍をおし進める途上で村民を皆殺しにしたり強姦や個別のなぶり殺し、略奪、放火を繰り返してきました。南京戦に参加した兵士の聞き取り調査をする中で、多くの兵士が中国に足を踏みいれた時点から戦闘状態に入り、掃蕩命令で非戦闘員である老若男女を殺し、徴発という名で食料や生活の糧から女性まで奪っていたこと、特

に華北から南下して揚子江上流の上海近郊から敵前上陸した頃には、南京戦に参加した兵士たちは、「中隊長や小隊長から、ここは抗日思想の強い所だから、男は殺せ」「人間の皮をかぶった者は誰でも殺せ」と聞かされていました、と話しています。

第十六師団三十三、三十八聯隊は十一月十四日〜十六日ごろに集中して羅店鎮に近い白茆口、徐六涇口、小川沙などから上陸します。

私は、南京戦に参加した元兵士の証言をまとめて『南京戦・閉ざされた記憶を尋ねて』として出版しました。原稿書きや出版のための仕事が一段落した頃の二〇〇二年以降、上海から南京に至る道での被害証言を聞き取り記録し始めました。南京大虐殺は決して南京で始まったのではなく、上海近郊からすでに大虐殺は始まっていたと、多くの中国人研究者から聞かされていたからです。さまざまな都市や地域の被害調査の記録を読むと、日本軍が南京に至るまでどのような行為をしたのかを日本人が直接に調査しなくてはならない気持ちに駆られました。中国側の被害者の話を聞くべく上海近郊の調査を集中的に始めました。この地域の調査には、上海淞滬抗戦紀念館の研究員である張大衛先生や上海近郊の広範囲に散在する戦争被害者の聞き取りを記録しておられる地方史研究者の黎家余先生に助けていただくことになりました。

叶林根は、上海近郊揚子江のほとりで進攻してきた日本軍に家族を殺害されました。「一九三七年旧暦の八月二十四日八十名くらいの日本兵がわれわれの村にやって来ました。村人を広場に集めて女性は服を脱がせましたが嫌がるので日本軍は銃剣を胸元から切り裂き無理やり脱がせました。男たちは銃剣を構えた日本兵に追い立てられて川辺に追い詰められました。そこで村人一人ひとりを銃剣で刺しました。私は父親が刺されるのをはっきり見ました」。同じく上海近郊の日本軍上陸地点小川沙近くに住む金兆其は「日本軍の攻撃で、家族は嘉定県の方まで逃げました。日本軍は一般の人は殺さないと思って戻ってきたら、祖父と母の兄が隣の村で殺されました。それでまたより遠くの江蘇省までこじきをしながらにげました」「大虐殺は南京が始まりではなく上海の羅涇から始まりました」、村人や自分の家族を殺害されたと言われました。

上海近郊揚子江下流の徐六涇口から敵前上陸した第十六師団歩兵第三十三聯隊一大隊の高島市良日記から、放火、略奪の様子が分かります。十一月十四日「怪しい部落は焼き払え。大隊長の命令で、本部の兵隊が喜んで放火して廻る。紅蓮の焔が天に、竹薮に燃え移って爆竹のおとが物凄い」。同十五日「家という家は、みんな先の隊が放火して、どっと燃え上がる。竹のはねる音、凄い焔、逃げ惑う婦女子、ばあさんが、家具や蒲団をたんぼの中に持ち出す。そこへまたご丁寧に火を付けに行く強心臓の兵がある」と次々に進路の村の住居を放火して周り、後続が宿営することができなくなって、やっと放火禁止の命令が出たということを兵士たちは語っています。

南京手前の無錫では、首都を防衛する中国軍が敗退し、村落を掃蕩し逃げ惑う農民を殺害する日本軍の暴行がありました。無錫の東地域や北部農村地帯で二十数人の被害者から聞き取りをし記録することができました。

商業都市無錫の東側東亭鎮許巷に住む許士明の証言では「十一月の末、国民党が敗退すると、日本軍は橋を渡り、一気に村に攻め込んできました。人を見れば人を撃ち殺し、刺し殺し、たちまちのうちに若者三十数人を村の門柱の立っている所に集め、機関銃で撃ち殺しました。各家の扉をたたいて開き、若い男と見れば引き出して殺しました。許巷には三村があり各村々に続く道には農民の死体ばかり転がっていました。百姓なのに中国人を皆殺しにしたのでした」。

歩兵第三十三聯隊第三大隊の澤村次郎日記十一月二十五日付には、「一、中隊は午前八時許巷口西端の部落民家数個を占領し、爾後の前進を準備せり、中隊前面及び左右両側より敵の兆弾盛んに飛来す」。

歩兵第三十三聯隊第一大隊の高島市良日記十一月二十六日付には、「敵は退却、中隊は部落を掃蕩しつつ部落を焼き払う。延々と燃え上がる。戦争はかくも悲惨なものか。自動車が日章旗を靡かせながら本道上を無錫へ、無錫へ、掃蕩を終わって本道上に集結、待望の無錫へ堂々入城する」。

この日記にある「掃蕩を終わって」からは、許士明の証言にあるように、農村部落で人を見れば撃ち殺し刺し殺し、皆殺しにして抵抗をなくしてから都市無錫へ入城した状況が見えてきます。

南京でも聞き取り調査をした被害者のほぼ全員から、ご自身のみならず親族、肉親の性暴力被害や殺害の被害、生活破壊の実態を聞き取りました。今日まで聞き取りさせていただいた約三百人の被害者たちは、南京途上の街、広大な南京の城内城外、近郊の各地域に散らばって住んでいます。

楊明貞は南京城南の中華門の近くで、張俊英は中華門外で、張秀英は揚子江北の浦口で、陳文恵は揚子江沿いの下関で、陶秀英は国際安全区で、張秀紅は安全区内で、黄恵珍は安全区の南で日本兵による性暴力被害に遭いました。うち四人は十歳に満たない少女でした。南京戦に参加した元兵士は、南京に攻め込むまでの村々や街、そして南京に攻め込んだ時には、掃蕩作戦で中国民衆を殺し家屋を焼き、性暴力に及びました。攻撃が一段落すると、「占領地の警備」や「徴発」と称して物を奪い命を奪い女性を奪いました。元兵士の鬼頭は、「掃蕩の一番の目的は女の人を捜すこと」「南京でも暇があったら女を捕まえて強姦していたな」。出口権次郎は、「〔強姦〕はそこら中でやっとった。つきものじゃ。そこら中で女担いどるのや、女を強姦しとるのを見た。婆さんも見境なしじゃ。強姦して殺すんじゃ」と言っています。

元兵士の証言にもあるように、上官は徴発時の強姦や殺害を止めようとはしませんでした。自分もしているのですから。また、憲兵も日本の軍隊にとって都合の悪い「不法」を取り調べはしましたが、中国人に対しての犯罪は、余程でない限りは動きませんでした。

元日本兵の調査をし始めた頃は、家族に聞かれまいと声をひそめる人もいましたが、性暴力の加害を語る元日本兵がいるのには驚きでした。私は十余年の期間に二百五十名の元兵士を個別訪問して、応召から南京攻略戦前後の話を聞き取りました。何回訪問しても、ほとんどの老人たちには、中国人に対する蔑視感が戦後もそのまま続いている事実を知らされました。そして、南京大虐殺のあとも、日常的に中国女性への性暴力の習慣が、先の兵隊から新しく補充された兵隊へと引き継がれていきました。歩兵第三十三聯隊一大隊の東征雄は「先におったのが、南京の攻略戦に参加した兵ばっかりやった。九師団の人殺しってゆうておったな。討伐では放火もするわ、徴発もするわ、悪いことをぎょうさんした。みんな先の兵隊に教えてもらうんじゃ」「みんな襟章はずして女を捕まえよったわ」と南京陥落後の大別山や漢口作戦に参加した話よりも、女性の強姦と度胸試しの殺人ばかりを話していました。私は南京後に応召した元兵士からの聞き取りをしましたが、中国の戦場では、民衆殺害と女性への性暴力は日常的にあったと証言しています。

まとめとして

否定派や侵略戦争賛美派がいくら「南京大虐殺はナイ!」と叫んでみても、南京大虐殺と南京レイプは、厳然と存在します。近年発見された程瑞芳日記と加害兵士の証言と日記、当時南京の金陵女子文理学院に避難していた中国女性たち、被害を受けた本人や目撃していた人々の証言が南京大虐殺の事実をはっきりと証明しています。

この日記は、金陵女子文理学院内で起きたことを中心にして書かれています。十二月十七日に程瑞芳は、その日に起こったあまりにも多くの日本兵の暴行を寝ないで書き続けています。「今は十二時。寝ないで日記を書いているが、今日昼間亡国の民の体験をした。〔十七日日記の冒頭部分〕」「難民がせっかくここに避難してきて身を隠しても、日本兵が追っかけて来て、また連れて行かれる。これはいったいどういうことだ。最初から分かっていたら、難民を収容しなかったほうが良かったかも。ここで彼らが日本兵に連行されて行くのを目撃するよりも、私の目の見えない外部で連行したほうがよっぽど精神的に楽かも。毎晩外では至る所が焼かれている。下関一帯にはたくさんの人が殺されている。中国人はなぜこんなひどい目に遇わなければならないのだ。今日も南山側の部屋に日本兵が何回も入ってきた。もう書きたくない。中国人のことを思い出すと心が痛くて、たぶん死んでも苦しいだろう。今日も一人の男の子が生まれた〔十七日の最後の部分〕」と程瑞芳は、何ページにもわたって中国人の命や尊厳が奪われる出来事を深夜まで書き綴り、そして彼女は思い出しては苦しんでいます。程瑞芳は日本軍の犯罪を後の証拠となるように記録に留める気持ちで書いていています。詳細かつ正確な記述は臨場感にあふれ、中国人達の被害の全容、日本軍の暴行の実態が立体的に浮かび上がってきます。程瑞芳日記に加えて、加害の証言と日記、被害の証言いずれも、当時の南京の国際安全区で起きた事実が極めて忠実に反映されていることを物語っています。

また、この三者（日記、加害者、被害者の証言など）の間に証拠としての相互の補完作用をもたらすと同時に、元日本兵士や被害を受けた中国人女性達のそれぞれの証言が、関連しあい、当時の真実をより具体的に反映しています。オーラルヒストリーを軽視または資料として認めない一部研究者が言うように、「証言が、恣意的であったり、後の増幅された回想」ではなかったことを証明しています。その場にいた者のみが共通した目撃や体験が、加害と被害の両方から一致した時、この証言の信憑性と、証言としての歴史的価値を高めています。

日本軍が起こした戦場での性暴力は「軍紀の弛緩」や、軍隊内における兵士達の、不平、不満、フラストレーションの発散、解消の手段としての性暴力」というのが主要因ではありません。一番大きな理由として、中国民族を低位に置いた「徹底的な蔑視感の上に立った戦闘行為」と考えられます。武力を背景にして、殺人とともに、性を武器にした今ひとつの人間的屈辱を強いる戦闘行為といえます。中国人の、女性としての、民族としての尊厳を踏みにじることは、被侵略民族に対する、侵略者の勝者としての絶対的優越性を見せつけることにありました。それは、「聖戦」の大綱である暴支膺懲の思想に呼応するものであり、中国人の反抗、抵抗を断念させ、絶対的服従を強要するものであったと位置づけられます。

この論に至ったのは、十二月十三日～三十一日と限られた日数の中で起きた日本軍の暴行を見て述べているのではありません。程瑞芳日記の全文、南京戦に参加した元兵士の証言（約二百五十名）、南京の被害者たち（約三百名）の証言の記録を読み返すことにより、一九三七年十二月十三日前後の状況が立体的に見えてきました。日本軍によって引き起こされた膨大な暴行を多面的に見ると、加害と被害の間で同じ人間としての関わりようが全く見られなかったのです。つまり、日本兵は、中国民衆を人間として見ていませんでした。それ故に、日本軍は、南京大虐殺以降も、中国各地で、殺害数から比較して三十万人より小規模ではありますが南京と酷似した虐殺やレイプを繰り返し起こしました。また南京大虐殺を体験した兵士たちから、後続の兵士へと「中国人への絶対的優位性」が伝わっていきました。そして兵士達は、「奪い、焼き、殺し、強姦する」を中国の民衆に繰り返し行い、中国社会を疲弊させたのです。

南京大虐殺から七十二年も経た今でも、歴史事実を認めようとしない日本の状況は、被害者のみならず中国民衆の傷口を押し広げています。そして、日本の侵略戦争の被害を受けたアジア諸国の民衆との溝を埋めることができずにいます。

歴史を学ぶ目的は、学問のためのみではなく「前事不忘後事之師」として、学んだことをどのようにして民衆のために生かすかだと思います。日本人にとって近現代の歴史認識の問題は、日本の敗戦後中国をはじめアジア諸国との「友好」を考える上で様々な問題をはらんできました。程瑞芳日記の出現は、日中の近現代の歴史を再び見なおすべきだと、私達に突きつけられた「問いかけ」だと言えるでしょう。

＊程瑞芳日記に引用した南京戦に参加した兵士の証言は、拙著『南京戦・閉ざされた記憶を尋ねて――加害兵士１０２人の証言』（社会評論社）より引用しました。
＊被害者の証言は、同じく拙著『南京戦・引き裂かれた受難者の魂――被害者１２０人の証言』（社会評論社）より引用しました。
＊南京戦に参加した元兵士の日記などは、日中平和研究会の同意を得て、引用しました。
＊ヴォートリンの日記は『南京事件の日々』大月書店より引用しました。

2　程瑞芳日記——被害証言と加害証言・日記を照らして

一九三七年首都陥落時の金陵女子文理学院を留守当番していた同僚の日記　一九三七年

（編：松岡環／日記の翻訳：全美英・趙国臣・劉春輝・林伯耀）

【十二月八日】

今夜、国際委員会〔南京安全区国際委員会〕が開かれたので参加する。政府関係の人は誰も来ていない。多分、皆逃げたのだろう。二か月前にやっと、安全区は成立したけれども、本来はもっと早くに成立しているはずだった。なぜなら日本は安全区の必要性を認めなかったからだ。早い時期に、手紙を送って訊ねていたのだが、彼らはすぐには回答をくれなかった。後で回答が来たが、承認したともいえるし、承認していないともいえる。国際委員会は二か月前に安全区の成立を決定した。日本が承認しようと承認しまいと、旗を掲げたばかりだ。今夜、国際委員会から帰ってくると、路上でたくさんの人が城南から引っ越してくるのを見た。ある人は住むところが見つからないので、路上に寝ている。私人の家もすでに開放されている。或は貸したり借りたり、これは国際委員会が取り決めている。公共の場所はまだ開放されていない。

城南や下関では家が燃えている。あるものは、わが軍が焼いた。なぜなら戦時下だからだ。あるものは城外で日本軍が焼いている。彼らはすでに牛首山〔南京城南郊外〕の所まで迫って来ている。我々は開放しないわけにはいかない。今夜入ってきた人はそう多くはない。我々は婦人と子どもは受け入れるが、男性は受け入れないことに決めた。現在の計画では、とりあえず、六、五、七百の三つの宿舎を開放する。他に、三、二、百号の建物がある。全部で、二千七百人は収容できるはずだ。これは我々の推計である。将来どれほどの人数になるかわからない。

【蔡雲龍（男性）の証言】＊一九一七年十月生まれ　当時の住所　中華門付近

日本軍の飛行機が飛んできて、南京は毎日のように爆撃を受けていた。働いていた朝陽楼がある中華門一帯も爆撃されました。飛行機が飛んできた音や、爆弾が落ちた音も聞いています。〔略〕郊外にも爆弾を落としていたので、中華門の畑があるところにも爆弾が落ちてきました。中国国民党の飛行機が空中戦をしているところも自分の目で見ました。

日本軍が攻めてくるということは人から聞いたんです。ドーンドーンと重砲が城壁に撃ち込まれものすごい地響きを立てていました〔中華門の攻撃は第六師団十三、四十七聯隊が当り中華門から入城し城内掃蕩を行った〕。中華門の城壁は日本軍の大砲で大きく穴があいているとみんな口々に言っていました。それで日本軍が攻めてくることがわかって、近くの人々は難民区のなかに逃げていきました。日本軍が攻めてくる前には私も難民区に逃げていました。郊外に逃げることができなかった一般民が難民区に逃げ込んだんです。

【屈慎行（女性）の証言】＊一九二四年農暦八月生まれ　当時の住所東瓜市から金陵女子文理学院

私の家は東瓜市で当時金陵女子大の隣だったから、日本兵が南京に入ってくると聞いて、一番早く女子大の避難所へ入りました。私の母と父方の叔母さんと姉と私、母方の叔父さんの家族の女性ばかり十数人が金陵女子大の大きな教室に入りました。華小姐が金陵女子大を中国人の娘のための避難所にすると言っていたのを聞いていたからです。私達が大学の建物に入った時、あまり人もいなくてまだ余裕がありました。〔略〕

【十二月九日】

今日一日中、大砲の音が止まない。牛首山からの警報はなくなった。大郊の飛行場は占拠されたのだろう。今日入ってきた人は少なくない。外の敵の機関銃、大砲の音、中の大人たちや泣き叫ぶ子供、これらの人達のある者は戦争が起きている地域に住んでいたり、ある者は城外に住んでいたもので、みな我が軍によって追い立てられて城内に入ってきた人々だ。たぶん、敵はそう遠くはないだろう。下関には四千人余りの難民がいる。大半は無錫辺りか、句容から来たものだ。日本軍はすでに句容に到達している。これらの難民は本来安全区に入る予定でいたが、今日はばらばらになって、揚子江を渡って、鉄道で上に向かう予定でいる。ある者は逃げないで難民区に逃げ込む者もいる。布団すらない。幸い、我々のところに少しは布団がある。五百号、百号の建物がみんな一杯になった。城南辺りで強盗があった。秩序がなくなった。街中は誰も物を売っていない。安全区を九つの区域に分けた。我々のところは九区だ。陳斐然が第四区の区長である。私は第四区の衛生班の班長だ。斉兆高は第三区の区長、沈牧師は各区衛生班の班長だ。

【閻保貞（女性）の証言】＊一九二三年四月生まれ　当時の住所　釣魚巷から金陵女子文理学院

私は日本軍が来る前に、一足先に難民区の金陵女子大に避難していました。日本鬼子が来ると強姦や放火、殺人をするという話を聞いていたので、父母が私の身を案じて知り合いに頼んで、先に娘の私を安全な場所に避難させたのです。金陵女子大では華小姐が守っていてくれたので、日本兵はなかなか入れませんでした。それでも少数は中に入ってきました。

【元兵士・澤村次郎の日記】＊南京戦当時　第十六師団歩兵第三十三聯隊第十二中隊指揮班　伍長

十二月六日　晴

一、白兎鎮に於ける命令左の通り

「我追撃隊は一部を以って王家辺西方の敵陣地攻撃中にして　其の主力は句容北方地区に迂回中なり　飛行機の報告に依れば　土喬鎮南北の線には敵陣地あり　師団は本六日句容を奪取したる後　湯水鎮（句容西北方約十ｋｍ）西南方陣地に対する攻撃を準備す　追撃隊は依然前任務を続行し句容を奪取せば馬具頭（句容西北方約七粁）付近に兵力を結集し前面の敵状地形を捜索す　三十旅団（33ｉ（三十三聯隊））は右支隊となり　明早朝現在地を出発　大平庄よりその北方大萃山系の麓に沿う地区を萃野―孔山線に進出し湯水鎮西方の敵陣地を出発準備容易ならしむべし　各隊は午前八時半迄に宿営地を出発準備を完了しあるべし

一、中隊は行郷鎮―祝家辺―大平庄―王家辺を経て句容に至る　句容に入る東端の橋梁は破壊せられあり

一、句容大半は空爆されあり　日直将校中岡少尉

【十二月十日】

今日、七百号が一杯になった。安全区に移って来る人で路上は人の流れが絶えない。学校に入って来てもこんなありさまだ。街には人力車がいなくなった。路上は男や女、年寄りや若者などでごっちゃになって溢れており、皆自分で身の回り品を天秤棒で担いだり、運んだりしていた。それに、飛行機の音や、大砲の音も聞こえてくるが彼らには

どうにもしようのないことであった。本当に悲惨だった。新しい住宅地の家もみな難民が住んでいる。あるものは借家にして住んだ。あるものは誰にもことわらずに住み込んだ。引っ越してきては住み着いた。金陵大学ではすでに何棟かの建物に難民が住んでいた。新しい図書館にも住んでいる。大学の庭にはアンペラ小屋ができていた。金陵大学は我々のところよりも人が多かった。なぜなら男女を一緒に収容していたからである。我々のところはただ女性と子供だけを収容した。鍋釜で食事を作ることは許さなかった。あるものは自分の家からご飯を送ってきた。食事をしていない人は多くはなかった。我々は彼女達に食事を提供した。朝は彼女らに顔を洗う水を配った。彼女らに飲み水を三度配った。千人以上はいた。とても忙しかった。予備の水とお湯を一日二度配った。今、正門の外の向い側にお粥を作る炊事場を準備している。二日もすればお粥が食べられるだろう。食べてお腹に入れるのはたいしたことではないが、出すのはたいへんなことだ。ある人は逃げてくるとき、便器を持って来なかった。もちろん外の庭にはあちこちに糞桶があったが、彼女達はそこまで行かないで、勝手やたらにもよおすので、いたるところが尿と大便だらけであった。宮廷式の建物も今では更なるいろどりを添えている。窓に掛かっているのは、干されたぼろの衣服に、ぼろの布団とおむつ。木の上に掛かっているのも同じものだ。王先生の子供と国祥〔程瑞芳の二番目の孫〕と薛玉玲は難民達を指導して服務団を組織した。難民が入ってくると、その人達を住むところまで連れて行ったりしていた。入って来る人が多かったので、彼女達はとても忙しかった。また、難民の中の男の子を組織して衛生班を作った。一棟の建物には四名いて、二階に二名、一階に二名を配置した。外には学校の労働者二名で糾察隊〔警備隊〕を作った。百号棟の横の池は便器やおむつの洗い場になってしまった。図書館横の池は衣服の洗濯場になった。ある人はそこで茶碗を洗っている。

【姜永和（男性）の証言】＊一九二一年二月生まれ　当時の住所　漢中門付近から五台山小学校

日本軍が入ってくる前には飛行機がいっぱいきて、低空飛行で人が見えるくらいに飛んできて爆撃が何度もありました。新街口という南京の中心地にある国民党交通部を狙ったともっぱらの噂でしたが、そこには当たらず、一般の民家を爆撃して損害を与えました。それで人々は、あわてて自宅の床下や敷地内に防空壕を掘って、その中に隠れるようにしました。私たちが隠れたのは三、四十人は入れる大きな防空壕でした。記憶によれば、そこには男しか入れませんでした。女は入れませんでした。女は子どもを連れて入るので、子どもが泣き出すと敵に聞かれて見つかってはまずいと思ったのです。敵に聞かれるなんてそんなことを信じてしまうくらい低空飛行だったのです。ある防空壕に爆弾が落ちて、中の人が全部死んだことがあります。漢西門から新街口までは近いのでその現場を見に行きました。多くの人が瓦礫に押しつぶされ無惨に死んでいました。

爆撃は続き、十二月にも通済門近くの八府塘も爆撃されました。爆撃後しばらくして、日本軍が中華門から入城してきたそうです。

【元兵士・澤村次郎の日記】 ＊南京戦当時　第十六師団歩兵第三十三聯隊　第十二中隊指揮班　伍長

十二月十日　晴

一、午後二時左の要旨の命令を受く「９Ｄは南京城東南側に近く進出し　城壁に依れる敵と交戦中なり　南京城東方角（富貴山）付近には敵の15cm重砲あり　師団は直前の敵に追尾し速に　南京城に肉薄せんとす　右側支隊主力を以て玄武湖東側地区より一部を以って紫金山麓地区より師団主力の攻撃を協力す」〔略〕

一、右の命令を聞き　我等ツワモノ連中何か胸中に印されしものあり　互にこぶしを固めざるを得なかった

一、又次の様な注意有り　軍命令に依り部隊は城壁内に入るを禁ぜらる　城壁を占領せる場合は国旗を城壁に掲ぐべし　本日午後一時までに中山門より我軍に向け白旗を掲げたる軍使を派遣せば　一時戦闘を中止し軍使を待つべし〔以下略〕

【十二月十一日】

今朝早く二人の嬰児が死んだ。一人はまだ生後一か月余りにしかなっていない。悶え苦しんで死んだ。一人は生後三か月余りだった。早くから病気にかかっていた。午後、一人の赤ちゃんが生まれた。今は、生まれてくる子もおれば、死んでいく子もある。更に五、六人の婦人が臨月に達している。今日、大砲の撃つ音がとても激しい。明日、三百号の建物を開放して、難民に住まわせねばならない。我々が理想としていた計画は失敗に終わった。便器のある部屋には入ることができない。ある人は便器がないので、他人のものを使う。ある人は、そのまま地上に便をする。ただ、便器を彼女達の身の周りに置いて、それぞれがそれぞれを世話するのだ。人が多ければ、乱れてくる。秩序通りにはいかない。学校の便所も人に住まわせなければならない。街中も秩序がなくなった。我が軍は逃げようとしている。警察はいなくなった。北門橋のところで兵士が強盗をした。普通の群集も強盗をする。まだ、何人かの憲兵が秩序を維持していたが、何人かが強盗をした。下関で我が軍は放火して家を焼いた。焼かれたところが多い。陳宗良の家も焼けた。恐らく残っているのはカトリック教会ぐらいだろう。交通部の建物も一部分壊れている。現在、人心は不安である。日本軍はもうすぐ入城してくるであろう。

【孫鴻林（男性）の証言】＊一九一七年四月生まれ　当時の住所　江寧路

日本軍が入城する前から、中央軍の八十八師が逃げようとしていたので、南京もおしまいだと思い、私もいち早く難民区に避難していました。華僑路の近くにある難民区でした。お寺に臨時に作られた難民区で、私達を含め八家族ばかりが住んでいました。当時の家族は妻と三歳の子ども、弟、それに父親の五人でした。私は難民区の部屋の中に籠もりきりで、全く外には出ませんでした。隣人が外に様子を見に出て日本軍に刺し殺されているので、恐くて外に出られなかったのです。

難民区であっても、夜、日本軍が花姑娘探しによく近くに来ました。

【元兵士・澤村福治の証言】＊一九一五年十月生まれ　南京戦当時　第十六師団歩兵第九聯隊第二大隊

敵を追撃して交戦もして、南京の東、中山陵があったのです。昔のな、孫文の墓でそら立派なものでした。その近くを通って行きました。そこから四里ほど離れたとこからずっと重砲いうてごつい大砲ですわ。重砲隊がそれを並べてドンドン南京城へ向けて撃ち込んでました。南京攻略で私らは九聯隊ですわな、ちょうど南京の手前で福知山の二十聯隊とな、交替したんですわ。二十が先南京へ入って、私らはその後入ったんです。

中山門から入る時、大きな門の側には、中国軍の陣地があって中国人の死体がようけありましたわ。向こうは南京城いうて、ちょうど大阪城のぐるりにあるような堀が南京城の周りにあるんです。ほんで堀の側にはいっぱい人が倒れとってね。兵隊も民間人もおったわ。

【元兵士・浦久保元二の従軍日記】＊一九〇八年六月生まれ　南京戦当時　第十六師団歩兵第三十八聯隊第十二中隊指揮班

十二月十一日

支那は最後の抵抗を南京の線に頑強に抵抗す　然し我が精鋭の陸海空呼応しての攻撃にあい各線共逐次敗退の色あり　皇軍はひた押しに前進南京二里の線に達す　頑強なる要塞ありとは云はるゝ紫金山も遥か西南方に姿をあらわす　第十二中隊は聯隊予備として行動　新庄南方高地山麓にあり　後中隊は大隊後○《不明》となり大隊予備となる

【十二月十二日】

現在、日夜、大砲の音が止まらない。我が軍は恐らく後退しているのであろう。聞くところによれば日本軍はもうすぐ、蕪湖に着くそうだ。恐らく我が軍を包囲するのであろう。街中は誰も通らない。物を売る人もいない。ただ、難民が命の危険から逃げている。今日からお粥の炊事場が開かれた。一日目はお金は要らない。明日からお金が要る。お金のある人は三枚の銅銭で一碗食べられる。お金のない人は払わなくていい。お粥を外から運び込んで来て、構内の大きな庭の真ん中の二か所で配給するのだが、人が多くて、押し合いへし合いで混雑してたいへんだ。我々も行って世話しなければならない。忙しくて死にそうだ。疲れてぐったりだ。こちらといえばまたあちらで、全く忙しくて手がまわらない。今日は飛行機が爆弾を炸裂させていない。この二週間ほど天気が特別に暖かい。難民にとってはいけれど、敵にとっても戦さの助けになっているのだろう。

【丁栄声（女性）の証言】＊一九二〇年一月生まれ　当時の住所　大府園から金陵女子文理学院

一九三七年の八月十五日ごろから南京に空爆が始まりました。

〔略〕市内から家を空けて、中山陵のところまで逃げ出しました。あそこには親戚がいましたので、そこで一か月ちょっとの生活をしました。しかし、だんだん戦争が近づいてくるので、農村であってもきっと日本軍が南京へ攻め込んでくる道筋なので、そこは安全ではないと、また城内に戻ってきました。十二月十二日に、自分の家族だけではなく、叔父の家族、叔母の家族も一緒に大勢で戻ってきました。最初はもとの家の近くにいましたが、その後、漢中路のすぐ北側に空いている家があったのでそこにいきました。しかし狭いので、なかなか全員で生活ができず、若い女性は後ろの部屋で、地面に藁を敷いてベッドのようなものを作って一晩過ごしました。

【元兵士・奥山治の証言】　＊一九一五年一月生まれ　南京戦当時　第十六師団歩兵第三十三聯隊第一大隊

南京攻略の時は、紫金山で、夜明けに歩兵銃を持って総攻撃だった。紫金山の戦いでは、一小隊で十人ぐらいようけ死んだ。分隊では二人ぐらいで、紫金山は激戦地だった。高い山を乗り越えて、一番上から南京の街がみえた。明け方、一気に山を駆け下りた。下関での追撃は、総攻撃の命令が出ていた。「戦死しても、負傷者もおいていけ」と分隊長が言った。それで上って行った。集中射撃してたので南京城から煙があがってたな。

【元兵士・浦久保元二の従軍日記】　＊南京戦当時　第十六師団歩兵第三十八聯隊第十二中隊指揮班

十二月十二日

大隊は師団進撃作戦を容易にし且敵の左翼の我が後方進出を警戒し車輌舞台の通過を容易ならしむる重要任務の下に師団の後衛として任につく主として〔空白〕停車場北方高地付近にありて陣地を確守　敵前面には砲兵陣地迫撃砲陣地ありて盛に大隊本部付近に落下（自分は命令伝達としてⅢ〔第三大隊〕本部の位置に在り）すると雖も不発弾の多きは幸とする処、……ようやくにして糧秣の欠乏を来し　敵戦死者の糧食をひらってその日の食に得る　遥か西南方付近には師団主力の攻撃ありて　南京方面は砲銃声殷々として物すごし　逃げ遅れたる敗残兵が我が陣地をさまよふも哀れなり　兵士は皆加給品につき煙草を望む　一本の煙草も二人どころか二十人三十人にも分けてその喜びを分つも亦一陣中風景である　今日経理室から（ひゞき）八本宛を支給されてみんなは大喜び　第十二中隊は特別任務を受けて〇〇《ママ》高地に在りて北方敵陣地の警戒巡視に任ず　今日病

院より退院帰隊せる第十中隊木村寿弌に会し程ほど懇談なつかし話花を咲かす　夕刻堯化門に後退村落露営をなす

【十二月十三日】

昨晩我が軍は撤退した。今朝早くから砲声が聞こえない。午後二時、日本兵は水西門から入城してきた。我々の警察は南山で日本兵を見て、広州路を走りながら、警察の服を脱いでいた。四百号の建物の辺りまで下りて来ると、みんな驚いたようにつまずいて倒れた。顔色が真っ青だった。本当に肝っ玉が小さい。我々はすぐ南山〔小さな丘で宿舎がある〕に上がって見た。その時、十数人の兵隊が劭さんの家の後ろに立っていた。作業員達は驚き慌てた。日本兵は裏の鶏を飼っているところにやって来て鶏をほしいと言った。作業員は華小姐を探して呼んできた。華小姐は日本兵らに向って食べることはできないと言った。彼らは去ったが、鵞鳥の声を聞いて彼らはやって来たのだ。今夜、学校に駆け込んできた人は少なくない。日本兵が彼らの家にやってきて、出て行けといったからだ。日本兵達も眠らなくてはならない。これらの駆け込んで来た人達は、みな手に何も持っていない。夜具は日本兵が使うので、この人達はただ驚いてそのまま飛び出してきたのだ。これは全て安全区内でのできごとだ。日本兵らは、まだ安全区内には入っていないと考えている。私の心は悲しかった。四か月前から南京城は平静を失っていた。しかも、南京城はただ三日間戦争しただけなのに、もう実に悲惨だ。明日はまたどんな厄介なことが起きるのだろうか。今日また、二人の赤ちゃんが生まれた。この世に生まれて苦労するだろうが。これらの月日は、母子にとって苦しい時だ。地べたに寝なければならない。

【丁栄声（女性）の証言】＊一九二〇年一月生まれ　当時の住所　大府園から金陵女子文理学院

翌日〔十三日〕、夜が明けると母方の叔父が起きて、外の様子を見るために外へ出ました。夜が明けたばかりの時で、叔父の叫び声がして、「しまったしまった、日本兵が至る所で若い女性を探している」ということであわてていました。

その当時、自分の判断では、漢中路を境にして、北の方が安全区になり、その建物は安全区に属していたのですが、いつも日本軍の革靴の音が聞こえていました。また、おじが言っていたように日本兵が若い娘たちを探しているということでしたので、怖くて、若い娘たち（一番年長が二十二歳、自分は二十歳）は隠れようとしました。その時いた家は、後ろの部屋の屋根がまだ完全にできておらず、隠れるところがないのですから、壁の底のところに座って、おじが外から板とかシーツとか藁とか探してきて、簡単な隠れる所を作りました。

〔略〕正午前、十一時ぐらいに、遂に我が家にも日本兵が七人やってきたのです。〔略〕外で待っていた飴屋さんのお嫁さんは、すぐ隣の部屋まで連れていかれ、強姦されました。物音や日本兵の気味悪い笑い声が聞こえていました。私たちは、息を詰めて見つかりませんようにと祈るだけでした。日本兵がやって来たのは十一時ぐらいで、強姦がすんで帰っていったのは午後二時ぐらいでした。日本兵がどこかへ帰って行った後、ここも安全でないということで、もっと安全なところに移動することになり、夜に金陵女子大までやってきました。なぜすぐに金陵女子大まで来なかったかというと、その頃みんなが言っていたことですが、日が暮れるまでは日本兵は外で活動していて、夕方からは少しは安全になるからでした。ということで、漢中路の住みかから、金陵女子大のある寧海路まで歩いてきました。着いた時はすっかり暗くなっていました。しかし門番が「中は避難している人でもういっぱいだから、他の難民区にいってほしい」と入らせてくれません。叔母はひざまずいて頭を地面にこすりつけて中に入れてくれと懇願しました。その時、一台の車がやってきてクラクションを鳴らしました。車が来たので、門番が、みんなを立ち上がらせて門を開けました。そこで一家は車が入る前に、走って金陵女子大の敷地の中まで入ったのです。年寄りも、男性も全員入ったので、中で大学の人から「男性と年寄りは入ってはいけない」と言われました。それで仕方なく、母方の祖父母も父母も、若い娘たちが入ればいいというわけで金陵女子大から出ました。若い女ばかり十二人で、門から歩いて芝生のところまで来ました。すっかり暗くなっていたし、保護してくれる大人がおらず、住むところもあるかどうかわからず、怖くて、二十二歳の義理の姉は泣き出しました。その当時、漢中路から逃げ出して来た時は、一人ずつふとん一枚をかついできていました。真っ暗になっていましたから、大学の百号棟と二百号棟の間の回廊に、ふとんを地面に敷きました。不安と寒さで。その十二人で一夜を座ってすごしました。

【陳秀英（女性）の証言】＊一九二二年八月生まれ　当時の住所　進香河

十二月十三日、大勢の日本兵が縄梯子を使って水西門から入って来るのを見ました〔「水西門は城西の主要城門で十三日八時、歩二三〔第六師団歩兵第二十三聯隊、都城〕は城壁西南突角の破壊口を通って城内に……と『南京戦史』にある〕。日本兵は人を見れば殺しました。女性を見つければ強姦した後に殺しました。日本軍が私たちの家の近くに迫ってきたと聞いてまもなく、日本兵がきて私がいるのを見ているので、いずれきっと強姦されるに違いないと思って私一人が逃げたのです。私は鶏一羽と便器を持って五台山に逃げました。いざとなると鶏はお米と換えることができたからです。逃げる途中、日本鬼子は民家に入り込んでは女性を引き出し、家に火をつけて回るのを見ました。日本兵に見つからないよう隠れて難民区にたどりつきました。私は食事をとるために、あまり日本兵のいない夜になってから毎日家と五台山を往復しました。

十二月十三日夕方、夫は食べ物を探しに出かけたところを日本兵に見つかり、胸を銃剣で刺され、殺されました。その場で死んだのではなく、辛うじて家に戻り、数日後に死にました。十二月十四日の夜、私が五台山

から戻ったときに夫の災難を知りました。〔略〕

道沿いに大勢の死体が転がっていました。日本軍が入ってきた初日は中央軍の死体が多かったのですが、翌日になると一般民衆の死体が多くなっていました。

【熊秀芳（女性）の証言】＊一九二六年七月生まれ　当時の住所　楊公井から金陵女子大学

日本軍が南京城に入城したという噂を聞いたのと、近所の人たちが「危ない。危ない」というので、母と私、弟の三人でお米をかついで、中山東路を通って、安全だと聞いていた五台山に逃げました。途中の中山東路では大勢の中央軍を見かけました。中央軍は大通りを群集に続くように逃げていました。〔略〕新街口を経由して、女子大学に避難しました。

私たちが逃げだしたのが遅かったので、なんとか学校に入りこんでも教室は空いているところはなく、人が大勢で混乱していました。

自分たちは二階か、三階に避難しました。教室の床はセメントでとても冷えました。その避難所には一か月ほどいました。

【陶秀英（女性、仮名）の証言】＊一九二八年生まれ　当時の住所　踹布坊から金陵女子文理学院

すぐ日本の鬼はやって来ました。日本兵は壁の向こうで人を殺し始めていました。物が倒れる音や、壊れる音がしてアイヤーアイヤーと泣き叫ぶ声が続いていました。暫くしてから、もう物音は聞こえなくなりました。〔略〕日本兵は私たちの隠れている工場にやってきて「花姑娘いるか」と言うなり探し始めました。〔略〕お祖父さんは「日本の鬼を連れて花姑娘を探しに行くから、お前たちは早くおりて逃げろ」とみんなに知らせてから、日本兵を連れて裏の方から出て行きました。階上にいた人たちはこの機会に乗じて、次々と飛び降り

て外へ駆けだして行きました。しかし、お祖父さんは、あの日以来帰ってきませんでした。〔略〕

夜になってから皆で相談して、ここには長くいられないと言うことが分かり、皆で難民区に行くことにしました。真っ赤な生地を丸く切って白い紙の上にはって日の丸を作り、何人かが持ちました。私の二人の叔母さんはまだ若いので鍋の墨を顔に塗りたくった上に、服を裏返しに着ていました。頭には布団の綿をかぶって、まるで乞食のように変装していました。私達は日本の鬼に見つからないように気を付けながら難民区に向かいました。途中道や橋の周りにはたくさんの死体が転がっていました。〔略〕私の父は女子大の粥場で大きな竈に火を入れる仕事につきました。父や私、家族の他の者は学校のすぐ近くの空き家の部屋に避難しました。地名は覚えていませんが、コンクリートの床で寝ました。粥は一日二食、女子大にもらいに行きました。

【元兵士・奥山治の証言】＊一九一五年一月生まれ　南京戦当時　第十六師団歩兵第三十三聯隊第一大隊

集中射撃してたので南京城から煙があがってたな。火もあがってた。野砲が集中射撃をするのと同時に突撃した。

降伏したんやろな、向こうは。掃蕩で武装解除されて銃をもってない中国兵がいた。土堀を掘ってたな。つかまえたりせずに、兵隊は全部河のふちに寄せた。数えられへんぐらいの人間でな。兵隊の服着てんのもおるし、一般の服を着ているものもおった。こっち側からバーッと押していって河ふちによせて、それから寝て撃ちました。距離は百メートルぐらい離れていた。

軽機もいたが、私らは小銃を使った。他の中隊もいて、野砲班の援護射撃もあった。中国人たちはびっしりという感じで、バタバタ倒れるのが見えた。

【元兵士・出口権次郎の証言】＊一九一四年七月生まれ　南京戦当時　第十六師団歩兵第三十三聯隊第三大隊

南京の虐殺ってまったく本当のことじゃ。

紫金山から下りて、下関では筏に乗って逃げる中国人を撃ったけど、わしはそんなに撃ってはおらん。戦争中は命令なんか誰がするでもなく、関係なしに撃ったり止めたりしとった。勝手じゃ誰も行けとも止めとも言わんの。みんな自分で判断するんじゃ。闘ってる時は一人でも多く殺さなあかんと思うとった。

下関で逃げ遅れた中国兵五、六人を銃殺した。男も女もようけ捕まえた。一人ずつ引っ張り出して、予防注射の跡があるもんはすぐ銃殺じゃ。

南京陥落の日じゃった。城内に入る時、城壁の外側が死体の山じゃった。足下がフワフワするんでマッチをつけて見たら、筵を敷いたように一面に死体がぎっしりじゃった。ずーと死んどったんじゃ。どの部隊がやったかは知らんが、突き殺したんやな。兵隊やなしに、女も子どももおった。爺さんも婆さんもおった、兵隊やないもんばっかりじゃ。どこの部隊がやったのか知らんが、新聞でよう言う〝南京の虐殺〟って、全く本当のことじゃが、そんなこと言えんもんで、「嘘」や言うとるんじゃ。

十六師団が一番悪いことしよったようやと新聞にも書いとったが、わしら京都の師団〔十六師団〕のそこら中の連中が悪いことしよったんじゃ。

【元兵士・鬼頭久二（仮名）の証言】＊一九一六年八月生まれ　南京戦当時　第十六師団歩兵第三十三聯隊第一大隊

町に入って掃蕩の一番の目的は女の人を探すことで、女を徴発するのが一番楽しかった。例えば、南京でも暇があったら女を捕まえて強姦してたな。落ち着いてくるとな、南京ではお金がいるから、代わりにお米を持って行ってやったの。食料を持って行くのが一番良かったみたいやね。〔略〕

掃蕩する時、家を一軒一軒まわり女の子を見つけるとその場で強姦した。女の子はだいたい床の下かカーテンの後ろとかに隠れていたな。見つかった時、怖いかどうか分からないけど、反抗しなかったたな。憲兵から止められたりしなかったので、やり放題やった。女たちは皆顔に墨などを塗っていた。何人ぐらいしたか覚えていないけど、印象に残るのは逃げている母と娘を捕まえた時、母親は我々に娘は小さいから自分をやってと頼んだことだった。我々は「アホカー」と母をふりはらった。やる時は二、三人で行ってやる。

【元兵士・豊田八郎の陣中日記】＊一九一四年四月生まれ　南京戦当時　第十六師団歩兵第三十三聯隊三大隊

十二月十三日　晴　月曜日

午前四時制列××中隊第一戦、夜中、前進で中ト〔中途〕で分隊長以下十名下士斥候本隊の前方五百米地点十字路を午前五時半占領するに交戦す。午前九時敵の根きょ地たる難攻不落の紫金山占領す。××隊約三日間で、三三（第一大隊欠）（二三大隊）のみで落とす愈愈南京にせまる。正午南京城にたどり付く。午後二時揚子江南京城外に出て川を下る敵を機関銃で一斉射撃。

城外に宿営（柵欄門）下関にて。

【十二月十四日】

今日学校に入って来た人はもっと多かった。みんな安全区内から逃げてきた人達だ。なぜなら日本兵は昼間から彼らの家に押し入って、手当たり次第に物を盗ったり強姦する。街中で突き殺された人は少なくない。安全区内でこの通りだから、安全区の外はもっと多い。誰も出て行く人はいない。突き殺された者のほとんどは青年男子である。今日、五百号の建物の三階が住む人で一杯になった。昼ごろ、七人の兵士が三百号の建物の後ろの竹の垣根を越えて入ってきた。華小姐はいなかった。彼らは勝手気ままにうろつく。ちょうど、お粥を売っている時だった。彼らは難民を見るのだという。もしそんなことをさせれば、難民はびっくりするだろう。何人かの作業員は肝っ玉が大きくて、彼らに出て行けといった。ある兵士は五百号の建物の所まで行った。ある兵士は百号の所まで行った。私も彼らに出て行くように言い続けた。彼らは難民を見たがどうっていうことはなかった。しかし難民の中の一人の青年男子が少し怖がっている様子を見て、この兵士は、何人かの日本兵を呼んできた。そして、刀をその青年に突きつけ、服を脱げと言った。私も、その青年に服を脱ぐように言った。何事もなかった。彼らは去った。庭の草地の上にアメリカの旗があるのが見えた時、彼らは雇い人に、旗は巻き上げるなと言った。作業員はこっくりうなずいた。これらの兵隊達は隊伍を組んでいる。外から声がかかると、彼らはみな出て行った。幸い、誰も四百号の建物の所までは行かなかった。彼らはただ金をかっさらいたいだけだ。魏さんが今朝早く手紙を鼓楼病院に届けに行った。今夜まだ帰ってこない。恐らく、日本軍に引っ張られたのだろう。街中でたくさんの人が日本軍にしょっぴかれている。死んだか生きているのか分からない。〔金陵女子文理学院の中は〕もう四、五千人になっている。

【丁栄声（女性）の証言】＊一九二〇年一月生まれ　当時の住所　大府園から金陵女子文理学院

私たち十二人だけでなく、住むところがなくて外で一夜を過ごした人も多く、〔十二月十四日の〕夜が明けると職員が来ました。そして、みんなが「華小姐」とよんでいるヴォートリンさんが「こんなに多くの難民が外で過ごしていて可哀想です。二百号教室の二階にある机や椅子などを取りだして、収容できる場所を作りましょう」と職員さんに指示したそうです。職員が仕事をしながら、机と椅子を全部取りだして外に運んでくれました。掃除などをしていましたが、終わった後に、私たちの女ばかりの家族十二人も二階に上がって居場所を確保しました。その当時おそらく二百人ぐらいの難民が、二百号室の二階に入りました。私たち身内女性の一団は、その日から一年ちょっとこの二階で生活をしました。

【屈慎行（女性）の証言】＊一九二四年農暦八月生まれ　当時の住所　東瓜市から金陵女子文理学院

十四日の夜八時か九時頃、電気もつかない真っ暗闇の中、日本兵が入ってきました。建物のあちらこちらで、女の子の叫び声が聞こえだしました。「助けて！　ああ」「きゃー」、そして、泣き声、ぶつかる音がしました。時間はそう長くはなかったようです。一時間ぐらいの間、私は恐しくて母たちと一緒に教室のすみに身を寄せあって隠れていました。

【熊秀芳（女性）の証言】＊一九二六年七月生まれ　当時の住所　楊公井から金陵女子文理学院

避難所での食事は大きなおわんで麦やお粥を一日二回食べました。お金はすこし払っていたようです。食事に関しては困りませんでした。

避難所には日本兵もやって来ました。私は怖くて下には降りなかったのですが、みんなの話を聞くと、トイレが外の遠いところにあり、人がたくさん並んでいるので、門の近くの人気のないところで用をたそうとしていた女性が何人も日本兵に捕まって、強姦されたと聞きました。彼女らが、その後戻ってきたかどうかはわかりません。たいがい午後の明るい時間で、十人から二十人くらいの日本兵がやって来たと聞いていました。

【呉秋英（女性）の証言】＊一九一七年九月生まれ　当時の住所　洪武路、陰陽営、金陵女子文理学院

母と二人で難民区の陰陽営へ逃げました。日本兵は難民区に好き放題に入ってきてたくさんの女性を強姦しました。陰陽営の避難している家の中には、多くの家族が入っていました。この家にも五人から六人の日本兵が乱入してきて十四歳の少女を部屋に引き込み輪姦していました。少女の母親が部屋の前で「許してください。やめてください」と必死に何度も頼んでいるのを見ました。それでも、日本兵は交代で部屋に入り少女への強姦をやめませんでした。

【元兵士・松村芳治の証言】＊一九一三年二月生まれ　南京戦当時　第十六師団歩兵第三十三聯隊第三大隊

部隊からの命令では「敵兵とわかったら容赦なく突き殺せ」と命令が出ていた。中国兵は服装を替えているので、目つきの悪い奴とかちょっと足の裏を見て丈夫やったら兵隊で。そういう不確かなことをしてひっぱりましたんでな、それにひっかかった者は運が悪いわな。私達の中隊は、分隊単位に別れて捜索に当たりました。難民収容所には、老人も女も子どももいるし、また屈強な男も建物の中に座れないほどびっしりと入っていました。何千人もの人がいましたで。他の分隊も捜索を始めていますんやで。たいがい家族が一か所に固まっており、携帯品を調べるんや。写真なんか出てくると写真と本人かを見比べたりいい加減な方法でした。オイッオイッと指で指し示し瞬時のうちに怪しそうな者を選びだしてね。男たちは抵抗もせず素直に前に出てきました。それぞれの分隊は、男たちを収容所から外へ引き出してみんな突き殺しました。殺されるかどうかは運ですな。

自分たちの分隊では、引き出した十人あまりをクリークの畔に立たせて、分隊の者には、逃げたら銃で殺すように言っておき、自分が軽機関銃を腰だめ〔かまえずに腰にかかえて銃を撃つこと〕でバラバラと撃ちました。三人が逃げかけたけど突き殺しましたよ。撃たれた中国人は自然にクリークに落ち、残りの死体もクリークにほうりこんだ。全員殺した。そして、そこら中で他の分隊も同じように中国人を殺していました。

【元兵士・亀田徳一の証言】＊一九一四年六月生まれ　南京戦当時　第十六師団歩兵第三十三聯隊第二大隊

〔十二月十四日〕年寄りも男も女も子どももいっしょくたにして三、四百人ぐらい捕まえてきたんですわ。太平門の外から言うと、門の右の一角に工兵が杭を打って、それから鉄条網を張っていて、そこへこれらの支那人を入れて囲ってしまいました。その下には地雷が埋めてありましたんや。日本兵が踏まないように白い紙に「地雷」と書いてありました。そこへ捕まえて来た人を集めてきて地雷を引いてドンと爆発させましたんや。

死体が積み重なって山のようになっていました。鉄砲ではなかなか間に合わないので、地雷を敷いたそうです。そこへわしらが城壁の上からガソリンを撒いて火を点けて燃やしましたんや。死体が山積みで折り重なってあったのでなかなか燃えなかったね。上の人はだいたい死んだけど、下にはまだ生きている人がたくさんいたんや。

翌日朝、分隊長が初年兵に「とどめを刺せ！」と命令しまして、死体を調べてまだ生きている人間を刺し殺しましたんや。

【元兵士・高島市良の従軍日記】＊一九〇八年二月生まれ　南京戦当時　第十六師団歩兵第三十三聯隊第一大隊

十二月十四日

四列に並べて両手を挙げさせ五十人宛江岸に引っぱって行く。足下には手榴弾がごろごろしているんだから危険なこと限りない。小隊丈《だけ》の兵隊だ。少人数であり下士官は××と二人のみだ。彼らが死に物狂いで暴れ出そうものなら手に負えない。「面〔没〕法子」《ママ》〔仕方ない〕の観念で諦めがよいのか「救命　救命」といえばワァーっと歓声あげて拍手する。貨車倉庫から皆引出してしまった。膝を没する泥土の中に河に向って座らせた千二百人、命令一下、後の壕に秘んで居た重機で、一斉に掃射を浴せた。将棋倒し、血煙肉片、綿片、飛上る。河に飛込んだ数十名は桟橋に待っていた軽機の側射に依って全滅し濁水を紅に染めて斃れてしまった。ああ、何たる惨憺たる光景ぞ。斯かる光景が人間世界に又と見られるだろうか。動く奴は押収銃で狙撃、揚子江には軍艦が浮び、甲板から水兵がこの光景を眺めていた。

【元兵士・豊田八郎の陣中日記】＊一九一四年四月生まれ　南京戦当時　第十六師団歩兵第三十三聯隊三大隊

十二月十四日　晴　火曜日

午前六時起床七時半制列十時城内掃蕩の為入城　直に掃蕩す　第×分隊第一回の負残兵《ママ》十名を殺す　一日に第一分隊で殺した数五十五名　小隊で二百五十名　午後六時終り　午後十一時宿舎へ帰る〔昨夜の所へ〕完全に南京完落す

十二月十五日　晴　水曜日

午前六時半起床　午前中待機　午後二時頃より徴発　フトン食料等を　五時帰る約二ヶ月ぐらい滞在とのうわさをきく

十六日　晴　木曜

午前四時起床　第一分隊同地の警備　第三大隊紫金山へ負残兵《ママ》が亦も上つたので掃蕩をす　午後我々は料末《ママ》〔糧秣〕を徴発に行く

十七日　晴　金曜日

午前七時半起床　午前中城内へ徴発　醤油等を　午後休養す〔以下略、毎日のように略奪に出かけている〕

【十二月十五日】

昨夜、華小姐と私は、十二時になってやっと眠りに就いた。兵隊が来ないか心配だった。幸いなことに、昨夜は来なかった。今朝早くからやって来た難民は少なくない。華小姐はほとんどの時間、大きい門の所にいて難民を世話していた。兵隊がやってくると、彼女は上手に阻止した。ある兵隊は、門の上にある告示を見て去っていった。日本の兵隊達は安全区内のどの家にも押し入って、金をかっさらったり、食べ物を探したり、クーニャン〔若い女性〕を探した。その上、家の中にいる者を追い出した。ある時は、クーニャンだけを中に留めさせた。だから、これらの人々は、みなここに逃げ込んで来たのだ。人々は商売をするどころではなかった。今日は、ある兵隊が入ってきて、中を見ただけで去った。また、ある兵隊は南山のアパートまで来て、門を壊して入ってきた。家の中には、西洋人が食べ残した物やトマトや他の物があった。ちょうど、リッグス氏〔Riggs、南京安全区国際委員会、金陵大学教員〕が戻ってきた。日本兵らを追い出すように言ったら、彼らを追い出してくれた。兵隊達はここの品物を取っていくばかりでなく、国際委員会のタバコや酒まで持ち去った。これでは国際委員会の面子がない。以前、国際委員会の者は、中国軍が強盗するのを恐れた。そして、日本軍は中国軍に比べてまだ良いだろうと思っていた。会議を開く時は、いつもみんながこのように言っていた。今となっては間違いだった。安全区すら認めようとはしないのだ。日本軍のひどさを知って、みんな心配した。日本の兵隊達まで安全区内に住み込んで来る。ちびの日本兵まで構内に入ってくる。何度か、突撃隊が入ってきた。入って来るたびに、ひと騒動が起きる。いったい、どこの国の軍隊か。いつもこんな有様だ。南門から入ってきた兵隊達は多くはない。今では、難民の着ている服の袖のところには、日本の旗が縫い付けてある。華小姐は西洋人だ。とても忙しくて、呼んでもなかなか来られない。一日のうちに、いつも何度か兵隊達が入ってくる。西洋人の男性達も外で忙しい。華小姐は彼らに来てもらって手伝うように頼むことには同意しない。

【陶秀英（女性、仮名）の証言】＊一九二八年生まれ　当時の住所　踹布坊から金陵女子文理学院〔南京陥落から〕何日かして、私はゆりかごでその子〔姉の子〕を揺らして寝かせていました。日本の鬼が入ってきて、寝ているこの子を覗きこみ、何か言いました。私は、この兵隊はきっとこの母親を探しているに違いない。花姑娘を探しているのだと思い知らん顔をしていました。私は花姑娘探しが何を意味するのかも分かりませんでした。私は、突然、日本兵に腕を引っ張られ、結局暴行されてしまいました。まだ九歳でした。こんなことってあるでしょうか。あのことは思い出したくもありません。

翌日、私は父に強くすすめられて、その子を連れて金陵女子大学の中に避難させてもらいました。日本の鬼は時々トラックで金陵女子大にやってきて女性たちを連れ去ったと叔母さんたちから聞いていました。日本の鬼が入ってきたと言う声を聞くと私達は物陰に身を潜めて隠れました。〔略〕我が家のすぐ隣にすんでいた女性は妊婦さんでした。日本兵が花姑娘探しにその家に乱入して女性を強姦しました。その後、お腹を切り裂かれて殺されていました。本当にひどい時代でした。

【姜永和（男性）の証言】＊一九二一年二月生まれ　当時の住所　漢中門付近

五、六人の日本兵が難民区である五台山小学校に入ってきて、一人の女性を輪姦しました。そんなことがあったので、女たちは非常に怖がって、ヴォートリンがいる金陵女子大の難民区に避難していきました。難民区の中でも金陵女子大の難民区が最も安全だと思われていました。金陵女子大では、日本兵が入ってきても、ヴォートリンが必死に止めさせたという話を聞いたことがあります。この五台山難民区の私の周りにいた女性たちも、安全を求めて金陵女子大へ夜にこっそり移っていきました。

〔略〕安定してからも人に会えば、あの人が強姦されて自殺したとか殺されたという話ばかりでした。

【元兵士・出口権次郎の証言】＊一九一四年七月生まれ　南京戦当時　第十六師団歩兵第三十三聯隊第三大隊

〔強姦は〕そこら中でやっとった。つきものじゃ。そこら中で女担いどるのや、女を強姦しとるのを見たで。婆さんも見境なしじゃ。強姦して殺すんじゃ。もう無茶苦茶じゃ。

陥落して二日ばかりたったころじゃ。下関あたりに徴発に出たときじゃ。民家のあるとこに米や食べ物を徴発したんじゃ。そんな時に女も徴発するんじゃ。家の長持ちの蓋を開けると中に若い嫁さんが隠れとったんじゃ。纏足で速く逃げられんで、そいつを捕まえて、その場で服を脱がして強姦したんじゃ。ズボン一つでパンツみたいな物は穿いておらんで、すぐにできた。やった後、「やめたれ」て言うたんやけどな、銃で胸を撃って殺した。暗黙のうちの了解やな。後で憲兵隊が来て、ばれると罪になるから殺したんじゃ。それを知っとるさかい、やった後、殺すんじゃ。〔略〕十人おって九人まで強姦しとらん者はおらん。自慢話にもなっとる。

【元兵士・水向喜清の証言】＊一九一六年七月生まれ　南京戦当時　第三師団歩兵第六十八聯隊第二大隊

クーニャンの徴発に行くと、女は隠れてた。略奪して、いじめるもんで、なんていえば……女の人は泥や何かを塗っていたな。男のような顔をして、女の顔できれいにしていると、よけいやられるでな。泥を塗ったり、頭をテリカン〔坊主頭〕にしてしまったり。擬装しておったのが、相当おったんや。そんだけ、やられてまうんや。そういうことを、わしはせなんだが、する人もあったよ。まず、おるのは、お婆さんか男の人や。日本人は悪い。同じ部隊にお婆さんをやる人もいた。もう常識はずれで、戦争中やでな。分隊のなかで、荒っぽいことをした人はほとんどや。わしもそういうのはやったで。クーニャンをやる人は少なくないことはない。陰でやるんやから、あとは。割合みんなのいる所ではやらんで、すっと隠れてやるとこでやるし。それはもうバラバラで。裏から前にやれば、ちょっとした隙にやるんや。一人ではやられることもあるので、二、三人で交替でやるんや。一人が監視をしていて、あと一人が乱暴すると。そういうことはあった。ずいぶん多かった。今と違うけど死ぬか生きるかの境や。

そんなもん〔徴発のこと〕、やらないと若い者は食っていけん。

【十二月十六日】

今朝八時半、何人かの日本兵が調査にやってきた。華小姐が彼らと応対した。私も傍にいた。彼らがどのように調査をするのか分からない。彼らは、話し出すやすぐに、中国兵を探すと言った。我々は彼らが兵隊を探すことについては心配していなかった。なぜなら、この中には兵隊がいないことを知っていたからだ。しかし、兵隊でなくても、もし兵隊の服を見つければ、お前たちは兵隊をここにかくまっていると言うだろう。彼らはみな三百号の建物の中にいた。私と華小姐は少し心配だった。なぜなら、たくさんの負傷兵の衣服やチョッキがあったからだ。自分で作ったのや、外から送ってきた何袋かの麻袋があった。みな三百号の地理学部の部屋に隠してある。私がドアの所に立って、華小姐が彼たちを誘導してほかの部屋に入った。当時難民が大勢いたため、日本兵を三階に案内してからすぐ階段を降りた。こうしてやっと麻袋が置いてあった部屋が日本兵の視線から逃れた。やっとほっとした。日本兵はとても残忍で、灰色の服はすべて兵隊が着るものだと思っているため、人々は皆魔法でも掛けられたように怖がって、灰色の服をすべて池の中に捨てていた。華小姐は日本兵を四百号に誘導してお茶を出して接待した。私が百号に案内した兵隊も一緒に入ってきた。本来は、私は案内するつもりがなかったが、兵隊が多いので、華小姐一人ではなかなか対応しきれないので、私も手伝った。彼らは字を書いて私に、「兵隊はいるか」と聞いた時、私も華小姐も「いない」とはっきり答えた。華小姐はお菓子まで出してもてなしをした。華小姐は彼らをもてなせば、悪いことをしないだろうと信じ込んでいる。本当に仕方がない人だと思った。彼らは私と華小姐に〔中国の〕兵隊を受け入れないという内容の承諾まで書かせて、承諾を守るという誓いまでさせた。字を書いて私に分かったかどうかを確認した。帰る際、華小姐に紙一枚を渡した。この紙さえ見せれば、日本兵が入って来ないと言っていたが、それは全く役に立たなかった。午後にはもうすでに日本兵がやってきて、童さんの兄弟を兵隊だと言って連行して行った。彼らは確かに兵隊のように見えるが、前回は二回とも華小姐がかばって行かせなかった。職人の話によると、髪の毛が長い人は皆捕まえて行かれると言われていたので、髪を剃った職人もいた。この人達は逆にもっとひどい目にあうだろう。日本兵は、逃げた中国兵はみな髪の毛を剃っていると思っているからだ。すでに髪の毛を剃り上げた職人は後悔しているがもう遅い。日本兵が次から次へと絶えずにやってくるため、華小姐はその対応に追われて忙しい。今回やってきた日本兵は李さん〔華小姐の助手〕を見つけ、身体検査をした後、五十元を奪って行った。その際にびんたまで食わせた。もちろんこんな多額なお金を持っている李さんも良くない。昼食のときに彼のお金のことについて注意したばかりだった。日本兵は、今朝七百号にすんでいる李さん〔金陵女子文理学院の職員、南山アパートの管理員〕からも十元奪ったが、最後に一元を返した。まだ良心的だ。ほかの兵隊が来て鶏を徴発しようとしたため、華小姐が駆けつけて説得している。あまりにも腹を立てて華小姐は皆に鶏や鴨などの家畜を全部殺すように言った。そのまま飼っておくと日本兵に全部食べられるからだ。今日は、本当に日本兵が何回もやってきた。南山まで行って略奪をしている。華小姐は追い出すのに走り回ってくたくたになった。私は日本兵が彼女に悪いことをしないかとても心配で、職員一人を華小姐につけて彼女と一緒に行動するようにした。たぶん何も役に立たないと思うが、日本兵の挙動を誰かが知っていなくてはならない。私も走り回れないほど本当に忙しい。今収容している難民は七、八千人にもなっている。

【馬恵玲（女性）の証言】＊一九二一年三月生まれ　当時の住所　鼓楼五条巷

〔避難していた軍医の院長宅には〕日本兵が何度もものを盗りにきたり花姑娘を探しに来るので危険だとわかったので、すぐにまた難民区内の避難場所に決められている建物に移動しました。華小姐のいる難民区・金陵女子大でした。この難民区には女性しか入れなかったので、私たち女だけが校内に入れてもらいました。男たちはそのまま院長宅に残りました。日本軍入城後、私たちのお祖母さんも家を守るのをあきらめ、私たちのいる難民区にやって来ました。家から難民区に来るまでの途中は、あたり一面が死体だらけだったと話していました。

〔略〕祖母は家にいたかったのですが、「花姑娘を出せ！」と日本兵がよくやって来るので、怖くなってやむなく自分も難民区にやってきたのです。

金陵女子大では避難している人がいっぱいでぎゅうぎゅう詰めでした。十分横になることもできず、冷たいコンクリートの床に寝なくてはなりませんでした。その上寒くて、私は病気にかかりました。熱が出て頭がふらふらして起きられないほどでした。病名は分かりません。いっしょに避難していた人が民間療法で額を冷やしたり、体をさすったりして治してくれました。難民区にも日本兵がよく入ってきました。中島部隊だと聞いています。花姑娘探しが目的です。職員が「華小姐、日本兵が来ました」と知らせるといつも華小姐やその仲間のアメリカ人たちが駆けつけてきて日本兵の強姦を阻止しようとしていました。早い時期に父と家に帰っていた弟が五条巷で大虐殺を見ました。家の後ろに大きな沼があったのですが、その畔に大勢の中国人が両手を縛られて、沼の岸に立たされていました。ダダダダダと連続的に機関銃が鳴り響き、撃ち殺されるのを見たと言っていました。

【楊秀英（女性）の証言】 ＊一九三〇年十二月生まれ　当時の住所　中華門

父とその弟の叔父さんは難民区には行かず、叔父の勤める家の門番をするためにそこ〔市内にあった家〕に残りました。その後、隣に住む人から父と叔父に起こった惨事を聞きました。日本兵が入城したその日のことです。父がたまたま扉を開けた時、運悪く日本兵に見つかりました。父は坊主頭で長身だったので、日本兵は「中央軍」だと言い出し、銃で撃った後、銃剣で刺し殺しました。死体は八日間も放置されたままになっていたので、隣人がそのことを〔金陵女子文理学院に近い難民区にいる〕私たちに知らせてくれたのです。母はそれを聞いて泣き叫びました。父は家族を支える大黒柱でした。三番目の叔父と母、長女が一番下の妹を負ぶって様子を見に家に戻りました。二番目の姉と私は難民区に残りました。一番上の姉は顔に墨を塗り、汚い老婆の格好をして出かけました。家の近くで棺桶を調達し、父が殺された場所に行き、父の死体を棺桶に入れて葬りました。

【夏瑞栄（男性）の証言】 ＊農暦一九二二年八月生まれ 当時の住所 国府駅から難民区五台山

日本兵が南京に入って三日目の十五日、数人の日本兵が一人の漢奸〔対日協力者〕を連れてやって来ました。漢奸は「みんな、五台山の難民区へ行け」と言い、日本兵に銃で脅され、すぐ家から立ち去らなくてはなりませんでした。家族五人と隣の人たちも一緒に三キロほど離れた上海路の五台山小学校に避難しました。我が家は南京の中心街にあり、日本軍の入城式のじゃまになるから追い出されたのだと後で人から聞きました。

我が家から難民区に行く途中は、至るところ死体ばかりでした。真冬の寒空で服を剥ぎとられ裸の女性は、腹を割かれ腸が飛び出していたし、お腹の大きい女性も裸で死んでいました。何十人と死体を見ました。それが路に点々と続いていました。珠江路では、黒焦げの焼き殺された死体をたくさん見ました。ガソリンの匂いが鼻をつき、道端の家々は延々と焼けていて、火の粉が飛んできました。夕方に難民区の五台山小学校へ到着しました。教室も廊下も男女が入り混じり身動きできないくらい難民が押し寄せていて、横になることもできませんでした。この学校はアメリカのキリスト教会が経営している学校で今も同じ場所に残っています。

翌日十六日、十数人の日本兵が教室に入ってきて、二十〜三十代の男を部屋から引き出し兵隊の容疑の検査を始めました。私も十六歳だったので引き出され、若者たちと一緒に帽子の跡がないか、手にタコがないかと調べられました。私は帽子の跡がないので助かったのです。銃で脅され運動場に並ばされた男たちは、トラック二、三台の荷台に立ったままぎゅうぎゅう詰めに詰め込まれました。荷台には日本兵が三人ほど銃剣を付けた銃で武装して乗り込んでいました。満杯になるとトラックは出発しました。どこへ連れ出されたのかはわからないが、機関銃で殺されたのだろうとみんなは噂しあっていました。

次の日の十七日も日本兵はやってきて、昨日と同じように若者を引き出し、銃で脅しトラックに乗せて走り去りました。私は教室から運動場の様子を見ていましたが、連れ去られた男たちの誰一人として戻ってきませんでした。〔略〕

五台山小学校に入ってから、五日ほど続けて、毎日女性が日本兵に拉致されるのを見ました。日本兵が四、五人ジープ《ママ》〔軍の車両〕などで運動場に乗りつけると、二階建ての教室一つ一つに入り込み、廊下でも若い娘を見つけると引き出して車に数人の女の人を連れ込んでいました。あるときには午前中来て、午後にまた来たこともあります。大概小型の車でやって来ました。日本兵は、若い娘を狙っていました。

【元兵士・亀田徳一の証言】＊一九一四年六月生まれ　南京戦当時　第十六師団第三十三聯隊第二大隊

南京では女の子は桶などに隠れていましたよ。日本の兵隊はよく女の子を引っ張ってきて強姦してましたね。わしはしていないけれど、女の子の悲鳴がよく聞こえましたな。また路上で拳銃で女の子を脅かしていた兵隊もいます。憲兵が入ってくる前はひどかったですな。憲兵が入ってきてから、ちょっとやかましくなったんです。〔金陵女子文理学院で〕警備している時、三交替なのでみんな暇で退屈だったので、よく女の子を捕まえにきましたよ。

【元兵士・金田猛の日記】＊南京戦当時　第十六師団歩兵第三十三聯隊第二大隊

十二月十四日　快晴

朝三時頃銃声す　八時出発、十時敵残兵二三百人現る　交戦　死体二十友軍戦死二名　負傷七名　敵捕虜百二十名ナリ　南京中山門より二時入城　歓喜の絶頂だ

堅固なる城壁に驚く　難民多々有　六時宿舎入　洋酒沢山酔ふ

十二月十五日

××君と徴発に出る　ピアノ等ある立派なる邸なり　オペラバック　サンドボクス　シシューあり　大劇場に米沢山　洋服ズボン沢山あり

十二月十六日
炊事当番としておきる　床屋分隊に来る　耳掃除さす　避難民街見学　混雑して哀れなり　毛布なっぱもらふ
十二月十七日
大食堂へ徴発　食器沢山　南京入城式〔略〕
十八日
初めて小雪あり　酔ひて頭いたし　午後難民区に豚取りにゆく　手袋××新品、玉子砂糖あり
十二月十九日
朝　米、豚徴発にゆく　久しぶりの書幹……手紙はうれし
十二月二十日
手紙を書く　豚料理　屠殺り準備　小さきハモニカ徴発　玩具沢山あり
十二月二十一日
下関へ移動　衛兵上番分隊より三人　兵器廠衛兵　死体数百あり　兵器弾薬山積しあり
十二月二十二日
仮眠より覚める　手紙書く　兵器廠の広大さに驚く　交代兵三時半来る、五時中山路宿舎に帰る夜八時より下関へ移動す　屍の山を踏みこへてゆく　十一時ねる
＊以下毎日、日記を記述している。中には徴発や朝香宮の護衛、揚子江での捕虜の処分目撃などあるが省略する。

【十二月十七日】

今は夜中十二時。寝ないで日記を書いているが、今日昼間、亡国の民の体験をした。日本兵は昼間四回もやってきた。南山に二回と鶏を飼育している場所に一回来て、夜もまたやってきた。誰も夜にまで来るとは思わなかった。彼らが昼間に来る目的は、おそらく道を尋ねるのと女の子の情報を収集しに来たのだと思う。夕飯の時に、職員が華小姐に日本兵が来たと知らせた。華小姐はすぐ駆け出して、百号のところで彼らと会った。華小姐が〔中国の〕兵隊はいないと言ったら、一人の日本兵が華小姐にびんたをくらわした。その兵隊が帰った後、私は若い人達に難民達が集まっているところに行くように指示した。四百号に日本兵が行ったら危ういからだ。日本兵はもうすでに百号まで到達していて、中に入った兵隊もいるし、入り口に立っている兵隊もいたし、中に入ろうとしない兵隊もいた。階段のところで立っている兵隊もいた。私は戴先生の奥さんと一緒に華小姐を探したが、誰に聞いても華小姐は見当たらない。兵隊が立っているため、私はあまりしゃべらないでその後も戴先生の奥さん〔本来はアメリカ籍だったが結婚して中国籍となった〕と一緒に華小姐を探していた。兵隊が一人百号から出てきて四百号に向かっていくので、私達もその兵隊を追っかけて四百号に行った。彼は北側の門から入って南側の門から出てキッチンに向かった。私がキッチンの入り口に立つと、彼は、今度は六百号に行って横の門を叩いた。私は駆けつけて、中で難民達が寝ているため開けないと教えた。彼を連れて六百号の北門から入った。戴先生が私と同行した。そのほか楊さん〔金陵女子文理学院職員、南山アパート管理員〕も一緒だった。六百号からもう一人の兵隊が出てきて、私達と一緒に七百号に向かった。私は華小姐がそこにいると思った。曲がり角のところで、七百号から出てくる陳斐然と三人の兵隊と会ってしまった。日本兵は私達に自分達と一緒に前に行くように指示した。私は陳さんに華小姐に会ったかと聞いたら彼も会っていないと言った。私は日本兵が私達を前に立てて行くことは、前方に華小姐がいるからではないかと思い悪い予感がした。陳さんは私に分散しないようにと言った。着いたところに案の定、華小姐が何人かの日本兵と立っていた。その前にはたくさんの人が地面に跪いていた。私達が着いたら、陳斐然もいきなり跪かされた。立っているのは華小姐と私と戴さんの三人だけだった。跪いている人の中には職員もおれば、夏先生〔華小姐の助手の一人〕の家族もいた。詹さん〔詹栄光のこと、南京市自治会副会長〕は私達を皆呼び出して、華小姐に私のことを聞いたとき、華小姐は自分の仕事を手伝う人で、職員達を管理している人だと紹介した。戴さんも聞かれたため、英語の教師だと紹介した。それから、跪いている人達の一人ひとりに質問が始まった。入ってきたばかりの職員のところで、陳斐然さんは華小姐が知らないと言ったら困るので、華小姐が紹介する前に「クーリー〔苦力〕」と言った。言った瞬間日本兵にびんたをくらわされ、蹴られた。向かいに引きずっていかれて、また跪かされた。彼がもし声を出さなかったら、こんなひどい目にあわなかっただろう。

　ある日の昼食の時、私と華小姐が彼にあんまり若い人たちを受け入れないでと注意したことがある。兵隊が混じっているかも知れないし、特に若い男性が増えるとすぐ日本人に疑われるから、彼らを帰したほうがいいし若い人は少ないほどよいと注意した。新しく入って来たのに華小姐にも紹介しないで、勝手に七百号に配置した。この人が七百号から引っ張りだされたようだ。もちろん華小姐が知らない人だと分かっていたので、陳さんが先に口に出した。実際のところ、そうしなくても華小姐はこの人は作業員だと言ってくれるだろうに。質問が終わった後、何人かの兵隊達がいろいろ言っていたし、あちこちを走り回る兵隊もいた。たぶん中に入って私達の持ち物を略奪しているだろう。八時に○《不明》先生が私達のところに来て宿泊する予定である。夜、何か起きると困るので、スマイス先生〔金陵大学のアメリカ人教授、ルイス・S・Cスマイス博士、南京安全区国際委員会〕とフイッチ先生〔キリスト教青年会、アメリカ人、南京安全区国際委員会〕が彼を送ってきた。彼らが正門に着いた瞬間、日本兵はすぐ怒鳴りつけた。スマイス先生が呼ばれた。フイッチ先生は車から降りるつもりがなかったが、日本兵に降りろと言われて、さらに質問された。パスポートも出すように求められ、どうでもよい質問の後、私と華小姐そして戴さんも一緒に同行するように言った。華小姐は、私はここに住んでいるので、私は行かない、戴さんは住居が外なので、帰ると言った。戴さんは、この日が始めての来校である。華小姐一人ではとても無理なので、彼女が来て一緒に手伝うように、私が頼んだのでここに来てくれただけだ。そして、もう一つは、前から思っていたが、彼女が一人で、外で住むのはとても安全ではないので、ここに来て一緒に住むように何回も誘ったが、彼女はアメリカの保護は受けたくないと断った。仕方がなく、彼女に手伝う形で来てもらっている。だから華小姐は戴さんは帰ってもいいと言った。しかし、日本兵は、私達皆が帰るように追い出している。フイッチ先生も華小姐に暫く出て行くように勧めている。華小姐も仕方がなく正門に向かった。しかし正門までも行かない内にまた呼ばれた。日本兵は、今度はフイッチ先生にフランス語がしゃべれるかどうかを聞いた。先生は、少しはできると答えた。暫く経ってから、今度は三人とも帰れと言うことで、車を動かしたらまた止められた。三人は車の中に閉じ込められた。こうする間、中ではすでに略奪も順調に終わり、女の子も捜し出したため車を帰らせた。陳斐然は五人の兵隊に連れて行かれた。私達には何も教えてくれなかった。暫くして、後ろから助けを求める声がした、兵隊が裏門から入ってきたのだ。このことにはぜんぜん気づかなかった。たぶん兵隊はまだ中から出ていないだろう。陳斐然は、たぶん生きて帰って来られないだろう。ただ神の加護を祈るだけである。日本兵が帰っていない内に、私は正直に言うと彼らを突き殺したい気持ちでいっぱいだったが、心の底ではやはり、彼らに正道を教えるように神様に祈った。私達がそこに立っている間に、王さんが外に出てきた。華小姐に中国語を教えている先生だ。彼らは東側に住んでいた。彼の話によると彼の娘と姪が日本兵に連れて行かれたそうだ。当時、華小姐は日本兵がまだ後ろにいるので、彼に早く戻るように言った。杜さんが日本兵は後ろから帰ったと教えてくれたので、私が後ろに行こうと誘ったが、華小姐と戴さんはここで動かないほうがいいと言った。日本兵がまた戻ってくる可能性と三人の先生も帰ってくるかも知れないといってこの場所から動かないと言った。私は、外は厳戒態勢に入ったので、連れて行かれた彼らはもう戻って来られないだろうと言った。暫く待っても戻って来なかったので、あの先生はもう家に帰って寝たに違いないと言った。もう夜の十一時になっていた。私達は外で三時間も立っていた。とても寒かった。私達は四百号に戻ったが、誰もいなかった。華小姐は私の孫達が日本兵に連れて行かれてないかと恐れ戦きながら私に声を掛けてくれた。私は、そんなことはない、たぶん皆百号に避難しているだろうと言った。その後、百号に行って確認したところ皆無事だった。百号にいた王小姐、薛小姐、鄔小姐は私達が日本兵に連れて行かれたのではないかととても心配してくれた。職員も怖くて表に出られない。自分の部屋に戻って見ると部屋の中はめちゃくちゃにされていた。持っていかれたものはそんなに多くない。でも、謝文秋さん〔金陵女子大学卒業生、一九二五～一九二六年、金陵女子大学体育学部主任〕からもらった家賃八十元も持っていかれた。最近忙しくて、気持ちも落ち着かなくて、お金を三階に隠すのを忘れていた。子供達の飴も、卵も食べられた。水性ペンなどの小物まで持っていかれた。ある物は一時思い出せない。物などはたいしたことではない。陳先生が連れて行かれてどうなったか心配でたまらない。こんな亡国の民のような苦しみは本当に受け入れ難い。これは民族のために生存を計るのではない。自殺したい。鄔小姐は今晩も身が危ない。彼女は今の時局に外れた派手な服を着ている。難民の中に混ざっているが、難民には見えない。日本兵は彼女に寝るように指示した。彼女が立っていたためだ。仕方がなく寝るふりをしたらしい。聞けば、今夜も十一人の女の子が連れて行かれたそうだ。かわいそうに、彼女達はどこへ連れて行かれたのだろう。もう泣きたくなる。彼女達の将来はどうなるのだ！　陳斐然の部屋も略奪された。三百号も略奪されたが、盗っていった物は限られていた。誰かが陳斐然が帰ってきたと告げた。神様に感謝している。彼は早くに戻ってきていたらしい。裏門から入っていたので、中学校のところまで来てからやっと分かったらしい。話によると、日本兵は彼を広州路に連れて行って、そこで服を脱ぐように指示した。彼はもうここで銃剣で刺し殺されると思って、すぐ跪いて家に年寄りの母と妻がいるので、どうか命を助けてと頼んだらしい。後から分かったが、実は日本兵が彼に服を脱がしたのは、彼が金を持っているかどうかを探る目的だった。結局、皮製の袋を取られた。中にいくらか小銭が入っていた。その後、日本兵は彼を放してくれた。何か失ったとしても、彼が無事に帰ってきたことは何よりも幸いなことである。

このところ、うっとうしくてたまらない。戦場はどうなったのか、音信も絶え、大使館にも西洋人がいない。ここにいるアメリカ人も少ないので、彼らもどうしようもない。難民がせっかくここに避難してきて身を隠しても、日本兵が追っかけて来て、また連れて行かれる。これはいったいどういうことだ。最初から分かっていたら、難民を収容しなかったほうが良かったかも。ここで彼らが日本兵に連行されていくのを目撃するよりも、私の目の見えない外部で連行されたほうがよっぽど精神的に楽かも。毎晩外では至る所が焼かれている。下関一帯にはたくさんの人が殺されている。中国人はなぜこんなひどい目に遇わなければならないのだ？　今日も南山側の部屋に日本兵が何回も入ってきた。もう書きたくない。中国人のことを思い出すと心が痛くて、たぶん死んでも苦しいだろう。今日も一人の男の子が生まれた。

【趙政蓮（女性）の証言】＊一九一三年生まれ　当時の住所　寧海路金陵女子文理学院門衛小屋

日本軍が入城してしばらく後のことでした。日本軍は大学の中に入って、中にいる職員たちを呼び出しました。その人々を芝生のところ（門の内側の広場）に跪かせました。機関銃を二挺据えつけていました。私も一人の子を抱き、もう一人の子の手を引いて一緒にそこに行って跪こうとしたのですが、日本軍に「あんたは子どもを抱いてるから、子連れは来なくていい」と追い返されました。人々を集めた目的は軍用品を持っていないかを調べるためでした。たぶん国民党が持っていた武器のことでしょう。でも、結局見つかりませんでした。

日本軍の通訳をする漢奸がいました。多少の中国語を話す日本兵もいました。私はその後小屋にずっと隠れていたので、日本軍が何を話していたのか分かりません。日本人が各地で虐殺や強姦をしているという話は以前から夫に聞いていました。だから日本兵がやって来たとき、私はとても恐ろしかったのです。

日本兵は大学の門を閉じないよう命じました。目的は夜になって花姑娘探しをするためです。日本兵が始終出入りしていたので、門を閉められませんでした。日本人がよく強姦をすることは、夫や強姦された後に帰された人たちから聞きました。私は小屋に閉じこもりっぱなしで、物音は聞きましたが直接は見ていません。

【屈慎行（女性）の証言】＊一九二四年農暦八月生まれ　当時の住所　東瓜市から金陵女子文理学院へ

次の日〔十五日〕になって、若い女の子が何人も連れ去られたと女の人たちが話していました。このときわかったことですが、昨夜、日本兵は塀を壊したり、乗り越えたりして、金陵女子大に侵入してきたそうです。金陵女子大は、竹で編んだ塀が張り巡らされていただけなので、日本兵はどこからでも簡単に入って来ることができました。この日から、日本兵は、代わる代わる一日に三、四回建物の中に入ってきて、検査と言っては、女の子を物色しました。華小姐が駆けつけて日本兵を阻もうとしましたが。日本兵から頬を張られたこともありました。

【蔡雲龍（男性）の証言】＊一九一七年十月生まれ　当時の住所　中華門付近から金陵女子文理学院へ

日本軍が攻めてくるということは人から聞いたんです。ドーンドーンと重砲が城壁に撃ち込まれものすごい地響きを立てていました〔中華門の攻撃は第六師団十三、四十七聯隊が当り中華門から入城し城内掃蕩を行った〕。〔略〕周囲のたくさんの人たちといっしょに難民区に逃げました。

難民区の場所だが、上海路のそばにある広州路、その場所に金陵女子大学があります。金陵女子大学の向かい側に飯場のような簡単なつくりのアンペラ小屋があり、そこで寝泊まりしていました。芦で編んだむしろづくりの粗末な小屋でした。金陵女子大学のなかは女性だけが寝泊まりできました。男性は建物のなかに入れませんが、昼間は校内（運動場など）に入ることができ、夜になると学校外のアンペラ小屋に戻りました。

日本軍はどこでも好き勝手をしていました。女性ばかりが隠れている金陵女子大学の校内にも侵入してきました。〔略〕

日本軍が金陵女子大学に入って来るのを見たことがあります。そしてアメリカ人女性のミス・ミニー・ヴォートリンを見ました。彼女は見た感じ齢も取っていて、皮膚が白くて、髪の毛は黄色かった。彼女は日本軍が女子大学に入るのを阻止しようとして、日本兵に殴られていました。入ってきた日本兵は五、六人です。それは冬のことですが、日にちまでは憶えていません。ヴォートリンが殴られた理由はわかりませんが、たぶん中国人女性が日本軍に連れ出されるのをくい止めようとしたからでしょう。

【元兵士・新山薫の証言】 ＊一九一二年十二月生まれ　南京戦当時　第十六師団歩兵第三十三聯隊第二機関銃中隊

紫金山から下りてきた中隊は南京へ集結して一応落ち着いて、二、三日してから、「使役」という敗残兵の整理の任務を命じられました。重機関銃を担いで行ったんです。下関の揚子江の端の貨物駅でね、ずらっと並んでいた貨車の中へ中国の兵隊を貨車に詰め込んでいましたんや。貨車の扉を開けるとあまりに人を詰め込みすぎたんですやろな、冬の極寒の時なのに、皆熱くて息苦しくて自分の衣服を脱ぎ捨て素っ裸になっていました。〔略〕使役は二、三回ありましたが、どれも貨物車から引き出した敗残兵を筏に載せ、河に流してから自分が小隊を命令して重機関銃で撃ち殺しました。流れていく筏を何回も撃ちました。筏はドラム罐を組んで上に丸太を並べた物や、木を組みあわせたのやさまざまでしたが、筏を作った兵隊もいたんでしょうな。そんなの作ったりは、おそらく工兵隊やと思いますがな。

【元兵士・余谷正義の証言】 ＊一九一四年二月生まれ　南京戦当時　第十六師団歩兵第三十三聯隊第三大隊

次の日の昼、指揮班は下関で倉庫の中に詰め込んだ捕虜を集めて調べました。中国人を何人かひと固まりに引き出して、十〜十五人ぐらいの日本兵が中国語で「クワイツオウ！」〔快走、早く行けの意味、日本兵たちはだいたいこれぐらいは言えた〕と言ったら、中国人たちは揚子江に向かって走り出した。それに向かってダダダダと機関銃で撃つのを目撃した。撃たれて死んだ中国人は揚子江に落ち、流れてしまう。河辺で並んでいる中国人に向かって私が「一起走吧」〔イーチゾウパ　一緒に行けの意味〕と言い、三十三聯隊が撃ちました。重機関銃を使っていたので、第三機関銃中隊だと思う。どんどん続けて繰り返し撃っていました。
　また河のそばにはいっぱい倉庫があり、その倉庫に人がたくさん入っているのを見ました。もう数が分からないぐらい、いっぱいぎっしりといました。一つの倉庫に千人ぐらいいた。もちろん入り口に見張りがついていたと思う。中島師団長が処分せよと言った命令は聞いた記憶がない。我々はただ死体を片付けるように言われ、揚子江に流したのが一番印象に残っています。民間人ばかりでした。なにしろ男は皆殺したもんですから死体は朝から晩までたぶん一週間ぐらいで片づけたと思う。南京城内は陥落の時入り、私の部隊は挹江門から入ったと思う。

【元兵士・上田熊次郎の証言】＊一九一五年一月生まれ　南京戦当時　第九師団歩兵第三十六聯隊
　クーニャン徴発もやったな。農家に娘が天井に上がってな、隠れとるんやわ。家のそこらにある道具見てたら、娘がおるかどうか分かるわ。食料調達に行くってゆうたら、食料とクーニャン探しやわな。言葉なんか分からんやろうが、もう抵抗もせんな。女の子は震えてる。それは分隊ごとに行く。女の子を引っぱってきて、私設の慰安所を作ってるところもある。だいたい、一個大隊にクーニャンは十人ぐらいおるかな。それは軍が管理している。〔略〕淳化鎮〔南京城の東南郊外〕では女の子はもっぱら徴発やって捕まえたから慰安所こしらえたりすることはなかったわな。淳化鎮では、徴発に行って女の子を強姦してしまうということもよくあった。

【十二月十八日】
　昨夜、日本兵に連れて行かれた女の子達は今朝になって皆帰された。一人だけ帰って来ていない。日本兵にどこかに留置されたか、恥ずかしくて自ら帰って来ないのかは分からない。この二、三日は、難民がたくさん入ってくるため、中も外も人でいっぱいになった。今日も日本兵が何回も来た。南山でなければ、ここか養鶏場ばかりに来る。戴さんの母親は昨夜帰っていない。彼女の様子を見るとたぶん怖くなって戻らないのだと思う。外ではたくさんの家が日本兵の略奪に遭っている。どこの国の誰であろうと関係なしで侵入する。アメリカ大使館の車まで盗られた。彼らは車に目がない。華小姐は日本領事館宛に手紙を書いて持って行ったが会ってもらえなかった。日本兵がやっていることがいかに非人道的であるかを伝えねばならない。昨夜は十一人が引っ張って行かれた。その後、また日本兵がやってきて、百号で二回も捜査した。彼らは鄔小姐を探しに来たと思う。彼女は百号に住んでいたが、居場所を変えたため結局探し出せなかった。夜、日本領事館から憲兵二人が派遣されてきた。昼間は憲兵が少ないため来ていない。全南京市で今のところ憲兵が十七人しかいない。憲兵が布告を出した。兵隊が来てそれを見せても、彼らは気にも止めない。憲兵はただやって来ただけである。朱先生が上海に救援の手紙を出したが、人を派遣する手立てがない。国際間の人事往来ができないのだ。大変なことになった。日本兵の狂暴さはますます酷くなっていく。どうにもならない。彼らは人を殺したいと思えば人を殺す。強姦したいと思えば強姦する。それも老人か子供かを問わずに。親子が同時に日本兵に強姦された。母は六十を過ぎていて、三人の日本兵に強姦され、娘は四十過ぎで二人の兵隊に強姦された。親子とも夫はいなかった。日本兵は人倫がまったくない。ここにいる難民は九千人を越えている。屋外の人が通る場所まで人が寝ていて、まるで箱に詰められた魚のようだ。中の廊下も同じだ。私は今晩も兵隊が来るのではないかと心配だ。正門には憲兵が寝ているが、何も役に立たない、日本兵はほかの所から入ってくるからだ。ここはどこからでも簡単に入って来られるようになっている。難民も多いし、言うこともなかなか聞いてくれない。私達管理者はもちろん、職員達もいつも一所懸命声を張り上げて叫んでいるのでもう皆喉が限界にきている。日本兵は何でも奪っていく。外は略奪で大混乱らしい。物を奪っていったいどこへ運んでいくのだろう。今日は三人の赤ちゃんが生まれてきた。お腹が大きい妊婦さんがまだまだたくさんいる。産む人も大変だ。地面に寝ている。人が多すぎて私もお世話できない、手伝える状況でもない。金大にはまだ使っていない、空いている部屋があった。華小姐が斎先生に一つ部屋を開けてもらって、これらの妊婦さんをそこに行かせた。

【趙政蓮（女性）の証言】＊一九一三年生まれ　当時の住所　寧海路金陵女子文理学院門衛小屋

花姑娘を捕まえにトラックが行ったり来たりした音だけ聞いていました。夜中の十二時や一時、時には四時頃に来ました。車のきしむ音や日本兵の声、女性の叫び声が聞こえることもありました。大勢の女性を連れ去った後、一時間くらいしてからその女性たちを送り返してきました。一度だけ、日本兵が顔を黒く塗った女性たちの顔をタオルで拭き取るところを見ました。悪賢いというか何というか、拭き終えると次々とトラックに乗せていきました。反抗する者なんていません。みんな恐くてただ震えていました。日本人が入城して、数日した頃から、こうしたトラックは毎日のようにやって来ました。トラックの荷台に乗せて連れ去るのです。昼間に来ることはほとんどなく、夜だけでした。最初は何度も来ました。その後、回数は徐々に減りました。捕まえられた女性たちがみんな戻されたかどうかは知りません。

南京の難民区ですから、いろいろな所から逃げてきた女性たちでいっぱいでしたので、その中に知り合いは一人もいませんでした。

【胡燕影（女性）の証言】＊一九二二年陰暦八月生まれ　当時の住所　中華路

しかし、数日後、ここ〔アメリカ大使館の防空壕〕にも日本鬼子がやって来たので、怖くて住めなくなり、金陵女子大の難民区に逃げました。

〔略〕当時女子大の難民区に一人のアメリカ女性のヴォートリンという人がいて、毎日難民のために走り回っている姿が今でも忘れられません。〔略〕彼女は背が高くて、教師であることを知っていました。彼女は朝から晩まで難民のために日本兵の侵入を止めたりしていました。難民たちは日本兵が入ってきたらすぐ「華小姐！　日本兵がまた入ってきたよ！」とヴォートリンに知らせるんです。ヴォートリンは日本兵を追いかけたり追い出したりしてました。当時金陵女子大はとても混雑していました。教室も廊下も避難してきた人でいっぱいでした。外にもいっぱいいいました。私たちは金陵女子大の敷地内の、天井がある廊下で泊まりました。

【元兵士・居付萬亀男の証言】＊一九一五年六月生まれ　南京戦当時　第十六師団歩兵第三十三聯隊第二大隊

〔十八日頃〕金陵女子大学の警備に入った。警備に入ったら十人で一週間交替制やった。女子大学は女の人の避難所や。そこに日本の将校たちがよく来て「ちょっと入るで」と言って、女子大の構内に入って行っては女の子を連れて出て行った。将校たちはむちゃくちゃで、女の子を連れて行って強姦した。将校といったら中隊長以下の小隊長ぐらいの軍人や。わしらは警備といっても、将校たちが女の子を連れて行っても上官なので、見てるだけや。よく出入りする部隊は三十三聯隊だけではなく、それ以外の九師団と十六師団の三十旅団もいた。あの人らはトラックで来た。昼間はあまり来ない。一日だいたい二、三台ぐらい来るな。将校を含め兵隊四、五人で来て三人は銃を持っている。一日五、六台来る時もある。一台に二十人ぐらいの女の子を乗せて連れて行くこともあり、嫌がって泣く子もいた。トラックの荷台に引き上げられ、上からシートをかけるとおとなしくなった。送り返されてくる娘は少なかったな。

【元兵士・下山雄一郎（仮名）の証言】＊一九一六年五月生まれ　南京戦当時　第十六師団騎兵第二十聯隊

朝礼の時、師団命令で「難民区に行ったらあかん」というのがありました。

女の徴発をする者もおった。家内がある者ほど我慢できひんのか強姦してた。騎兵でもおった。女をつかまえて民家でもやっとったし、道の真ん中でもやっとったのを見た。わしらの中隊でな。やるから「やるな」と師団命令があったんや。憲兵もはいっていたと聞いてたけど、おらんやった。
女をやってしまってから殺したりしよったな。うちらの師団でもあったと聞いたし、自慢話も聞いた。道の真ん中でひとりで強姦しているのを、支那人も見ていたな。〔略〕
聯隊長が、「婦女子には戯れるな」とよく言っていた。婦女子はようけおった。普通の家に隠れとるわけさ。顔に鍋墨塗ったりしてな。わしらが占領したところへ入ったらな。鍋墨を塗ってれば、年寄りに見えるが、こっちには若いのだと分かってました。部落へ四～五人で徴発に行くと、女が驚いて動けずにいた。敵が入ってくるからやな。部屋におるのを代わる代わる強姦していた。

【十二月十九日】

昨夜、憲兵が正門の方で寝ているにもかかわらず、夜中に日本兵が入ってきた。彼らは五百号のリビングで大勢の前で女性を強姦した。今日の昼間も二人の兵隊が五百号にやってきた。一人は入り口で見張りをして、一人は部屋の中に入って来て、女の子一人だけを残してほかの人を皆追い出した後強姦した。華小姐がその時ちょうど養鶏場にいた。日本兵が鶏を取りに来たのでそこにいたのだ。もしその件がなく華小姐がもうちょっと早く五百号に駆けつけていれば、女の子は被害を受けなかったかもしれない。華小姐が駆けつけた時にはもう遅かった。ここまで書くと思わず涙が出てきた。少女がどんなに苦しかったかたぶん皆が想像できると思う。華小姐は目がまわるぐらい忙しくて、疲れて死にそうだ。日本兵は一日数回もやってくる。それも一人二人ではなく、いつも五人以上で入ってきたら一人ずつ分かれて行動するため、その対応に追われている。戴さんの奥さんは怖がっていて、華小姐は怖くないので自分が対応すると言ってはいるが、怖くないなんてうそだと思う。自分の命を大事にしない人はいないだろう？　前までは私も彼女達について行動していたが、最近はしなくなった。忙しくなったことと日本兵がやっている悪行を見ていられなかったからだ。日本兵は昼間でさえ堂々とやって来て悪いことをするのに、夜はいうまでもなく保障できない。お昼にリッグズ（Riggs）が来た。彼の来た意図は、夫がいる女性は皆家に戻るべきだというものだった。女性が皆難民区に逃げて来たため、難民区以外には女性が一人もいなくなったために日本兵がここに来るというわけだ。つまり、夫がいる人達はもう処女ではないし、もし夫が一人留守していたら、元兵隊だと思って連れて行かれると。彼が言う話は間違っていない。でも若い女性たちも苦労している。私も聞いて思わず涙が出てきた。自分の国が弱くて、ここまで国民が侮辱される、いつになったらこの恥を雪ぐことができるのだろう。今日も日本兵が八回もやってきた中で、四回は南山で食物を盗った。ドアが壊された、中には物が積んであった。職員たちの荷物もあった。西洋人のものは少ない。皆散らかされて、あるものは持っていかれた。華小姐が持って帰ったものもある。養鶏場に一回、宿舎にも三回やってきた。華小姐が走って足を運んだのが一番多い。華小姐がいない場合は戴さんの奥さんが駆けつけてくれる。昨日、鄔小姐に鶏がほしいと言ったが、彼女は同意しなかった。日本兵が毎日のように来て、持っていくので、このままだと全部日本兵に持っていかれる。私は彼女に明日、職員に食べさせたいので、二匹ほしいと言った。我々は十日も肉を食べていない。職員は皆疲れ切っている。でも彼女は応じてくれなかった。私は怒って翌朝、彼女の所の職員に養鶏場に行って、鶏を二匹捕まえてくるように指示した。後からそれを知った彼女は華小姐のところに行って、私が彼女の実験している鶏を取ったとうそを言った。実は私のところに持ってきたのは、オスであった。彼女のところにオスが多かったためオスを取った。華小姐も以前彼女に鶏を全部殺すように言ったことがある。彼女が断ったため、私も取りに行っていない。華小姐は彼女に実験用だけ残してほかは全部職員たちに食べさすように言ったが、彼女は断った。人の命が危ない時期に彼女は自分の書斎に入って鶏のことばかり書いている。華小姐と戴さんが忙しくて毎日走っているし、飼料を買うお金もない。私は華小姐と戴さんに申し訳ない気持ちでいっぱいである。このままほっておくと日本兵に全部持っていかれるに違いない。これだけは絶対嫌だった。もう、金陵大学の牛はだいぶ日本兵に持っていかれたそうだ。人命より鶏が大切だなんて考えられない。彼女の実験は科学のためだと思えば、ある面では価値があると思う。華小姐が言った通り、実験用の鶏はちゃんと保護しているではないか！　将来彼女は〔金陵女子文理学院の〕呉校長の前で大きな功労があったと誇るだろう。日本の憲兵が書いた布告まで、養鶏場に貼っている。本当にふざけている。午後、日本の領事が華小姐を訪ねてきた。華小姐は領事を連れて、地下室と地面に歩く所もないほどびっしりと寝ている難民達の様子を見せた。そのとき、領事は口では自分達の軍隊が悪いと言っていたが、心の中では笑っているに違いない。今日、二百号も部屋を開けた。人が増えてきたので仕方がない。毎日たくさんの人が入ってくる。もう、お湯も沸かせなくなった。人が多すぎて間に合わないからだ。華小姐は外から二人呼んできて、お湯を沸かせて難民たちに売るようにした。我々の一番年配の職員がやることがないため、五百と七百号の間に小屋を建ててご飯を炊いたり、揚げパン〔油条〕を売るように仕事を与えた。外ではもう物を売っていない。城の南側の多くの建物が焼かれた。毎晩焼かれている。難民達は本当にかわいそうだ。家を失った人もおれば、夫を殺された人もいるし、身内が日本兵に連行されてどうなったかも知れない人もたくさんいる。難民区は泣く人、叫ぶ人で言葉に表せない惨状だ。二百号に住む張〔宿舎管理員〕さんの息子が十六日に日本兵に連れて行かれた。彼は百号で門番をしていたが、二百号に戻る時に日本兵に見つかったそうだ。魏さんも帰ってこない。外の建物は焼かれたか空き家か、この二種類しかない。日本兵は遊びのつもりで家を焼いている。彼らも寒いのがいやなので、最初は家の中の家具を出して焼いて、体を温めた後、ほったらかすためにそのまま家が焼かれる場合も少なくない。酷いときは、死体を中に放り込んで一緒に焼く場合もある。

【陳桂英（女性）の証言】＊一九二六年六月生まれ　当時の住所　鼓楼二条巷から金陵女子文理学院

〔南京陥落から何日かたって〕大勢の日本兵がやってきて、難民がほぼ全員が運動場に引き出されて検査されたこともあります。こんなことが四、五回ありました。ここにも男がいました。そこで働く職員だったと思います。独身者は中国兵だと見なされて連行されていきました。ほとんど毎日のように、夜になると日本兵は塀を乗り越えて中に入ってきて、若い女性たちを連れ出しました。泣き叫ぶ人もいましたが、恐怖で声さえ出ない者がほとんどでした。華小姐が知らせを聞きつけると日本兵に抗議して追い出していました。こんな状況が二月頃まで続きました。

【元兵士・大門義雄の証言】＊一九一三年八月生まれ　南京戦当時　第十六師団歩兵三十三聯隊第三大隊

豆腐屋の〔中国人の〕男に紙に「美女」と書いて、連れてこいと身振りで命令したんや。男はすぐに「テンホーテンホー」言うて出ていきよった。テンホー言うたらよいということや。女の子でテンホー言うたらきれいと言うことや。難民区へ行ってな、すぐに美人の女の子を二人連れて戻ってきたわ。スカートはいてた。女学校の学生やった。その子らに部屋を一つ与えて、昼は洗濯やらすんや。夜はもちろん帰せへん、うちの分隊で遊ぶんやもの。我々は若いさかい、サイコサイコ〔性交〕はつきものやさかいな。当たり前や。分隊は南京では十人程で、女の子二人で間に合った。そのかわり、うちの部隊だけでおいとくんや、閉じ込めとくんや出せへんで。外はそこら中日本兵だらけや。逃げたら捕まって殺されると分かっていたので、逃げへんかった。わしもニイコ〔中国人の蔑称〕と一緒に、呉服屋に行って絹のぴかーと光った服を担いで帰って女の子に着せてやって、女の子を喜ばせたで。他の部隊もうらやましがって同じように女の子を閉じこめとったな。南京でクーニャン徴発に行くと、女の子はみんな鍋墨なんかを顔にぬって黒くして、年寄りに化けていた。それでも、若いのはわかるわな。敵の女やからやってまえという気持ちや。

「命はないぞ、開放」と言うて胸を開けると女って分かるものや。女の子を引っ張り出したわ。女の子には親というかお婆さんが付いていて、助けてくれ言うても突いたり火をつけたりして帰ってきたんや。命令やさかいにな。言うこと聞かないと軍法会議にかけるて言われとったんや。わしらが南京に入った時分は、あの人らはかわいそうなものやった。

【元兵士・吉岡利男の証言】＊一九一六年二月生まれ　南京戦当時　第十六師団歩兵第三十三聯隊第一大隊

食べるものやら何やら良いものいっぱいありました。南京の城外の建物の中に入った時は、ハンマーで金庫を砕きますねん。何回も金庫を拾いました。中に紙幣がいっぱいありましたな。お金は使えました。家へ送った人もいましたな。

徴発などは、よくしました。暇なので分隊に植木なんか盗ってきて置きました。分隊で行く時は、食べる物とか、卵はようけありましたんで盗りました。クーニャン探しして悪いことする人がいました。強姦したりする人は、分隊でも十人中ほとんど強姦しましたな。

暇なので徴発に行く。小隊長から「難民区に入ってはいけない」と言われてましたが、難民区のほうが女の人がいるので、警備で入り込み先に目星を付けておいて、後で女さがしに行く者がいまして、嫌がるのを強姦していました。おとなしくじっとしていない者がいっぱいいましたな。

わしはそんなこと嫌いやからな。それでも、戦友〔二年兵〕に女の子をさがしに連れて行かれました。見張りをようさせられました。女の子はみな逃げておらん。それでも、家に入って奥のほう、ベッドの下とかから探して女の子を見つけると戦友は強姦してしまう。支那事変では女を分隊に連れ込んだ者が多かった。出発するときはほっておいた。

【元兵士・出口権次郎の証言】＊一九一四年七月生まれ　南京戦当時　第十六師団歩兵第三十三聯隊第三大隊

〔陥落から〕だいぶたって治安がよくなるとな、部隊のみんなを並ばせて、憲兵隊が強姦された女を連れてきて、誰がやったと調べたこともあった。平時と違って罪にはならんかったが、「やめとけよ」と怒られる程度じゃった。罪にも何にもならへんかったけど、叱られたくらいじゃ。悪いことし放題やった。十人おって九人まで強姦しとらん者はおらん。自慢話にもなっとる。〔中略〕
街の中でも女が隠れとる所を良く知っとるわ。若いもんも、お婆あも、みんなやった。それからばれたらまずいから殺すんじゃ。南京に入る前から、南京に入ったら女はやりたい放題、物はとりたい放題じゃ、と言われておった。「七十くらいのお婆あをやった。腰が軽うなった」と自慢しよる奴もおった。町中にも女はぎょうさん残っておった。大概穴の中に隠れておってね。慰安所作っても強姦は減らんわ。

【十二月二十日】

今日もたくさんの難民が来た。二百号〔文学館〕の三階までぎっしり埋まっている。おそらく憲兵が保護していると思って避難してきたと思うが、憲兵も女の子を庭に引きずり出して強姦する。彼らは人間じゃない。場所を問わないでやる。畜生だ。今日の昼、兵隊が来て二人の女の子を連れて行く時、彼女達の物まで奪って行った。ちょうどその時、ある長官が見学に来ていて、華小姐が長官に部下たちの行動を見せつけると、とても気まずい顔を見せたが、それはどうでもいいことだと思っているに間違いない。中国人は彼らの仇だ。さすがの華小姐でも分かっていないかも。華小姐は兵隊を追い出したり、長官達を招待したり、とても忙しい日々を送っている。陳斐然は先日怖い目にあってから、この二、三日は表に現れて来ないし、どこに隠れているかも分からない。私も疲れて死にそうだ。難民達も言うことを聞かない、足の踏み場もないぐらい、至る所で大小便をしている。特に夜はとても歩けない状態だ。華小姐と私は最近夜遅くまで起きていた。何か起きるのではないか心配だからだ。今夜は、昼間に来た長官が二十四名の兵隊と一人の隊長を派遣してきて難民達を保護するという。こんなにたくさん来てどうするのだ。彼らの寝る場所の手配や布団とか。布団は幸い結構あったのでそれで済むが、食事の用意やら、お茶を入れたり、タバコを用意したりするので、正直に言うとありがた迷惑だ。憲兵は二、三人で十分だ。今夜も頼りにならない。見たところ、いい人には見えないからだ。今は本当に苦しい。外部とはまったく音信不通になっている。昨日アメリカ人達は、上海から手伝いの人を派遣するように要請する署名を日本領事館に提出した。署名を渡す時、日本の領事からは「今日は、忙しいので明日送る」という返事だったそうである。私は華小姐にこれは断られたようなものだと言った。案の定、なかなか送ってくれなかった。避難している人達を困らせるつもりだ。外はまた燃やしている。生きることがこんなに辛いと分かっていたら、爆弾に命中して死んでしまうのがよっぽど楽かも。今日は一人の子供が亡くなって、三人の赤ちゃんが誕生した。一週間あまりで三人の子供が死んで、十人以上の赤ちゃんが誕生した。

【趙政蓮（女性）の証言】＊一九一三年生まれ　当時の住所　寧海路金陵女子文理学院門衛小屋

〔金陵女子文理学院に日本兵が〕トラックで入ってくる目的は、唯一花姑娘探しでした。〔十二月二十日頃〕華小姐が女性を助ける場面を一度だけ見たことがあります。ある女性が着ていた綿入れを日本兵に切り裂かれていた時、華小姐がやって来て、その日本兵に抗議しました。女性は恐ろしさの余り倒れてしまいました。すると日本兵はその場を立ち去りました。この女性は二百号校舎にいた人でしたが、そこから引きずり出されてこんな目に遭ったのです。

当時、門の近くに粥を作る鍋が三十個以上ありました。食事の配給はその粥を作っているところで配給していました。最初はまだ良くて、塩や野菜が入ったお粥でしたが、後になると何も入っていないものになりました。避難している人々は配給を受けるには食券のようなものを貰ってから並んでいました。

【元兵士・大門義雄の証言】＊一九一三年八月生まれ　南京戦当時　第十六師団歩兵第三十三聯隊第三大隊

入城式がすんでから偉いさんも帰って、わしらも宿舎をこしらえてもらったんや。南京城内は広いわ。クーニャン徴発はつきものや、若い盛りやから日本兵は飢えとんやわ。そら、上の人の注意はあったで、女にいらんことしてもいいけど、性病がうつるとあかんで、調べてからやれ言うたわ。徴発には二人で行くんや、一人で行ったらやられるからな。女を捕まえるとな「カンカン、サイコ」言うんや。カンカン言うたら大事な所見せろちゅうことや。サイコサイコ言うたらもうすることや。それを言うと嫌がるんや。それを男がな、一人二人よって、無理矢理広げるわけや。おかしかったら止めとけ言われてるけど、若い盛りや〔強姦を〕するんや。それでもう一人は隣で待ってるんや。分隊で行ったら、そんな時は分隊長から先にやるんやで。後、分隊のみんながやるんやから、そらあ女の子はかわいそうなもんやで。〔略〕女の子にいらんことやってるのは、えらいさんでもやってるのに、部隊でいっぱいやっているのは当たり前や。クーニャン徴発は、兵隊につきものやな。一般の女の子は、わしらの言うことを聞くわ。抵抗する者は始末したな。抵抗するだけの力があるんやったら娘子軍〔女性兵士〕と思うでな、殺してしまうんや。そこですぐ殺さへんで、荷物を持たせて別の所で強姦するんや。それ見てても隊長は「いらんことすんなよう」と軽く言うだけや。

【十二月二十一日】

昨夜来た兵隊と入れ替わって新しい兵隊が入ってきた。保護というのは口だけかもしれない。華小姐は、長官はいい人なのでわざわざ〔難民の〕保護のために兵隊を派遣したと思っている。実はその長官は、昨日自分の部下達のことで自分が恥をかかされたことに恨みを持っていた。外から女の子を収容しても、兵隊達に引っ張って行かれる。昼も夜も関係ない。私は華小姐に、彼らは我々の敵であることを忘れず、彼らが言ったことを信じてはいけないとアドバイスした。彼らは口で言うことと腹の中で思っていることが本当に違う。今、日本人が南京で犯しているあらゆる非人道的な行動も、口で言うことと腹の中で思っていることが違うことだと、みな目撃してきたはずだ。華小姐は時々日本の領事館に行って、日本の軍人が良くないことをしていると報告しているが、私は報告すればするほど、彼らの行動はもっと酷くなると華小姐に注意した。幸いに二人のドイツ人がここにいるからまだ助かっている。アメリカ人だけでは無理だと思う。もう今はアメリカ人も疲れが限界にきている。もし、アメリカ人がここにいなかったら、中国人は死の道しかなかったと思う。今朝、華小姐は一人で南山にある部屋に小物を取りに行った。私は華小姐が一人で出かけて、悪い兵隊に殺されるのが一番心配だった。私は華小姐に呉校長の言った「物はなくてもかまわない、一番大事なのは人命だ」という言葉を伝えた。この二、三日で彼女はだいぶふけたように見える。毎回、彼女は南山に行くとき、怖くないと言いながらも実は怖がっていてドアの前では、まず「海六」〔中国語でハイルゥと発音する〕と何回も呼んでからやっと入るからだ。彼女を怖がる兵隊もいた。彼らは彼女が近づいたら去って行った。しかし、彼女をなんとも思わない兵隊達は、彼女の物まで取っていた。華小姐が注意しても無視をする。華小姐は彼らの手から取り戻す時もある。二回ぐらい華小姐が物を取り返そうとしたが、日本兵はもうすでに持ち去ったあとだった。華小姐が学校の正門にいる時は、南山まで行こうとしたらだいぶ距離がある。一日一日が本当に大変である。食事を取っている時でも、日本兵がやって来る。みんなは逃げるが、彼らをあしらうのも華小姐である。一日何回もやってきて、何をされるかも分からないので、いつもびくびくしながら過ごしている。昨夜、また二人の兵隊が入ってきて、二人の女の子を引きずり出して芝生の上で強姦した。とても胸が痛かった。以前は彼らが非人道的であることを聞いただけだったが、今はもうさんざん目撃している。

【楊秀英（女性）の証言】＊一九三〇年十二月生まれ　当時の住所　中華門

難民収容所でも夜になると、日本兵が検査名目でよく入ってきました。その時は全員が起こされ立たされました。家族の顔ぶれを見たり若い女性がいないか調べていたようでした。花姑娘を探していました。日本兵は銃を持ち、こづいたり殴ったりして乱暴だったので、とても恐ろしかったです。でもさいわい、その時はみんな無事でした。なぜなら、ちょうどその時、アメリカ人がそこにいてくれたので日本兵もあまり無茶ができなかったのです。難民収容所では床に藁を敷いて、そこに持参した布団を敷いて寝ました。

【元兵士・寺本重平の証言】＊一九一三年九月生まれ　南京戦当時　第十六師団歩兵第三十三聯隊第二大隊

十九や二十の娘を引っ張り出すと、親がついてきて頭を地面にぶつけてな、助けてくれという仕種をするんや。助けてくれと言われても、兵隊はみんなかつえてるから、だれも親の言うことを聞かん。まだ男と寝たことのない女の子を、三人も五人もで押さえ込んだら泡を吹いて気失うとるで。親がやめて！　と言っても、やらな仕方ない。わしもしたけど、こんなんしても何もええことなかった。日本中の兵隊がこんなことをいっぱいしてきた。言うか言わんだけのことや、男やもの、分隊十人のうちみんなやっとる。戦争が長引くから女の子が恋しくて、他の部隊も同じことをやっていたんや。人間やったらみんな同じことをやる。

現役の兵隊は、あまり経験がないからおとなしいけどな。召集兵ほどひどかった。妻帯して女を知っとるから、寝たいんや。赤紙一枚で天皇陛下の御ために、騙されてみな戦争に行ったわけや。

【元兵士・出口権次郎の証言】＊一九一四年七月生まれ　南京戦当時　第十六師団歩兵第三十三聯隊第二大隊

ほとんど女ばっかりの難民区〔おそらく金陵女子大〕にも行って、部屋に入ったらこれとこれ、指差して、女は選び放題やった。その場でやってしまうんや。わしの部隊でだれやったか、やってる最中に中国の敗残兵に頭を殴られたもんがあったので、見張りをつけて強姦やった。昼夜お構いなしじゃ。だいたい一個分隊で行った。十数回は行ったやろうかな。各分隊がみんなそんなもんじゃった。仲間の兵隊に、「あっち見張れ」「こっち見張れ」言うてな。見られてても平気じゃった。「終わったか？　今度は俺の番じゃ……」てな具合じゃった。

兵隊が「スーラ、スーラ（死了、死了）」といって、連れ出すんじゃ。女も殺されるのが恐いんで、すぐにやらせた。顔に鍋の墨を塗ってるけど、すぐ分かるわ。何しろ毎日女ばっかり捕まえよった。恐いこともあったが、面白いこともずいぶんあった。


【十二月二十二日】

この二日間は、正門に兵隊が立っているので、さすがに入って来る兵は少なくなった。昨夜、一人の兵士が入ってきたが、三百号ドアの前の通路まで人がぎっしり集まって寝ていたため、足を踏み入れる場所がなくて帰って行った。夜はあらゆる通路まで人が寝ているため、兵隊が入れないのもいいことだと思った。ドイツ人とアメリカ人は、男達に家へ帰るように要請してもう十日もたっている。彼らは一応、明後日には家に帰ると答えたが、中国国民党の三十六大隊が来るとか斉燮元も来るとか、応募しなければならないとか、今度もごまかそうとしている。ここは九千人以上が避難している。どんなにきついか多分想像がつくと思う。幸い冬でよかったと思う。もし、これが春だったら臭いにおいがぷんぷんしたに間違いない。アメリカ人は日本大使館に上海に電報を打って一日でも早く援助できる人を派遣するように督促しているが応じてくれない。これはわざとだと思う。ドイツの領事も下関で止められ、城内に入らせてくれない。しかたなく船の上にいる。それは日本軍が自分たちが犯した不道徳な行為をよその国に見せたくないからだ。路上に転がっている死体も見せない。ある場所では死体で路面が見えなくなっている。まったく中国人を人間として扱っていない。日本軍は良さそうなものをたくさん運んで行った。彼らが不要になったドアとか床の板などは中国の民衆がとってきて薪として使った。ある所では日本軍は中国人を使って物を奪ってくるように指示している。その場面をすぐ写真に撮ってよその国の人に送り、自分らは盗っていなくて、中国の群集が盗っているのだとアピールするためだ。彼らの悪意を我々中国の民衆は知らない。ベイツ先生がもうすぐクリスマスだと言ったとき、私はまさに地獄でクリスマスを迎えると言ったら、先生も同感であると言った。本当に地獄の中でクリスマスを迎えた。毎日、赤ちゃんが生れてきて、もう世話は限界だ。心身とも不安の中で助産婦を探して面倒を任せたが、あまりにも生れてくる赤ちゃんが多かったので、心身ともぼろぼろになっている今の状況ではなかなか細かく世話する場合ではなかった。私はもう二週間もお風呂に入っていない。理由は忙しいのと、日本兵が風呂場に入って来ないかの心配があるからだ。日本兵がやってきたら、あちこち走らねばならない。夜はまた夜で光がない。最初はまだ電気が点いたが、後からは怖くて点けられない状態だ。日本兵は光が見えたらすぐやってくるからだ。外の電灯は全部壊されている。ただ、ここだけ電灯がある。日本兵は何回もきて配電施設を壊した。彼らは私達の電気がどこから来るか分からないみたいである。私達は怖くてろうそくもつけない時もある。ひどく暗い。

【王金福（男性）の証言】＊一九一七年十月生まれ　当時の住所　雨花街西街から難民区へ

私は金陵兵工廠という国民党の軍需工場で働いていて、ベルトや軍靴、銃のホルダーを作っていました。〔略〕妻と子供は寧海路にある金陵女子大の難民区に入り、私たち男は、ドイツだったと思いますが大使館の側にある難民区に行きました。

難民区にいたときはじめて日本兵を見ました。難民の中に国民党の連長〔中隊長〕が紛れ込んでいました。私服に着替えていました。その妻はきれいな服を着ていたのですが、日本軍が中に入ってきて、男をみんな外に出し、その女性を部屋に閉じこめて強姦しました。代わる代わる日本兵が入っていき、次々とその女性を強

姦していきました。〔略〕その女性は髪を乱して泣き悲しんでいました。〔略〕

私たちは、鼓楼の裏にある日本領事館に連れて行かれました。中島部隊が日本の軍需工場を作ると、中国人の通訳が言っていました。

その工場を作るために日本軍は皮や機械がある専門店街の評事街からそれらを奪ってきました。職人全員がトラックに乗せられ、何がどこにあるか案内させられました。トラックで乗り付けて、商店のドアを破ってそれらを奪いました。その途中でも大勢の死体を見ました。難民区に行っていない人たちでしょう。家を守ろうとした老人が多かったです。日本兵が花姑娘を探して民家に押し入り、見つからない時、その家の老人は殺されました。若い女性はみんな難民区に逃げていました。トラックに乗って評事街までの道々、太平路、建康路でのおびただしい数の死体があり、少なくとも五、六十体は目にしました。〔略〕

三日目から日本軍管理の工場に仕事に出かけました。腕章は白で、中島部隊と書いていました。それに二センチ角の中島と書かれた印が押されていました。そこでの仕事は四日間だけでした。

【元兵士・亀田徳一の証言】＊一九一四年六月生まれ　南京戦当時　第十六師団歩兵第三十三聯隊第二大隊

〔陥落一週間ごろ〕当時金陵女子大学は避難所になっていて、中へは通してくれなかった。そこには女も子どもも避難していて、アメリカ人が米を持って来ていました。正門の前にわしらが立って三交替で警備をしました。わしは付近の警備もしました。金陵女子大の付近に死体がいっぱい転がっておって自動車が通れないので死体の処理を命じられました。あちこちに電線に引っかかったり、砲弾に撃たれて死んだ死体がたくさんありました。死体を下関まで持って行くのは大変でしたよ。かなりの距離がありましたからな。重くて人の力では引っ張れないので、五、六体の死体の足を一度に電線で結び付けて、馬とか、軍用車輛に引っかけて、ずるずる引っ張って下関まで行きましたわ。わしらの中隊全員が処理作業に出ました。下関には死体が山積みでした。

死体運搬車とかはあったと思うけれど、各中隊単位で分かれてやったので外の中隊がどうやったか分からないですな。でもわしらの中隊は馬や車で引っ張って下関まで運びましたんや。そこまで行ったら、また外の部隊がいて、どこの部隊かは分からないけれど、二十人ぐらいいて死体を手で持ってポンポンと河の中に放り込んでましたな。死体は重かったですな。わしらは引っ張って来た死体を死体の山に置くだけでな。揚子江を死体がたくさん流れていくのをその場でよく見ました。死体をどんどん放り込んだので死体の濁流でいっぱいでしたよ。死体を運ぶ道でも死体がたくさん転がっておって、車が通れないぐらいいっぱいありましたよ。まるで死体の道で、その上を車が通るので道がガタガタになりました。

【十二月二十三日】

昨夜は日本兵が来なかった。他の収容所に行ったようだ。昼も来る兵隊が少なくなっている。正門で見張りしている兵隊たちからはいろいろ要求が飛んでくる。火が欲しいとか、柴をたきたいとか、炭火をおこしたいとか、お菓子が食べたいなど。どこに彼らに食わすものがあろうか、もちろん断った。あっても食べさせない。最初の日、華小姐が落花生と南山にある盗られていない餅を食べさせたことがある。それ以降毎日要求してきたので、もうこっちの分までがなくなった。二週間は本当に精進料理ばかりで、やっと菜っ葉類の野菜が手に入るようになったが、それがどんなに高いか、五百グラムで三、四百銭もする。漬物も売り出し始めた。もちろん略奪してきたものだ。魏さんは今日も戻って来ていない。彼のポケットに何十元かあったらしい。もしそれが事実ならば、命が危ないのではないだろうか。魏さんの息子さんもまだ八百号に戻っていない。兵隊たちが繆、陳両家に入って物を盗っている。兵隊が入ってすっかり持っていかれた。寒くなってきた。雨が降り出した。外の廊下で寝ていた人達が眠れなくなった。報告書を開きたいが、知っている外国人がいないため開くことができない〔文がつながらないが、原文のまま〕。我々は怖くてまだストーブに火をつけていない。華小姐の所だけつけた。この十日間民衆が受けた苦難は多かった。今日一人の女性が担ぎこまれて来た。歩けない状態で、何人かの日本兵に暴行され、お腹が腫れていた。明日病院に連れて行くかどうか今処置の方法を考えている。将来、南京には認知できない子がいっぱい増えるんじゃないだろうか、憎たらしい！　憎たらしい！

【陳文恵（仮名、女性）の証言】＊一九一七年八月生まれ　当時の住所　宝塔橋

私のとなりの家にはアヘン中毒の二人の息子と母親の三人家族が住んでいました。入城の一週間後十七人の日本兵が来て兄の方に「女を捜せ」と命令しました。できないと断ると、兄の手を持ってのこぎりで腕を切り始めました。痛さに叫び声をあげても日本兵は許しませんでした。それを見ていた弟は恐ろしくて逃げようとすると、その姿を見た日本兵に撃ち殺されてしまいました。母親は兄の腕を見て跪いて助けてくれと頼みました。日本兵はその母親にも銃をむけ殺しました。兄も出血がひどくその傷がもとで死にました。父がこの地区の組長をしていたので隣の家族の死体を処理しました。

入城後二週間ほど経った頃、食べ物が乏しくなり、十数人の若い女の子たちで少し離れた畑に野菜を採りに行きました。〔略〕日本兵はだいたい朝八時すぎから行動を始めるので、私たちは日本兵がまだ出歩かない朝七時ごろ出かけました。野草を摘んで、日本兵がそろそろ来る時間だから早く帰ろうと畑から立ち上がると、もうすぐそこに十数人の日本兵が来ていました。怖くて飛び出して逃げましたが私を含め六人が逃げ遅れ日本兵に捕まりました。私はそのとき妊娠七か月でした。畑の近くに八十歳くらいのおばあさんがひとりで住んでいました。その家に連れ込んだのでおばあさんは日本兵に「話にもならない！　とんでもないことです」と怒って訴えました。言葉は通じないけれどおばあさんの顔の表情から察知した日本兵は、何か叫んで銃剣で刺

し、その場で殺してしまいました。目の前で起きた惨事に、私たちはもう怖くて声も出ませんでした。六人の中には十八歳くらいの未婚の少女が三人いました。三人のうち二人はそれぞれ二人の日本兵に、一人は三人の日本兵に輪姦されました。全員が強姦され日本兵が立ち去った後、どの娘も泣きながら衣服をつけて帰りました。未婚の少女の出血がひどくてズボンは血だらけでした。私も強姦されてしまい、防空壕に帰ってからずっと泣き続けました。母に日本兵から強姦されたことを話すと、「命が助かっただけでも良かった。このことは誰にも話してはいけないよ」と諭されました。だからその後ずっと、母以外には話していません。夫にも、大人になった息子にも家族にも話していません。

【元兵士・奥山治の証言】 ＊一九一五年一月生まれ　南京戦当時　第十六師団歩兵第三十三聯隊第一大隊

クーニャンも難民区で見つけ出した。クーニャンの徴発は、最初は家に入り込んで捜索して、女がいたらやってしまう。

陥落から十〜十五日して、難民区に行ったな。そいで、「残飯とピーの交換や」て言って、するところに鍋を持っていって、これと交換やと。女に「メシ・メシ・シンジョウ」とか、「ピー、コウカン」と言うのや。そしたら女がその残飯くれと。〔多くの人が逃げていって〕部屋はどこでも空いているので、「行こう」と言って、やったな。だいぶ落ち着いてきた頃のことや。

陥落のときは、女をつかまえてやってしまう。

南京にはようけ慰安所があって、私も行ったな。中国人ばっかりやった。朝鮮の娘もおったな。軍票で払った。慰安所は大きな通りにたくさんあった。料金は安くて、月に二回や三回は行った。将校専用の慰安所が別にあり、そこは朝鮮人の女の子がいた。

住んどったらあっちゃこっち行くわな。配給受けるのと一緒や。ずらっと慰安所があって、そこに兵隊がズーッと並んでいたね。済んだら交替、交替と。中国の女の子が多かった。街の娘、南京の娘やろな。安定してからは、親が慰安所に連れてくるというのもあった。食べていくのに、仕様がないな。

【十二月二十四日】

昨日交代で入ってきた兵士は、ちょっとよくなったかどうかだ。街の中も良くなってきた。あの悪い兵隊たちは帰ったらしい。徐州の戦場に行ったらしい。今日から〔難民たちは〕家に帰れると聞いているけど、なかなか実行しにくい、たぶんできないのではないだろうか。外では毎日略奪が発生している。あらゆる物が盗られる。女性達から何銭かのわずかな金でも巻き上げる。銅貨まで取られる。日本兵はそこまでじり貧になってしまったのか。今日は、ある参謀が中国人何人かを連れてきて妓女〔売春婦〕を探しにきた。もし妓女たちが外で商売し始めたら、兵隊は収容所に来ないから、良民の女性達の被害がなくなるという話なので、理解できないことではない。収容所の中には妓女達もたくさん避難していたので、探すのを許した。中には参謀が連れてきた中国人が知っている妓女もいた。この二、三日、また日本の妓女もきているので、彼らのしたい放題だが、民衆が侮辱されることもすべて政府が悪いからだと思う。痛ましい限りだ。今日は特に寒い。見張りの兵隊達にストーブを二つ用意してあげたけれど、炭がなくなってしまった。私も足が凍傷になって、歩くのが大変だったので、耐えられなくて部屋にストーブをつけた。どこも寒い、廊下で寝ている人達はもっと寒くて本当にかわいそうだが、彼らは自分の身をどうすることもできない。恨めしいだろう。中学生の宿舎には人が住んでいない。四百号には四人の目の見えない女性四人しか住んでいない。もし彼らをこの二か所に住まわせようものなら、我々が眠れなくなるし、仕事もできなくなる。もちろん図書館も床が原因で住まわせることはできない。この六棟の部屋を彼らに譲ると修理代だけでも、七、八千元掛かってしまう。壁も直さないといけない。彼らは鼻水を出すわ、シラミまで湧かせてきている。何日か前、だれかが羊を三匹引いてきた。外有国先生の羊だった。私達は食べるつもりでいる。そうしないと日本兵に持っていかれる。街には野菜はすごく少ない、南京のはまだ残っているが、これから先食べていけばやはりまだ足らないだろう。日本兵に見つからないように、私は毎日日記を書いた後隠している。華小姐もそうしている。今日、また幼い子供が病死した。病気が長引いたせいだ。生れてくる赤ちゃんもあれば、亡くなる人もあるし、病気にかかる人もいる。毎日同じ繰り返しである。もう一万人も超えると、これらのことは避けられないことだ。

【屈慎行（女性）の証言】 ＊一九二四年農暦八月生まれ　当時の住所　東瓜市から金陵女子文理学院へ

いつの日か覚えていませんが、母が言うには、男の人が二十人も来て、女性の腕を引っ張りトラックに乗せようとしました。嫌がって前に進まないで、「いやだ、助けて」と叫んでいる女の人もいましたが、下から男たちに押し上げられて荷台に積まれていました。半日かかって、二、三十人の女性が二台のトラックでどこかへ連れていかれました。みんな若い女性ばかりで、母は、「あの人たちは、日本軍の妓女にするために連れていかれた。華小姐が日本軍に許可したからだ」と言っていたのを覚えています。

私は、まだ小さかったから危険はありませんでしたが、金陵女子大の構内から出て、食べ物を家から運ぼうとした娘が日本兵に捕まりました。華小姐が知らせを受けてすぐ助けに走りましたが、「出てはいけないと言っているのに言いつけを守らなかった」と娘たちをしかっていました。華小姐のおかげで多くの娘たちが日本兵の手から守られました。外は日本兵が悪いことをするので、私たちは何か月も女子大に避難していて、構内の草むしりをしたりして小銭をもらっていました。華小姐は、私たち中国人の命の恩人で、観音様だと崇める人がたくさんいました。

【呉秋英（女性）の証言】＊一九一七年九月生まれ　当時の住所洪武路陰陽営、金陵女子文理学院

金陵女子大の華小姐は日本領事館に日本兵の暴行を取り締まってほしいと訴えましたが、聞いてもらえませんでした。日本兵は難民区に入ってきて女を捜すのですが、逃げたり隠れたりして探しきれないと暴れました。そこで、華小姐はしかたなく、難民区に逃げていた中国人の妓女を選び出してトラックに乗せ日本軍に送り出したことを人々から聞きました。それでないと一般の婦女がやられることになるということでした。その後、金陵女子大では、華小姐が「日本軍慰安の女性を出すから、今後は金陵女子大に日本兵は乱入しないように」と交渉したので、日本兵は入ってこないようになりました。

一月頃になって家に戻りました。戻っても怖くて外に出ずに家の中に隠れていました。

【元兵士・酒井貞蔵の証言】＊一九一五年九月生まれ　南京戦当時　南京第二碇泊所司令部

慰安所は早くからありましたで。男は最初行くのが女の子のいる所で、下関には二か所、城内にも十か所か十二か所あったでね。対岸の浦口にも慰安所が三、四か所ありました。女の子を世話してくれる所がなかったら、もっと暴行がひどかったやろ。下関の慰安所には朝鮮の人が多かった。中国人も十二、三から二十五、六歳位までの人がいました。中国人は中国人の子ばかりの建物、朝鮮人は朝鮮人の建物に集めてました。南京城内でも日本人の女性がいる慰安所は一か所ぐらいでしたで。日本では売れない四十代の小母さんの女の人が、何人かいたようです。慰安所の女の人をピーと呼んでました。町の裏通りに入ったら、軍の許可を取ってない闇の慰安所がたくさんあってね。裏通りで立っている女の子はだいたいそんな商売淫売やった。日本人が女の子五人位連れてって闇で商売していた。サック持ってればいいけど、そのまますると、料金は安いけれど強烈な淋病などの病気にかかりやすく、危険でしたな。軍の管理する慰安所では、入り口で札を買って自分の好みの子を呼んで、その子に札を渡して遊んできた。料金は一円五十銭位で高かったな。日曜ごとに女の子を買いに

行ったらすぐお金がなくなる。日本の男は女の子が好きやな。一番先覚えるのが淫売や女郎屋や。

【十二月二十五日】

今日はクリスマスだ。教職員は朝の礼拝がある。本来は毎日の朝七時半からだが、今日はちょっと違う。中学校の方でお昼は職員達の礼拝がある。午後は羅さん〔金陵女子文理学院難民所で救済援助の担当責任者〕の教会の友人達の礼拝があり、夜は薛玉玲児童服務団の礼拝がある。いずれも中学の所だ。華と戴二人は部屋の飾りで忙しい。昨夜は教職員の茶話会があって、私の子供も行った。華小姐と私は兵隊達が来ないかと心配で行っていない。華は外で見張りの兵隊の所に行った。ベイツ先生達は華小姐と戴、鄔そして私を夕食に招いたが、戴と私は行っていない。私は兵隊が来るのが心配だし、食欲もなかったので断った。こんな状況で結構辛かった。この二日ほど来る兵隊が少なくなったが、外の情勢は一つも変わってない。ここの衛兵は帰って、憲兵一人と警察一人が残った。ミルズ先生〔国際赤十字会南京分会、アメリカ籍〕が夜来た。陳斐然の部屋に泊まった。なぜなら斐然が怖がっていたからだ。以前、日本兵の衛兵が来た時、詹先生の部屋を譲ってあげた。彼の部屋の全ての荷物は親戚のものであるが、それを衛兵に持って行かれた。軍服もあった。これは華小姐が詹先生の部屋にこんな物があると聞いたらしい。幸いに濬先生の家は荒らされていない。夏先生が入口の部屋に住んでいたので、入れなかった。彼の家には政府の役員のものも置いてあったが、文官のものだった。今日は病人が多い、たぶんほとんどが下痢だと思う。

【孫鴻林（男性）の証言】＊一九一七年四月生まれ　当時の住所　江寧路から華僑路の難民区

難民区であっても、夜、日本軍が花姑娘探しによく近くに来ました。多少ましな家を選んで物色していたようです。隣家の部屋に若い女性が避難していたのですが、そこに大勢の日本兵がやってきて、次々とその女性を輪姦しました。その家には他の人もいたのですが、お構いなしに強姦していました。一人の日本兵が終わると次の一人が部屋に入っていき、これがくり返されました。私はその様子を隣の窓から見ていました。この他にも、実家の近所で、当時七十代になる老婆が強姦されたのも聞いています。

難民区にいるとき、一度実家の様子を見に行こうとしたときに、武定橋付近で日本兵に見つかり、捕まりました。逃げると殺されることは分かっていたのでついて行くと、道路上はもちろんのこと、武定橋の下にもたくさんの死体がありました。日本兵に身振りで死体を運ぶしぐさをされ、私は武定橋付近の街に散乱する死体の処理をやらされました。城壁の近くに大きなクリークがあって、その中に放り込むのです。ある家の中には、ベッドに横たわっている下半身裸の老婆の死体があったり、庭に男たちの死体がありました。その死体の両足を引きずるようにして側に棺桶があれば入れたり、クリークに入れることもありました。私以外にも大勢の人が捕まって、一人で引きずったり、二人で手足を掴んで運んだりといろいろなやり方で死体処理をさせられていました。十数人が働かされていました。周りには日本兵が着剣した銃を持って見張りをしていました。〔略〕

世間が一段落した後、家に戻ったところへ二人の日本兵が入ってきて、花姑娘を出せと命じましたが、「いない」と言うと、私を外に引きずり出して跪かせ、棒で何度も私の頭を殴りました。ほんとにひどいことをする奴らでした。

【元兵士・中山清一郎の証言】　＊一九一七年十二月生まれ　南京戦争当時　第十六師団歩兵第三十三聯隊第三機関銃中隊（現役志願）

物資を徴発するものは皆で行くが、クーニャン徴発の目的のある者は二、三人の少数で行くわけです。隠れ

ているところを知っていて、たまにやられてくる人もいた。〔略〕

物資徴発しに行ったときに、外の小屋に二、三十人女の人だけ隠れているのを偶然見たこともあった。小屋の中にわらを敷いて隠れていましたが、何もせんとそのまま戸を閉めてきましたけどな。

聯隊ごとに慰安所をつくっていました。やはり公に慰安所をつくらないと、女の人を徴発して悪いことをしてしまうから、慰安所は必要だと思います。わしらは長くいなかったので南京のことはわからんですが、天津に下がった時にそういった場所に遊びに行ったことはあります。

みんな若いものばっかりなものですから、いっときも我慢できへんという感じですから。個々によって多少違いますでしょうが。第一線に行って寝食ともにして、お互い今日明日だれが死ぬかわからない状態でしたから、初年兵も二年兵も関係なく女性を徴発していました。

【十二月二十六日】

昨夜は静かだった。兵隊も来ていない。毎日憲兵が来て日本兵が来たかどうか調査する。華小姐はとても心が優しい人だ。昨日の昼、昼食を食べに行く時、正門で年配の婦人が、娘が日本兵に引きずって行かれたので、華に助けを求めた。華はすぐ追いかけていった。上海路でベイツ先生に会い、一緒に車に乗って追いかけたところ、すぐ見つかった。兵隊は女性を放さなかった。彼らは女性を車の中に坐らせ、自分も車から出ようとはしなかった。ちょうどその時、一人の長官が来て、怒らずに説得を続けたので、兵隊は終に降りてきた。私は華小姐に華の身の安全を心配して、今度外でこんな事件に会った時には二度と巻き込まれないようにとアドバイスした。今日は幸いにベイツ先生がいてよかったが、もし一人だったら大変だったと思う。今日は嬉しい事があった。魏さんが戻って来た。彼は捕まえられて十一日間も働かされたそうだ。日本兵の代わりに荷物を担いで句容まで行ったそうだ。荷物は少なくない。たぶん句容から上海まで運んで、売るか日本に送るかだ。その後、石婆婆巷〔中央大学の西側〕に戻ってきたそうだ。こんなに近いのに帰って来れなかった。二日間泊まって、また荷物を担いで句容に行かされたと思いきや、着いて何時間も経たないうちに、また南京に連れ戻されたそうだ。二、三人いて、三人は残されたそうだ。自分も残されるはずだったが、何とかうまいことを言って、やっと出てこられたそうだ。帰る途中もずいぶん苦労したという。途中で兵隊に会ったり、やっと成賢街〔中央大学東側〕にたどり着いたと思ったら兵隊に見つかり、また荷物を担がされ、何時間も使われたそうだ。何時間でもとても幸いことだっただろう。彼はずいぶん痩せていた。ずいぶん苦労したと思う。二週間ぐらい休めば体は回復できるだろう。日本兵は盗賊よりも盗賊だ。何もかも略奪したため、南京城はカラッポの城になってしまった。太平路の辺りの家は八、九軒ぐらいしか残っておらず、全部焼かれてしまっていた。夫子廟も全て焼き払われた。府東街は半焼で、陳明記の店も全焼し、焦土と化していた。我々は翁に捕まった亀のように彼らのやりたい放題になってしまった。ここにいる外国人は少ない。日本兵はドイツやアメリカ人をぜんぜん怖がっていない。全力を尽してもどうしようもない。外部との消息は全く不通で、まさに窮地に追い込まれている。南京市民を守ってくださいと神様に祈るしかいない。金陵大学は今日から登記が始まった。日本兵はまた仮面をかぶった。安民という言葉を使って、実際には敗残兵と若い男女を探し出すにすぎない。あちらには敗残兵がたくさんいるそうだ。千人はいると聞いている。登記の際に日本兵は敗残兵に対して、もしその場ですぐ自分が敗残兵だと申し出た場合は逮捕しないで保護するが、後から分かった場合は殺すと脅かした。一人の日本兵と一人の漢奸の通訳が壇上でそう話すと、信用して出てきた敗残兵が二百人以上いたそうだ。その後、彼らは連れて行かれたそうで、たぶん殺されたと思う。中には日本兵が言う言葉はうそであると知って申し出なかった敗残兵もいた。私がいる収容所にはだいぶ少なくなった。ある人は他の避難所に移ったり、ある人は部屋の奥に移動したりして隠れた。妓女の一部分は帰った。芝生の草は、皮を剥かれたようになくなり、部屋の床も厚い黒い油を塗ったようだ。至る所糞尿がある。今日は久々の晴れの天気を迎え、難民達に対しても晴れの日でもある。最近、夜は兵隊が来ないが、昼間は少なくとも三回はやって来る。前には何度も来る日があった。華と戴が対応できない場合もあった。話によると、街には兵隊が少なくなったそうである。華の具合が良くない。疲れすぎだろう。私が一番恐れていることは華が寝込むことである。彼女はだいぶ痩せて、ふけてきた。彼女はとても信用が高く、難民は彼女のことを観音菩薩と呼び、苦難があれば必ず助けてもらえると信じている。

【姜永和（男性）の証言】 ＊一九二一年二月生まれ　当時の住所　漢中門付近から五台山小学校へ

日本軍が南京に入城してからすぐと思いますが、この難民区〔金陵女子大の南側にある五台山小学校〕にもやってきました。日本軍は男を全部外に連れ出し、列をつくらせました。それで帽子の跡、手のひらや肩のたこなどを調べました。少しでも疑いがある者を列から引き出して別に集めました。残った者には「良民証」を支給しました。列から引き出された人を、女たちが、「その人は私の夫です」とか、「私の息子だ」と言っては救い出す者もいました。ある女の人は、一人の男が捕まったのを見て、お母さんを呼びに行き、嫁のふりをしてお母さんと二人でお願いして助けたこともありました。家族のある人は帰してくれました。難民区とはいえ、決して安全ではありませんでした。難民区の中でもたくさんの死体を見ました。最初は死体を薄い板で作った棺桶に収めましたが、後になると数が多すぎて、適当に筵に包むだけになりました。死体はみんな老百姓〔普通の市民や百姓〕の服装でした。〔略〕

大虐殺の頃は薄い紙に書いた「良民証」というものが支給されたように思います。南京が安定した頃は硬い紙に印鑑が押され写真もついたかなあ。そんな「良民証」をもらわなくてはいけませんでした。

【元兵士・吉沢良一の証言】 ＊第十六師団歩兵第三十三聯隊第二大隊　一九一六年十二月生まれ

兵隊が南京の女学校へ入ってそうとう悪いことしたと聞いてますな。〔略〕みんな散らばって徴発に出かけて、家をバーと開けて、鶏盗ったり卵盗ったり鍋やら釜、野菜を盗ったり、そういうことをするんですわ。どこの部隊もやります。略奪やわな。出せへんかったら殺ってしまう。ほとんどの人は逃げますわな。怖がってわらの中でごそごそ隠れてるのもいます。娘さんなんかは墨で顔を真っ黒に塗ってな。だれもなべの墨ぬって化けとるねん。若い女ってすぐに分かるから捕まえて悪いことする兵隊はほとんどや。支那事変ではほとんどやっていた。風紀を乱したらあかんと言うのは、南京を出発する前のころはありましたで。

【元兵士・依田修（仮名）の証言】 ＊一九一六年十一月生まれ　南京戦当時　第十六師団歩兵第三十三聯隊第三機関銃中隊

「女を洗濯婦として徴用せよ」と言われたことがありました。それは小隊に出た命令です。いい顔の女は皆連れて来ました。大体向こうに行くとクーニャンは一人で部屋にいるんですな。夜中に襲撃して、寝ている女性を二十人から三十人ぐらい連れて来て、各分隊に三人ぐらい配分する。それが朝になったら全部逃げてしまってどこにもおらなくなっていたのです。こっちは連れて来て〔強姦して〕からは安心して寝てしまったので、うまいこと逃げられたこともありました。

分隊に配分された場合は分隊長からやるんです。連れて来たときは抵抗するよりも泣いていましたな。逃げた女を連れ戻しには行きません。家にはクーニャンはだいたい皆逃げていません。いらんことをしてクーニャンに手を出したら、一ぺんにその町の人が全部おらなくなります。だから隊長は「日本語使うな」と命令しましたね。このように昼に出かけていって各民家でお湯を出してもらって、その間に女性が何人いるか把握しといて、あとで夜に行って捕まえて来るんです。

【十二月二十七日】

外の南側にいる兵隊は去ったらしい。ここに女の子を捜しに入ってこなくなったが、外ではやはり民家に入って引っ張る兵隊がいて、若い子がいなかったら、年配の女性を引っ張り出す。午後に、一人の司令官がきて、お粥と米は後どれぐらい残っているか尋ねてきた。少ないと返事したら、自分が解決してあげると言って、明日でも持ってくると約束をした。彼らは詭計百出なので、これはうそに違いない。彼らは理由を作って収容所の中に入って来て、難民女性たちを引っ張り出して、もてあそぼうとしている。金陵女子大の前途を考える。まだ、開学の希望はない。今は南京に無事残れるかどうかも分からない。自ら南京を離れるか、アメリカと交渉するしかない。一人の兵隊が一人の女の子を連れてきて、楊さんに世話を頼んだ。もてあそんだ後で、皮の服一枚と何十元かを渡した。盗んだものじゃないだろうか？

【張素珍（女性）の証言】＊一九一一年七月生まれ　当時の住所　洪武路から金陵大学

日本兵が集団でやって来ました。日本兵が門を入ってくる足音がして、ただただあわててベッドの下に隠れていました。軍刀を下げていました。わが家には当時、夫の同僚の妻がいましたが、うまく隠れることができなかったのか日本兵に捕まってしまいました。日本兵の一人がその女性がいた寝室に入り込み、もう一人がドアの外で見張りをしていました。〔略〕私たち一家はその事件があってから、鼓楼近くにある金陵大学の難民区に逃げ込みました。その途中でも何人もの日本兵を見かけましたが、どの日本兵も「花姑娘、花姑娘」と言い、女性を探し回っていました。日本兵に見つからないよう隠れながら進み、幸い無事に難民区までたどり着いたのですが、難民区に入った後も、母親は私をベッドの下に隠し、周りにボロを積み上げました。そして食事をこっそりと渡すという状態でした。なぜなら難民区にも日本兵がしょっちゅう入って来て花姑娘探しをしていたからです。日本兵に襲われている女性の悲鳴を何度も聞いたことがあります。難民区に来る途中でたくさんの死体を見ました。至るところに死体がありました。難民区には一か月ほどいましたが、行くときも、戻るときもあたりは死体だらけでした。

〔略〕食事は部屋の中、大小便も桶にしていました。ご飯に醤油をかけただけのものを食べていました。

【元兵士・伊藤睦郎の証言】　＊一九一三年十月生まれ　南京戦当時　第十六師団歩兵第三十三聯隊第一大隊

南京には慰安所があって、順番を待って兵隊がずらっと並んでいた。慰安所といってもやるだけやって、あとどうするんか金も払わん。民家に女性を入れてやるのもあった。兵隊同士引っぱってきた女の子を互いに強姦したこともあった。城外でも徴発にいってよくやった。たいがいの子はおとなしかったが、うるさいので口封じのため殺してしまうのがたまにあったわなあ。聞いてるよ。分隊では徴発に行って女探しするんやけど、一人では絶対行かない。見張りをかならず立ててやった。南京で女の子を何人やったか数はわかりません。二十人くらいかな。クーニャン探しには「いこか」といってそれが主な目的で出かけていった。ただし、日本の女の人にやったらあかんな。敵の国の女やからできた。年寄りでもやってるのもおる。小さいのは十五、六ぐらいの子や。小さい子というても、諦めがよい。怖いのかな泣きもせんでじっとしてる。うっぷんばらしができた。

揚子江には、陥落後徴発に行った。河岸では死体がうようよ浮かんでいました。岸にも河にも折り重なってありました。水の中には死体がどっとあってゆっくり流れていました。捕虜を処分したんだと思いますな。

南京では、徴発に行って、出すとこまでいかんわ。物を出せと言う前に殴ったり突き飛ばして、みんなでけって、立派な人間をずいぶんなぶり殺しました。

【十二月二十八日】

今朝から鬼（日本兵）がここに来て、登記をさせている。構内には男女がそんなに多くない。おそらく労働者だと思う。労働者が登記した後に難民が登記するべきだが、彼らはそうしていない。外から男性達を強引に連れて来て登記させた。我々は第五区で、外から連行してきた男性達もここの庭で登記させた。まずは一列ずつ訓示があり、難民登録後は帰って安穏に暮らすことができると言っているが、それは全部でたらめな話にすぎない。自分が兵隊だったものは名乗り出よと言われて、百人を超える人が自分が元兵隊であることを自ら申し出た。実は彼らの運命は前線に出るか、殺されるしかない。

今日は雪が降ったため、外では寝られない。一部の人は校舎の中に入り、一部の人はだいぶましな四百号の入り口で一晩を過ごすことになった。百号のベランダも悪くない。とりあえず、明日また方法を考えよう。皆子供を連れていない人ばかりだった。これらの無知な人たちはかわいそうだが、嫌われるタイプでもあった。日本鬼子が来たら、やじ馬見物をするみたいに寄って来るので、離れなさいと言っても離れないし、家に帰れと言ってもまた怖いと言って来る。今日の登記は一枚の用紙しかない。みんな一列ずつ並ばされて、もし間違ったら日本兵の捧がすぐ飛んでくる。女性が殴られて頭から血を流している場面を目撃した。今日登記したメモ用紙を寧海路に行って大き目の紙に交換しなければならない。朝早くから来て待っても、昼過ぎにならないと大きな紙と交換できない時もある。若い人が残されている時もある。我々の職員は華小姐が連れて行くことにした。半日も待つほどに暇が無いので、華が連れて行ったら早くなるからだ。今日は、漢奸と明日一番に登記すると約束した。

【丁栄声（女性）の証言】＊一九二〇年一月生まれ　当時の住所　大府園から金陵女子文理学院

ある日、日本兵がたくさん金陵女子大にやって来て、難民登録をするので教室から出ろといいました。その当時は日本兵に会うと歩けないほど怖かったのですが、仕方なく出ました。歩いていると、日本兵が棒ではありませんが、木の枝で私の頭をなぐりました。その時、芝生のところに行列になって並んで、難民登録をしなくてはなりませんでした。登録の仕事をしているのは中国人ですが、日本兵がそばで見守っているのです。私は日本兵が怖いということと、また寒いということがあって、震えているとなぐられたのです。そこには机が三つぐらいあって、一人一回の登録ではすまないんです。二回、三回ぐらいの登録をする必要がありますけれど、私は日本兵の近くに行くのが怖くて、結局登録はやめました。何しろ日本兵は、華小姐に追い払われても、塀を乗り越えて女子大に入り込んで女性を強姦しましたから、怖くてたまりませんでした。できるだけ若い女性は門を出ないようにしていました。しかし、中の食事はお粥ぐらいで、お腹がすきます。

【呉秋英（女性）の証言】＊一九一七年九月生まれ　当時の住所　洪武路、陰陽営、金陵女子文理学院

人びとが広場に集められて、良民証の発行を受けなければならないことがありました。〔前に〕机を二つ置いて、男と女を一列ずつ並べ長い列ができました。そこへ日本兵は、一つの列を挟んで五、六人並んでいました。列の中から男の人だけ引き出していました。男は帽子をとり、額に帽子のあとかたがある者、手のひらにマメができている者を元兵士だという嫌疑でぬき出しどこかへ連行しました。難民区にはたくさんの人がいましたから、その中の人から「抜き出された男たちはトラックに乗せられ、下関につれていかれ、機関銃で撃ち殺された」と聞きました。〔略〕

【王金福（男性）の証言】＊一九一七年十月生まれ　当時の住所　雨花街西街から難民区へ

金陵女子大の校庭で登記をすると良民証をもらえ、仕事にも就けることを張り紙を見て知りました。

その日の朝早く七時から並んで登記を待ちましたが、この時刻ではすでに大勢の人々が並んでいました。日

本兵は四十～五十の机を校庭の真ん中に置いて登記をしていました。一万人近い大勢の人たちで混み合い、長い長い列ができていました。男だけでした。外に出て仕事をしなければならないからです。自分の番になると、名前、年齢、顔の特徴などを記入していました。登記の事務仕事をしていたのが日本人だったのか、中国人だったのかは知りません。日本軍が着剣の銃を持って「並べ、並べ」と銃で脅し、列を挟むように警備していました。彼らはまず並んでいる人たちの手のひらや頭を調べていました。手に「たこ」のある者、頭に帽子をかぶっていた跡がある者は中国兵と見なされて別の所に連行されました。かなり多くの人たちがこうして列の両側から日本兵に引き出されました。そんな人が数百人単位でいました。〔略〕

登記に行った日のことですが、金陵女子大の北の方にある広場で機関銃を掃射する音を聞きました。登記の時に中国兵と疑われた人たちです。翌日、紅十字会の人たち五十人くらいでしょうか、その人たちが死体に筵をかけて運んでいるところを見ました。たくさんの死体でした。二人で一つの死体を運んでいました。陰陽営〔金陵女子大の北〕という所に大きな穴が掘られていました。深さは三メートル以上、幅は六、七メートルでかなりの長さがありました。紅十字会が掘った穴です。とても大きく、深い穴でした。そこに死体を筵で包んだまま放り込みました。その時、私はその紅十字の人にどの位の死体があったかを聞きましたが、その人は少なくとも二千人はいるだろうといいました。穴を覗いてみて腰が抜けそうに驚きました。縄が解けて全身血だらけで、頭も血まみれの赤裸死体を見て気分が悪くなりました。中国兵もそうでない人もいたということでした。私は紅十字の人たちについてその様子を間近に見ていました。紅十字の人たちは体の前後に紅十字のマークを付けていました。彼らは給料をもらってこの仕事をしていたようです。

三日目から日本軍管理の工場に仕事に出かけました。腕章は白で、中島部隊と書いていました。それに二センチ角の中島と書かれた印が押されていました。そこでの仕事は四日間だけでした。

【元兵士・亀田徳一の証言】＊一九一四年六月生まれ　南京戦当時　第十六師団歩兵第三十三聯隊第二大隊

金陵女子大で警備する時、良民証を発行したことがありますな。朝九時から夕方暗くなるまで、冬だったので夕暮れが早く、だいたい四時頃までやったと思いますわ。〔略〕

「良民証をくれ」と大勢の難民たちがやって来るんです。良民証を持っていたら、日本人が警備する所を通れるし、家にも帰れるんです。良民証出す時、男は男で女は女で別々に並ばせてね。男だけは十人ぐらい並んでいる日本の兵隊の真ん中を通らせ、〔中国の〕兵隊でないかどうかを調べるんです。兵隊やと思ったら引っ張り出して便衣を脱がして調べます。兵隊やと思ったら引っ張って行って殺さなければならんのやから。

一日やるとだいたい八十〜百人ぐらい出てくる。日が暮れたら分隊単位で引っ張って行って殺すんです。一人で六、七人連れて行く。わしも五人ほど引っ張って行って殺したことがありますな。味噌工場の前を通った時大きな桶があったので、その大きな桶の中に突き倒して上からポンポンと撃ったことがあります。その時は、早く始末して、早く風呂に入りたいなんて気持ちで殺してたな。二回ほどやったことがありますな。

【十二月二十九日】

今日もここは男性だけの登記となった。今日は女性難民の登記だと思ったが、日本兵たちは、全城内にいる男性を皆ここに連れてきて登記させている。今日は寒い。日本兵は、柴をたきたいと言った。それも百号棟の正門のところでと言う。ドアまで焼かれるんじゃないかと心配だ。どこに〔日本兵に〕訓示してくれる人がいるだろうか。華小姐はこの状況を見て何も言わずに、自ら外に出て行って炭を買ってきて火を起こした。そして火鉢をそこに二つ用意して、炭を芝生の上に積んで置いた。しかし、兵隊が坐っていたところはやっぱり柴をたいていた。毎日たくさんの柴をたいているが、まだ早く持って来いという。持って行くのが遅いと机や椅子まで放り込んだ。私が用意していたご飯炊き用の柴までだいぶ渡したのに、かなり大きい火をたこうとする。金陵女子大で誰も面倒を見ないと、日本兵はすぐ勝手に机を燃やしている。本当に悪い奴らだ。我々は人を派遣して世話することにして、そこに柴を用意した。今日の登記では、自ら兵隊であることを申し出た人は一人もいない。日本兵は怪しいと思った青年を何人か引っ張り出して、女性の難民達に自分の父兄、夫、親戚かどうかを確認させた。あるお婆さんはとても勇気があって、三人も自分と関係があると申し出た。実は彼女は青年達とは顔見知りでもなく、ただ彼らを救うために名乗り出てきただけだ。もう一人の女性も出てきて、自分の兄だと言って一人を確認した。そして、部屋に戻って服を着替えてからまた出てきて、今度はもう一人を自分の親戚だと言い張った。彼女の行動には本当に敬服する。誰からも確かにそうだと言われなかった人達は連行されて行った。ある者は知り合いだったり、あるものは親戚だったり、女性はここに住み、男性は外で住んでいるような人達が多かったので、連れて行かれた人は少なかった。彼らがその後どうなったかは分からない。日本兵は街の整理の最中で、死体を焼いたり埋葬したりして片付けている。街には死体がたくさんあった。今晩も、外では、また建物が焼かれている。曇りで小雪のためすぐ融けてしまった。聞くところによると、女子神学院から昨夜二十数人の女性が連行されたそうだ。ここにはあんまり来なくなった。この前、連れてきた三匹の羊のうち、一匹が死んだので、職員達に食べさせた。

【徐明（男性）の証言】＊一九二〇年五月生まれ　当時の住所　上海路

半月後、金陵女子大学で難民登録があった時に一人の将校のような日本兵が通訳一人を連れて来ました。当時女子大の運動場の空き地にはずらっと軍用車が並んでまして、一人の日本兵は車の中で、二人の兵は車の横に立っていました。〔略〕「我々皇軍はあなたたちのことを優先的に考えるために来ました。今まで仕事があった人、つまり下はトイレの掃除夫から上は国民党の高官まで皆前へ出て来なさい」「私たちは責任を持ってあなたたちを家まで送ります。そして仕事があった人には仕事も分配する。給料もきちんと払います。これまで仕事がなかった人はその場で立っているように」と言いました。後から分かったことですけれど、これは私たちを騙すための言葉でした。話が終わったらそのまま立っている人は十～二十人で、皆子どもと年寄りばかりです。私も十七歳で仕事がなかったので、そこに残りました。他の仕事があった人は日本人の将校が立っている机の両側に移動して並んでいました。その数は千人以上もあります。そしたら、将校は私達が立っているところを指して「帰れ、帰れ」と日本語でどなりました。私たちはどうしてだろうと思って帰りました。

後から聞いた話ですけれど、残った千人以上の人々は八台のトラックに乗せられて、中華門外に連れて行かれて殺されたそうです。これはその中にいた一人の国民党の将校が、その晩の深夜に生きて難民区に帰ってきて、私たちに〔略〕話してくれたから分かったのです。

【王明（男性）の証言】＊一九一五年農暦五月生まれ　当時の住所　難民区から老虎橋監獄

短い期間のうちに良民証を発行するのでそれがないと生活できないと張り紙がしてありました。私は良民証をもらうために五台山に行きました。大きな広場に数万人以上の人々が集まっていました。日本軍は男たちを列に並ばせ一人一人検査しました。手にたこがある者はその中から引きずり出されて一か所に集められました。私は検査されたとき、最初は軍人と見なされ、引きずり出されました。トラックに乗せられて漢中門あたりの畑に集められたのです。周りは鉄条網が張られていました。テントが幾つもありました。一万人くらいがいました。ほとんどの人がその後殺されたのですが、私は苦力としてそのテントの中で一か月くらい働かされました。毎日その中から数十人単位で引きずり出されて銃殺されたのです。彼らは江東門近くの上新河にトラックで連行され、機関銃で虐殺されました。毎日、機関銃の音を聞きました。その様子は直接は見ていませんが、民衆から聞きました。こうした状況を聞いた従姉妹が助けに来てくれたのです。婚約者の従姉妹が「この子は私の弟です。生粋の南京市民で兵隊ではありません」と言ってくれて身元が保証されました。師長〔師団長〕も危なかったのですが、見知らぬある女性が、「この人は私の夫です」と証言してくれて助かりました。後に二人は本当に結婚したそうです。

鉄条網の囲いの中で毎日殺されていった者は、かなり年をとった人でした。若者は苦力として使われました。その後は老虎橋という所にある監獄に入れられ、そこでも苦力をさせられました。石山を切り開く仕事でした。その時は、ことあるごとに日本軍に殴られました。

【元兵士・酒井貞蔵の証言】＊一九一五年九月生まれ　南京戦当時　南京第二碇泊所司令部

港で荷の積み下ろしには、わしがいた暫くは、捕虜を使ってましたで。日本兵の指図に従わないと、気の短い兵隊はバーンと発砲して撃ち殺したし、動きがちょっと鈍いと河の中にほうり込んだり、殺してました。わしの班長が「戦争に負けたら、ああゆうふうになるで、戦争は負けたらいかん」と言って、無茶なことやるなと思いながらも、負けたらあんなふうになるんやと感じましたな。捕虜は本当に牛馬のように扱われてね。若い気の荒い兵が捕虜の管理をしていました。捕虜は百人位いてましたやろか。小舟に荷物を積んで沖の本船に荷を運び込んだり、陸に揚がった荷を荷車に積んだりしていました。荷物は、乾燥した野菜や米、麦など食料が多かったな。捕虜の宿舎は、わしらの宿舎から四、五百メートルくらい川上にありました。周りを鉄条網で囲み歩哨が見張りに立っていました。

【十二月三十日】

今日も登記が続いている。外の男性はまだ登記が済んでいない。話によると女性は四十歳以上だったら登記しなくてもいいみたいだ。子供も十五歳以下は免除らしい。嬉しくなった。我々一家は登記しなくても済むからだ。最近登記があるせいで、一つ良いことがあった。それは兵隊が入って来て面倒を起こさなくなったからだ。毎日飛行機が頭の上を飛んで行く。どこへ行くのだろう。蕪湖へ行くのだろうか。話によると蕪湖はもうすでに焼き・殺し・強姦と暴行されたそうだ。なぜなら日本兵は蕪湖に先に到着したからだ。今は外のことは全く分からない、上海からも人が来ない。食べ物がないため羊を殺して食べた。普段は羊の肉など食べないが、今日は食べた。

【陳桂英（女性）の証言】＊一九二六年六月生まれ　当時の住所　鼓楼二条巷から金陵女子文理学院

世間が落ち着いた後でも、日本兵の革靴の音を聞くと恐怖で体が震えました。金陵女子大では比較的安全でした。ここにも日本兵が来ましたが、アメリカ人の華小姐が日本兵から若い女性たちを守るために発電器のある大きなケースの中に隠し、外から鍵をかけたのです。中に入り切れないで部屋の外にいた数人の女性が、押しかけてきた日本兵に連れ出されました。そして、強姦されたのです。私は、こんな怖いことがあったのでもう部屋から出ませんでした。ここでは一日二食のお粥が出ました。運動場の所にめいめいがお椀を持って、お粥をもらいに行くのです。お粥をもらったらすぐに部屋に隠れました。

【十二月三十一日】

今日は女性達の登記の番だったが、一棟分の人だけ登記して、後は男性の登記に回った。外にはまだ登記していない人がいる。とても遠いところからの人も来ている。彼らの女性への訓示は、女性は自由がない、女性は三従と四徳を守るべきだと言っている。英語が少し分かるぐらいで、自由、自由と言うなと言われた。全く話にならない。

登記は午後も続いた。これから三日間は、お正月の準備で暫く登記しないらしい。彼らの話は信用できないし、何をやっているかも分からない。彼らの国は長続きはしないだろう。言っていることはとてもいいが、やることは少し間違っている。今晩は旧年を送る礼拝があって、明日の朝は新年を迎える礼拝がある。職員達も特別礼拝がある。登記を終えた難民達の中には帰れる人もいた。最近、難民区の中は少し良くなったが、難民区の外はまだ治安が良くない。

【周成英（女性）の証言】 ＊一九二二年十月生まれ　当時の住所　中華門付近

日本軍の入城後半月くらいしてからのことでした。これまで使っていなかった目覚まし時計をいじっているといきなりベルが鳴りだしました。その音を聞きつけて外を歩いていた日本兵が避難していた我が家にドカドカと靴音を鳴らして入ってきたのです。日本兵は三人いました。日本兵は私たちの部屋の中を見回して、その時、隣の部屋に二人の姉妹がいるのを発見しました。すぐにその部屋に入って、ちょうどオマルで用を足していた姉の方につかつかと歩み寄りました。いきなり姉の方を担ぎ上げ、押さえつけて強姦しようとしました。その時の彼女は十八歳くらいでした。その家には姉妹の母親と兄もいました。二人は跪いて「やめてください。許してください」と床に頭を何度もこすりつけ、許しを請うたのですが、全く相手にされず追い払われました。その女性は、家族の前で代わる代わる三人の日本の鬼に輪姦され続けられました。その三人の日本兵が去った後すぐ、また別の日本兵が自転車に乗って来て、家の前に止めました。私たちは逃げる間もありませんでした。その日本兵も部屋に入り込んで、横たわっていた彼女を強姦しました。立て続けに四人から輪姦されたその人は口から血の泡を吹き出して気を失ってしまいました。その後、その家族はどこかに引っ越していきました。

【元兵士・寺本重平の証言】＊一九一三年九月生まれ　南京戦当時　第十六師団歩兵第三十三聯隊第二大隊

天野中隊長は宮さん〔上海派遣軍司令官朝香宮鳩彦王〕の警護というこんな時でも女の子を抱いて寝ていたんやから。ここ〔句容〕にいる時、天野はわしら兵隊に「強盗、強姦、放火、殺人、なんでもやれ」と言ったんやで。〔略〕クーニャン捜しは分隊や数人で行くことが多いな。見つけるとな、分隊の何人もで押さえつけたんや。それで、女の子を強姦する順番をくじで決めた。一番のくじを引いた者が、墨を塗っている女の子の顔をきれいに拭いてからやった。交替で五人も六人も押さえつけてやったら、そらもう、泡を吹いているで。兵隊もかつえ〔飢え〕ている。女の子は殺される恐ろしさでぶるぶる震えている。南京で、二、三人でクーニャン捜しに行った時、きれいな中国服を着た、国民党の偉いさんの奥さんと思うが家の中で隠れていた。「ピーカンカン」と言うと、殺されるのが恐いから全然抵抗せんで、大人しく裾を持ち上げたので、わしらはさせてもらった。終わった後、ええことをさせてもらったので、「ありがとう、ありがとう」とその奥さんに握手をして帰ってきたで。兵隊は若いから、俺は明日死ぬという気持ちがあるから、女の子と寝たい気持ちが強いんや。人間の本当の気持ちと思うわ。みんなは内緒で悪いことをしていた。

【元兵士・居附萬亀男の証言】＊一九一五年六月生まれ　南京戦当時　第十六師団歩兵第三十三聯隊第二大隊

〔自分の中隊の〕天野中隊長が軍法会議にかけられたことは、噂をしてたし、中隊長が南京を離れる時、部隊にいなかったので分かったけど、具体的な罪状や判決文については分からない。どういうことでなったかもわしらには分からんな。

天野中尉は、いつも専属女性を連れて歩いたことは聞いたことがある。天野中尉は大ぴらに何でもやり放題だった。いつも隣に彼の当番がついていて中隊長の言う通り女探しも強盗もやっていたな。強盗罪といえば、位を落とし、給料を最低にした。確かにわしらは南京を出る時、中隊全員が足止めをくったし、天野中隊長はもういなかった。中隊には戻らなかった。どこへ行ったか分からない。上海で裁判にかけられて有罪判決を受けたらしいで。

【天野中尉軍法関係資料】＊「飯沼守日記」『南京戦史資料集I』偕行社より。一八四頁〜一八六頁

一月二十六日　晴

本夕本郷少佐ノ報告。米人経営ノ農具店ニ二十四日夜十一時頃日本兵来リ、留守居ヲ銃剣ニテ脅シ女二人ヲ連行強姦ノ上二時間程シテ帰レリ、依テ訴ヘニ依リ其強姦サレタリト言フ家ヲ確カメタルトコロ天野中隊長及兵十数名ノ宿舎セル所ナルヲ以ッテ、其家屋内ヲ調査セントシタル米人二名亦入ラントシ、天野ハ兵ヲ武装集合セシメ逆ニ米人ヲ殴打シ追ヒ出セリ。其知ラセニ依リ本郷参謀現場ニ至リ、中隊長ノ部屋ニ入ラントシタルモ容易ニ入レス、隣室ニハ支那女三、四在リ強イテ天野ノ部屋ニ入レハ女ト同衾シアリシモノノ如ク、女モ寝台上ヨリ出テ来レリト、依リテ中隊長ヲ訊問シタルニ中隊長ハ其権限ヲ以ッテ交ル女ヲ連レ来リ金ヲ与ヘテ兵ニモ姦淫セシメ居レリトノコト。依テ憲兵隊長小山中佐及33〔i〕第二大隊〔長〕ヲ呼ヒ明朝ノ出発ヲ延期セシメ大隊長ノ取調ニ引キ続キ憲兵ニテ調フルコトトセリ

一月二十九日　正午ヨリ雪、南京ハ再ビ銀世界トナル

小山憲兵隊長来リ天野中尉以下ノ件ニ就キ報告、事件送致ニ就キ軍ノ意向ヲ聞ク。依テ中尉以下同宿ノ者全部ヲ送致スヘキヲ希望シ、殿下ニモ報告セリ。〔中略〕

天野中尉出発ヲ差止メラレ何トカ穏便ノ取計ヒヲトテ来リシモ、男ラシク処理セヨト諭シテ帰ヘス。

一月三十日　曇リ

天野中尉以下十二名軍法会議ニ送致

【『ラーベ日記』より】＊『拉貝日記』（ラーベ日記中国語版）より翻訳　五二四、五二五頁

一月二十四日二十三時、薄い青色の腕章を付けた二人の日本軍兵士が胡家菜園十一号にある農具店に侵入した。彼らは武器で店主を脅迫しながら、持ち物検査をした。そして彼の妻を無理やりに連れて行って、強姦して、二時間後にやっと放した。（この事件は家宅侵入、軍用武器での脅迫及び誘拐と強姦の罪にあたる）。門に貼ってあった日本布告は破られた。リッグズ先生とベイツ博士は後から車で、被害にあった彼女を連れて強姦された現場を探しに行った。彼女が証言した場所は小粉橋三十二号の所だった。ここは日本憲兵区部隊が駐屯している所だった。ベイツ博士はアメリカ大使館に正式に日本憲兵隊に抗議をするよう提言した。なぜならば、この事件が起きた場所は金陵大学の敷地内である。一月二十六日の午後、二人の日本憲兵と一人の通訳、そして高玉がこの事件を調査するためにリッグスとアリソン先生と一緒に農具店と日本憲兵区部隊に行った。この女性は事情調査を受けるために日本大使館に呼ばれた。しかし、彼女は大使館に二十八時間も拘留され、一月二十七日二十時三十分にやっと解放された。彼女によれば、彼女が話した一階と二階の間の階段数が間違ってる、そして当時現場に敷いてあった物、照明についても言い間違っていた。彼女は石油ランプを電灯と言ってしまったのだ。これ以外にも、連行された具体的な時間を（店で怒っていた目撃者が言った時間帯と彼女が言った時間帯が合わない。）はっきり言えなかった。だから、この部屋で強姦は起きなかったことが証明されるとされた。そして日本憲兵隊の担当区での行為でもなく、この期間、すでに処罰された一般兵士の行為であることが推定できるとされた、と。

この事件が日本憲兵区部隊で起きたのではないとすれば、この通報とアメリカ大使館に対する抗議は反日宣伝と見なされる。（平倉巷三号において、高玉氏と通訳は、ベイツ博士とリッグスに向って、この状況について証言した／リッグス、ベイツ）

〔略〕

日本兵士の暴行

この期間、我々にまたも日本兵士の暴行について報告された。ここから、安全区内ばかりではなく区外でも、本当の秩序回復までは遥か遠いことが証明できる。励まされたことは、一月三十日のある案件の中で、一部の日本軍兵士が憲兵隊にただちに逮捕され拘留されたことだ。しかし、この事件の処罰に対して、今でも軽い体罰が加えられたに過ぎないか、事件を犯した兵士は叱られた後、敬礼するだけですんだ。

【『ある軍法務官の日記』より】＊みすず書房　一九二頁

昭和十三年二月十五日　朝ヨリ降雨　殆ド降リ続ク

塚本法務官到着ス　南京方面ニ於ケル事件状況ニ付キ聴取ス　特ニ天×中尉強姦事件ニ付テハ相当詳細ノ報告ヲ受ク　強姦事実ヲ認ムルハ困難ナルガ如キモ憲兵伍長ニ対スル職務執行中ノ軍人ニ対スル脅迫ハ之ヲ認メ得ルガ如シ

各方面ニ亘リ強姦事件頻発スルガ如シ之ヲ如何ニシテ防止スルカハ大イニ研究問題ナリ

＊引用した南京戦に参加した兵士の証言は、拙著『南京戦・閉ざされた記憶を尋ねて――加害兵士１０２人の証言』社会評論社より引用しました。

＊被害者の証言は、同じく拙著『南京戦・引き裂かれた受難者の魂――被害者１２０人の証言』社会評論社より引用しました。

＊元兵士の日記などは、南京戦に参加した元兵士のみなさんから歴史研究のためにとの同意を得て、引用させていただきました。

用語解説

兵役

当時の戸籍法の適用を受ける日本の男子（内地および樺太に本籍を有する者）で、満十七歳より四十歳までのものはすべて兵役法の適用を受けた。兵役は常備兵役（現役、予備役）、後備兵役、補充兵役（第一補充兵役、第二補充兵役）、国民兵役に分かれていた。

（兵役区分）		（陸軍における服役年限）	（一九三四（昭和九）年時の規定）
常備兵役	現役	二年	現役兵として徴集された者
	予備役	五年四月	現役を終えた者
後備兵役		十年	常備兵役を終えた者
補充兵役	第一補充兵役	十二年四月	現役に適する者でその年所要の現役兵員に超過する者の中の所要の人員
	第二補充兵役	十二年四月	現役に適する者で現役及び第一補充兵役に徴集されなかった者
国民兵役	第一国民兵役	年齢四十歳まで	後備役を終えた者、軍隊で教育を受けた補充兵で補充兵役を終えた者
	第二国民兵役	年齢十七歳より四十歳まで	戸籍法の適用を受ける者で、他の兵役についていない者

＊一九四一（昭和十六）年になると後備兵役は予備兵役に編入され、予備兵役の服役年限は十五年四月となる。また、補充兵役の服役年限は十七年四月となる。

徴兵検査

徴兵検査受験者は、戸籍法の適用を受ける者で、前年の十二月一日よりその年の十一月三十日までの間において満二十歳に達する者。この年齢を徴兵適齢と称した。しかし、一九四三（昭和十八）年十二月の徴兵適齢臨時特例の公布により、一九四四（昭和十九）年より一年下げられ十九歳となった。

徴兵検査の期日は毎年四月十六日より七月三十一日までの間に行うのを例としていた。徴兵基準は次の通り（一九三四（昭和九）年）。甲種合格は、地方では一人前の男子として扱われる尺度とされた。

現役に適する者	甲種	身長一・五五メートル以上にして身体強健なる者
	第一乙種	身長一・五五メートル以上にして身体甲種に次ぐ強健なる者
	第二乙種	右に同じ（ただし甲種、第一乙種より更に視力がおちる）
国民兵役に適するも現役に適しない者	丙種	身長一・五五メートル以上にして身体乙種に次ぐ者 身長一・五〇メートル以上、一・五五メートル未満の者で丁種戊種に該当せざる者
兵役に適しない者	丁種	身長一・五〇メートル未満の者 疾病その他身体又は精神の障害のある者
兵役の適否を判定し難い者	戊種	疾病中又は病後その他の事由により甲種又は乙種と判定し難きも其の翌年には甲種又は乙種に合格すべき見込みある者

＊一九四〇（昭和十五）年よりこれらの身長基準はいずれも五センチ下げられ、一・五〇メートル及び一・四五メートルとなる。

召集、赤紙

召集とは、帰休兵、予備兵、後備兵、補充兵または国民兵として在郷にある者を、兵務につかせるために軍隊に召致することをいう。召集の種類にはいろいろあるが、主な召集は次の通りである。

（イ）充員召集　動員にあたり諸部隊の要員を充足するため在郷軍人を召集することをいう。充員召集は動員令（陸軍）、充員令（海軍）によって実施される。その解除は復員令によって行われる。

（ロ）臨時召集　戦時に際し必要ある場合に臨時動員令または陸軍大臣や師団長命令で臨時に在郷軍人を召集する。召集の対象者は聯隊区司令部が決め、市部においては市長から、郡部においては警察署長を経て町村長から通知する。これが召集令状で、俗に赤紙とよばれた。

陸軍軍人の階級と待遇

（一九四三（昭和十八）年のケース）

	（階級）	（給与月額）
（イ）将官クラス	大将	五五〇円
	中将	四八三
	少将	四一六
（ロ）佐官クラス	大佐	三七〇
	中佐	三一〇
	少佐	二二〇
（ハ）尉官クラス	大尉	一五五
	中尉	九四
	少尉	七〇
（ニ）准士官クラス	准尉	一一〇
（ホ）下士官クラス	曹長	七五
	軍曹	三〇
	伍長	二〇

(ヘ)一般兵卒クラス　兵長　一三
上等兵　一〇
一等兵　九
二等兵　六
＊一九三七(昭和十二)年当時は、まだ兵長の階級はなかった。(『帝国陸海軍事典』より)
一九四三(昭和十八)年当時の諸物価：巡査初任給四五円、はがき二銭、銭湯八銭

戦時編成

師団は、戦略単位に当るもので、平時における一師団の所属兵員は一万人であるが、戦時には二万五千人に増員される。平時の一中隊百人が、戦時は二百五十人に増員されるほか一中隊が増設となる。このほか、機関銃隊も同様増員される。この結果、一個大隊平時三百人が千人に増員されることにより、戦時の一個聯隊の総兵力は三千五百〜四千人くらいとなる。

一個師団はそれぞれ二個聯隊をもつ歩兵旅団を基幹とし、騎兵、砲兵、工兵、輜重兵聯隊などの支援部隊をともない、これに通信隊、衛生隊、野戦病院などを加え、総計、約二万五千人もの大部隊を編成していた(一九三七(昭和十二)年当時)。図示すれば次のようになる。

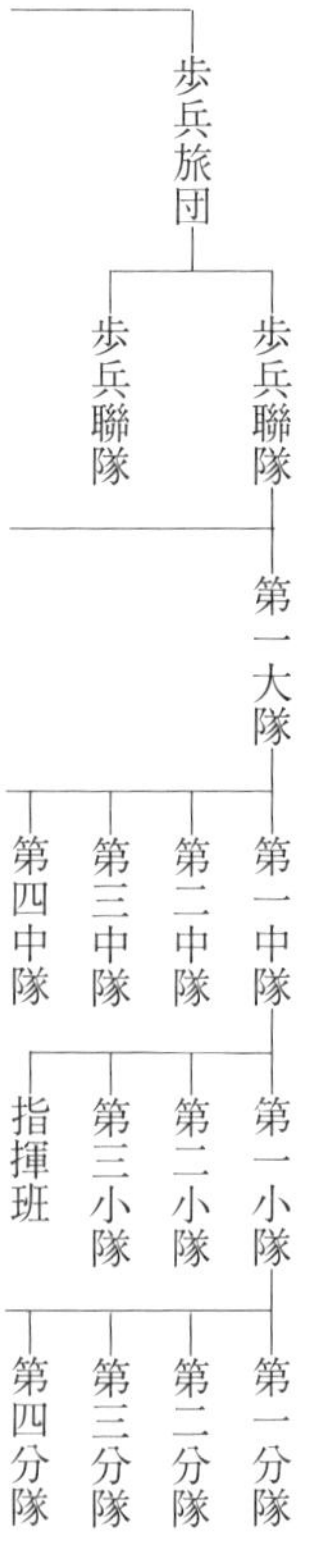

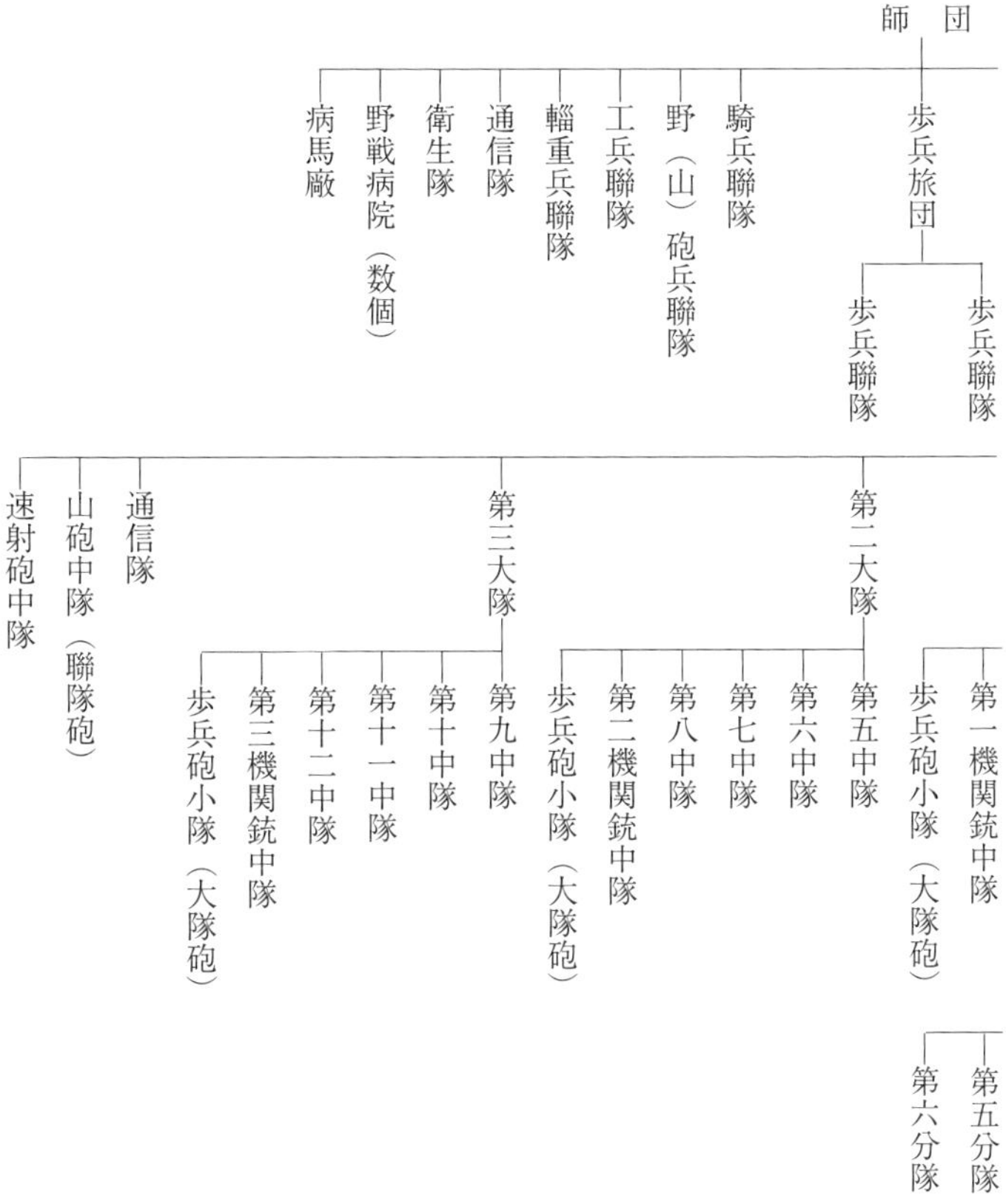

内務班

中隊は戦闘の単位であると共に、兵営生活の家庭であり、中隊長は父であり、特務曹長（准尉）は母であるといわれた。全員を班に分け、これを内務班といい、下士官一名が班長としてこれを監督した。内務班はここで起居し、軍の存在意義（天皇親率の軍隊、国威の宣揚等）や「軍人勅諭」などについて勉強し、兵器被服の手入れもし、時には教練もした。古参兵がいばり、初年兵が苦労した。内務班によって程度の差はあるが、「軍人精神」を叩き込むなどの名目で暴力による私的制裁や各種の差別・人権蹂躙が横行したといわれる。

輜重兵、輜重特務兵、大行李、小行李

いずれも戦闘に必要な弾薬や糧秣を輸送する兵士のこと。輜重兵聯隊は師団直轄。大行李、小行李は大隊以上の部隊で荷物を運ぶ部隊のことをいった。弾薬等直接戦闘に係わる荷物を運ぶ部隊を小行李といい、糧秣やその他戦闘に直接関係のない荷物を運ぶ部隊を大行李といった。また輜重兵の監督のもとで馬の世話をする兵士を輜重特務兵または特務兵といった。もとは輜重輸卒ともいわれた。輜重兵は第一線部隊ではなかったため日本の軍隊内では地位が低く、「輜重、輸卒が兵隊ならば、蝶やトンボも鳥のうち」などといわれ歩兵などから馬鹿にされた。こうした後方補給に対する軽視と補給部隊への蔑視は日本軍隊全体に見られるもので、それは容易に第一線戦闘部隊の現地徴発主義を生み出して占領地住民の反感を招き、南方では第一線部隊を孤立させて玉砕の環境づくりをしたともいえる。

千人針

千人の女性が一針ずつ縫って結び目をこしらえた白木綿の布。これを肌につけて戦争に赴けば、戦苦を免れ無事に帰還することができるという俗信から発生した風習。このような俗信は、弱い者や危機にある人のために、多人数の力をあわせて、危機を無事に脱却させようとする動機から出た呪願《じゆがん》の一種とみてよい。一八九四〜九五年（明治二十七〜二十八）と一九〇四〜〇五年（明治三十七〜三十八）の日清・日露戦争のときから始まったという。肌に巻く晒《さらし》などに赤い糸で縫うもので、この赤という色にも災害をよける意味があったとみられる。日中戦争〜第二次世界大戦の際には、街角や駅前などに女の人が並んで一針を請うていたが、当時流通していた五銭・十銭の穴あき硬貨を同じ糸でかがりつけて、「死線（四銭）を越える、苦戦（九銭）を免れる」などという呪《まじな》いにする俗信もあわせて行われていた。とくに「虎《とら》は千里を行き千里を帰る」という故事に基づいて、寅《とら》年生まれの女性からはその年齢だけの数を縫ってもらうと効が多いといわれていた。

軍人勅諭

一八八二年（明治十五）一月四日、明治天皇が陸海軍人に下した勅諭。正式名称は「陸海軍軍人に賜はりたる勅諭」。他の勅語が漢文調であるのと異なり、平仮名交じりの平易な和文調で、文語体ではあるが、わかりやすい語りかけの体裁をとり、二千七百字に及ぶ長文となっている。内容は、日本軍の兵制の沿革を説き、天皇が軍の最高統率者であることを強調した前文と、忠節、礼儀、武勇、信義、質素の五か条を軍人の守るべき教えとして解説した主文、および、これらを誠心をもって実行するよう求めた後文とからなっている。その特徴は、天皇が兵馬の大権を掌握することを明らかにし、忠節を第一の軍人の徳目とし、上官の命に服従することは天皇の命令に服従することであると説いている。

教育勅語

天皇制国家の思想、教育の基本理念を示した勅語。教育に関する勅語ともいう。一八九〇年（明治二十三）十月三十日発布。「教学聖旨《きょうがくせいし》」の起草（一八七九）や「幼学綱要《ようがくこうよう》」の頒布（一八八二）など、自由民権運動や文部省の欧化政策に反対する天皇側近グループの伝統主義的、儒教主義的立場からの徳育強化運動が前史としてある。一八九〇年二月の地方長官会議が内閣に対して徳育原則の確立を迫る建議を行ったのが成立の直接の契機である。全文三百十五字。天皇の有徳と臣民の忠誠が「国体ノ精華《せいか》」であり、同時に「教育ノ淵源《えんげん》」であると説いた。発布後、文部省の手で謄本がつくられ、全国の学校に配布。学校儀式などで奉読され、国民道徳の絶対的基準、教育活動の最高の原理として圧倒的権威をもち、修身科をはじめ諸教科の内容はこれによって規制された。戦後政治改革により一九四六年（昭和二十一）十月、奉読と神格的取扱いが禁止され、四八年六月十九日には衆参両院で、憲法、教育基本法などの法の精神にもとるとして、それぞれ排除、失効確認決議がおこなわれた。

歩兵第十六師団

創設は、一九〇五年（明治三十八）七月十八日に京都で編成された陸軍歩兵師団。日露戦争で日本は従来の師団全てを動員したため、本土駐留師団がなくなる事態となり、急遽、第十六師団を含む四個師団が創設された（他の師団は、第十三師団、第十四師団、第十五師団）。第十六師団は編成後、直ちに「満州」に派遣されたが、戦闘は概ね終結しており、九月五日には、日露間でポーツマス条約が締結されたため、戦闘には加わっていない。日露戦争後一九一九年から、師団は「満州」駐剳を命じられた。その後、いったん帰国するが、一九二九年（昭和四）、一九三四年（昭和九）にも満州駐剳任務に就いた。一九三七年七月に盧溝橋事変（日中戦争）が勃発すると、華北戦線に投入された。同年十一月、上海派遣軍隷下上海戦線に転じ、南京攻略戦に参加した。一九三八年一月から、北支那方面軍隷下徐州会戦に参戦、同年七月第二軍隷下で武漢攻略戦に参戦、十二月には第十一軍に編入され、翌一九三九年（昭和十四）八月に復員した。

アジア太平洋戦争では、一九四一年十一月第十四軍戦闘序列に編入され、緒戦のフイリピン攻略に参戦、マニラ陥落後フイリピンに駐屯した。一九四四年八月からは第三十五軍隷下となりレイテ島に移駐。十月二十日連合国軍がレイテ島に上陸、補給線を断たれて第十六師団は壊滅した。当初一万三千名で臨んだレイテ決戦も生存者は僅か六百二十名であった。牧野四郎師団長は八月十日自決した。

南京攻略戦時の第十六師団の師団長は中島今朝吾中将である。その部隊編成は師団司令部、歩兵第十九旅団（旅団長・草場辰巳少将）、歩兵第三十旅団（旅団長・佐々木到一少将）、騎兵第二十聯隊、野砲兵第二十二聯隊、工兵第十六聯隊、輜重兵第十六聯隊、他に通信隊、衛生隊、野戦病院等がある。歩兵第十九旅団は歩兵第九聯隊（聯隊長・片桐護郎大佐、京都）と歩兵第二十聯隊（聯隊長・大野宣明大佐、福知山）から構成されている。歩兵第三十旅団は歩兵第三十三聯隊（聯隊長・野田謙吾大佐、久居）と歩兵第三十八聯隊（聯隊長・助川静二大佐、奈良）から構成されている。（いずれも、南京攻略戦当時）

〔以上の参考文献〕
大濱哲也、小沢郁郎編『帝国陸海軍事典』同成社、一九九五年
伊藤隆監修、百瀬孝著『事典昭和戦前期の日本――制度と実態』吉川弘文館、一九九〇年
島田勝己著『歩兵第三十三聯隊史』歩兵第三十三聯隊史刊行会、一九七二年
ほか

南京安全区（難民区）国際委員会及び国際赤十字南京委員会

陥落前の南京で、居留していた外国人が中心になって、南京安全区国際委員会を組織し、南京に残った中国人を保護、救済する目的で設けられたのが南京安全区（難民区）である。十二月十四日付けの国際委員会から日本軍司令官に送った公文に付されている名簿によれば、同委員会は、ドイツ人三名、アメリカ人七名、イギリス人四名、デンマーク人一名の計十五名の居留民で構成されていた。構成委員の名簿は次の通りである。

（氏名）	（国籍）	（所属団体）
1　ジョン・H・D・ラーベ氏（委員長）	ドイツ	ジーメンス洋行

2　ルイス・S・C・スマイス博士（書記）　アメリカ　金陵大学
3　P・H・マンロ＝フォール氏　イギリス　亜細亜火油公司
4　ジョン・G・マギー師　アメリカ　アメリカ聖公会布教団
5　P・R・シールズ氏　イギリス　和記公司
6　J・M・ハンソン氏　デンマーク　徳士古煤油公司
7　G・シュルツエ＝パンテイン氏　ドイツ　興明貿易公司
8　アイヴアー・マッケー氏　イギリス　太古公司
9　J・V・ピッカリング氏　アメリカ　美孚煤油公司
10　エドウアルト・スパーリング氏　ドイツ　上海保険公司
11　M・S・ベイツ博士　アメリカ　金陵大学
12　W・P・ミルズ師　アメリカ　北部長老派教会布教団
13　J・リーン氏　イギリス　亜細亜火油公司
14　C・S・トリマー氏　アメリカ　鼓楼医院
15　チャールズ・リッグズ氏　アメリカ　金陵大学

また、別に組織されていた南京国際赤十字委員会は、外国人十四名、中国人三名の計十七名から成り立っていた。両委員会の外国人委員は併せて二十二名（両者の委員を兼ねていたものが多い）であるが、うち八名は日本軍占領前に南京を去っていった。

国際赤十字南京委員会の名簿はつぎの通りである。

1　ジョン・G・マギー師（委員長）
2　李俊南（訳音）氏（副委員長）（中国赤十字社南京支部）

3　W・ロウ氏（副委員長）
4　アーネスト・H・フォースター師（書記）
5　クリスチャン・クレーガ氏（会計）
6　ポール・ド・ウイット・トウイネム夫人
7　ミニー・ヴォートリン女史
8　ロバート・O・ウイルソン博士
9　P・H・マンロ＝フォール氏
10　C・S・トリマー博士
11　ジェームズ・マッカラム師
12　M・S・ベイツ博士
13　ジョン・H・D・ラーベ氏
14　ルイス・S・C・スマイス博士
15　W・P・ミルズ師
16　コーラ・ポドシヴォロフ氏
17　沈玉書（訳音）師

この安全区は、南は漢中路、東から東北は中山北路、北は山西路（実際は山西路よりさらに北に延びていた）、西は西康路に画される地区であった。その面積は約三・八六平方キロで、城内面積のおよそ八分の一にすぎなかった。建物は総数のわずか四パーセントという。国際委員会の事務所は、寧海路五番地の前外交部長張群の公館内に設けられていた。南京国際赤十字委員会の事務所も同じ所に設けられていた。日本兵士の残虐行為は市民の間に恐慌状態をまきおこしていた。危険から逃れようとして、住民特に暴行を恐れた婦女子がぞくぞくと安全区に避難してきた。安全区には公共機関の建物を利用して十八か所の避難民収容所が設けられていたが、南京陥落後、日本軍による放火で家を失ったり、身内を殺されたりして、避難する人々がぞくぞくと増え、これらの建物に収容しきれなくて、比較的大きな個人の邸宅も収容所に転用された。かくて収容所は全部で二十五か所になったが、それでも難民のすべてをこれらの施設に収容することは到底できなかった。このうち、最大の収容力をもっていたのは、金陵大学（現在の南京大学）の諸施設で、ピーク時には三万人もいたといわれる。安全区内はどの民家も鈴なりの状態であったが、既設家屋に入りきれない何万という難民は、空地や施設の構内や民家の庭に、むしろ張りの小屋を建てたり、敷地の庭などに寝るものもあった。安全区はいくつかの公共建物を除いて、一面むしろ小屋の世界だった。雨や雪の日はあたり一面がぬかるみになり、食糧難に加えて避難民たちの生活はまことに悲惨であった。次に南京国際安全区難民収容所の一覧リスト（一九三七年十二月十七日現在）を掲げる。

	（建物名称）	（難民数）	（収容対象）
1	交通部旧館	一〇、〇〇〇以上	家族
2	五台山小学	一、六四〇	家族
3	漢口路小学	一、〇〇〇	家族
4	陸軍大学	三、五〇〇	家族
5	南京語学校（小桃源）	二〇〇	男子
6	軍用化学工場（華僑招待所裏）	四、〇〇〇	家族
7	金陵大学付属中学	六、〇〇〇〜八、〇〇〇	家族
8	聖書師資訓練学校	三、〇〇〇	家族
9	華僑招待所	二、五〇〇	家族
10	南京神学院	二、五〇〇	家族

11	司法部	空	
12	最高法院	空	
13	金陵大学養蚕所	四、〇〇〇	家族
14	金陵大学図書館	二、五〇〇	家族
15	ドイツ人倶楽部	五〇〇	家族
16	金陵女子文理学院	四、〇〇〇	婦女子
17	法学院	五〇〇	家族
18	農村師資訓練学校	一、五〇〇	家族
19	山西路小学	一、〇〇〇	家族
20	金陵大学寮	一、〇〇〇	婦女子
総人数		四九、三四〇〜五一、三四〇	

安全区は設定されたが、日本軍はそれを国際法的な意味における治外法権的な区域としては認めなかった。占領直後から、日本軍は安全区に逃げ込んだ多数の「便衣兵」を徹底的に狩り立てて、集団的に虐殺した。この冷酷な「便衣兵」狩りの道連れにされて、おびただしい数の一般男子市民が引き出され、あるものは近くの広場で、あるものは江岸まで連行されて虐殺された。また、昼夜分かたず、女性を拉致したり、難民区内の女性を襲った。国際委員会からの再三の要請で、占領から一週間過ぎた頃から、日本軍は安全区に臨時に少数の補助憲兵を配置したが、ほとんど役に立たなかったばかりか、日本兵自身の悪事の隠れ蓑になったようである。たとえば、国際委員会の日本軍暴行報告によれば、こんな事件が引き続き起こっている。

第一五一件　十二月二十二日、日本兵二名が金陵大学蚕廠で十三歳の少女を強姦した。彼女の母親がこれを止めようとして傷を負わされた。他に二十八歳の婦人一名も強姦された。
第一四六件　十二月二十三日午後三時、日本兵二名が漢口路小学収容所にやって来て金目の物を物色した後、職員の黄（訳音）嬢を強姦した。……同夕、別の日本兵が来て王夫人の娘を強姦した。午後七時頃、また別の日本兵がやって来て、二人の婦人を強姦したが、うち一人はわずか十三歳であった。
第一四八件　十二月二十五日夜、七名の日本兵が聖書師資訓練学校難民収容所にやって来て、一晩中そこにいた。日中は午前九時に四名、午後二時には三名の日本兵が来て、衣類・現金を物色し、婦人二名を強姦した。強姦された婦人のうち一人はわずか十二歳だった。
第一六七件　十二月二十七日午後一時、日本兵五名と用務員一名が漢口路小学に来て、娘二人を連行しようとした。

なお、城内の国際安全区以外にも、莫愁路の朝天宮近くにあった教会や、城外では、棲霞山（寺院）難民避難所（一時、約二万四百名が避難）や揚子江岸のイギリス人が経営していた「和記洋行」の避難所（宝塔橋難民区）等があった。この揚子江岸の避難所にも一時約二万人の市民が避難していた。彼らは日本軍が入城する前に国際委員会から配給されていた食糧をほとんど食い尽して、苦難のあまり城内の国際安全区に移りたいと申し入れたが、だが安全区はすでに超満員だったし、日本軍も彼らの安全区入りを許そうとはしなかった。
ほかにも棲霞山近くの外国人が経営する工場など外国人が管理したり居住するところには、日本軍が勝手に侵入できないだろうと考えて多くの中国人が避難のために殺到してきた。ラーベの家の庭には一時三百人以上の女性が避難していたという。外国人が関係しない寺や廟なども難民の避難所になった。例えば、下関の法生寺などには一時、千から二千人の難民が、また莫愁湖近くの寺には何百人という難民が避難していたが、こうした難民の避難所には日本軍はほしいままに侵入してきて略奪や女性の拉致強姦がおこなわれた。

参考文献：洞富雄著『決定版　南京大虐殺』（徳間書店、一九八二年）他

ミニー・ヴォートリン女史（華群小姐《ファチンシャオチエ》）と南京金陵女子大学

ミニー・ヴォートリン女史は一八八六年九月二十七日、アメリカ、イリノイ州の貧しい家庭に生まれ、苦労をしてイリノイ大学教育学部を卒業。その後、中国での伝道と女子教育のために、一九一二年に合肥に派遣され、キリスト教女子中学校を創設した。その後、中国最初の女子大学として創設された（一九一五年）南京の金陵女子大学（一九三〇年に金陵女子文理学院と改称）からの要請を受けて金陵女子大学の教員兼教務主任となった。ヴォートリンは大学での教育ばかりでなく、一九二四年には「隣保小学校」を開設し、貧しい家庭の子供たちを入学させたり、自ら貧しい人々の中に入り、彼らの生活や子供の教育問題などの解決のために奔走したりした。彼女は自ら「華群」と名乗っていたので、人々から「華小姐《ファシャオチエ》」と呼ばれて慕われた。一九三七年、日本軍による南京空襲が激しさを増してきても、貧しい人々を見殺しにするわけにはいかないと南京から離れようとはしなかった。やがて、学院の管理も全てヴォートリンにまかされた。南京安全区国際委員会が結成され、金陵女子文理学院が難民収容所として開放されることが決まった時、ヴォートリンは難民区の準備のために積極的に働いた。金陵女子文理学院は婦女子専門の難民収容所となった。南京陥落前から、日本軍の暴行を恐れた女性たちはぞくぞくと金陵女子文理学院に避難してきた。日本軍が入城するや、いたるところで虐殺、強姦、略奪、放火を始めた。市民たちはパニック状態になり、国際安全区に避難するために殺到した。とりわけ、父親や夫、息子を殺害されたり、連行された女性や、妻や娘を日本軍の毒牙から守ろうとする男たちは金陵女子文理学院に殺到した。収容された人数は一時は一万人をこえた。しかし、安全区は安全でもなかった。日本軍は金陵女子文理学院のキャンパスにもたびたび「掃討」に入り、家族とともに避難してきていた男たちを連行した。また、金陵女子文理学院が婦女子専門の避難所であることを知って、日本兵たちは徒党を組んで昼夜を分かたず侵入し女性を拉致したり、その場で強姦、連姦した。また、トラックで来て女性たちを連行するこ

とも少なくなかった。後に国際委員会の要請で派遣された警備役の兵士もほとんど役に立たないか、逆に日本兵の悪事の隠蓑になることもあった。ヴォートリンは、こうした日本兵たちの侵入があるといつでもどこでも駆けつけていって体を張って勇敢に日本兵を阻止した。ある時には、日本兵から殴打されることもあった。ヴォートリンは日本軍の暴虐ぶりを見て、自らも深く傷ついていった。ヴォートリンは夫や父親、或いは息子を失って生活できなくなった女性たちを積極的に受け入れ、職業班を開いて技能を教えたりして女性たちの自立を支援した。ヴォートリンは人々から「活き仏」、「観音菩薩」といわれて一層慕われた。しかし、日本軍の中国侵略によって、中国での伝道と女子教育の発展を夢みていたヴォートリンの希望は打ち砕かれ、彼女の精神は極度に疲弊し、ついに一九四〇年春、彼女は精神の病に倒れた。五月治療のために米国に戻ったが、病状はよくならず、一九四一年五月、「私の中国での伝道は失敗した」という遺書を書いてガス自殺を図った。享年五十五歳であった。

参考資料：南京師範大学南京大屠殺研究中心編『魏特琳伝』（南京出版社、二〇〇一年）他

保甲制

中国には古来戸数単位の郷村組織が編成されており、その目的として徴税と警防（治安）の二つがあったが、保甲制はあとの目的を主とした代表的な統治組織である。この名称は北宋の王安石（一〇二一～八六年）が新法の一環として行なった保甲法に始まる。一七〇八年（康熙四十七）の制度では十家を牌とし、十牌を甲とし、十甲を保とするもので、組織内部の各家は相互に違法行為や不正があった場合には連帯責任を負わされた。保の責任者を保長といった。明や清の初めは一時、里甲制という郷村組織にとって代わられたが康熙末には復活し、中華民国時代や汪精衛政権下でも保甲制はそのまま維持された。この時の保甲制度は、戸を最低単位とし、戸に戸長をおき、十戸を甲として甲長をおき、十甲を保として保長をおいた。保甲の中でいつも戸籍を調べ、住民の言動を監視して連座法を実行し、一戸が法を犯すと各戸が連帯責任を負わされた。

主要参考文献：松丸道雄他共編：『世界歴史大系・中国史』（山川出版社）
京大東洋史辞典編纂会編：『新編東洋史辞典』（東京創元社）
人民教育出版社歴史室編：『中国歴史』（第四冊）

花姑娘《ファークウニャン》

日本軍が大陸を侵略した際、侵攻途中や占領地において、日本兵が性暴力の対象とする中国人女性を求める時、花姑娘《ファークウニャン》と呼んだ。日本兵による花姑娘探しは常習化しており、強姦された中国人女性の心と体を傷つけ、戦時性暴力として多くの被害者を生んだ。花姑娘（あるいは花娘）は旧中国時代の妓女の呼称の一つである（愛知大学中日大辞典編纂処編：『中日大辞典』燎原）。清末の上海の下級の妓女には、花煙間《ホイエケ》とよばれるものもあった（斎藤茂著：「妓女と文人」東方書店）。旧時代に妓院で、名札で指名して妓女を呼ぶ事を「花牌《ファーパイ》を点ず」といわれたが（同上）、花姑娘の呼称はここから来たのではないかと推察される。

良民証

日本軍は南京を占領後、国際安全区などに逃避している中国兵を剔出するためと治安維持を計るために難民の登録を義務付けた。一九三七年十二月二十二日、大日本南京警備司令官の名前でもって、全ての住民は登記すべしという布告が出された。この時の南京警備司令官は、歩兵第三十旅団団長の佐々木到一少将である。この登記作業は、軍と南京特務機関によって進められた。この時、発行された証明書を「良民証」と呼ぶ。良民証には、姓名、性別、年齢、身長、身体の特徴などが記載された。中国語で「安居証」とも呼ばれる。この登記作業と並行して、「便衣兵」狩りが行われ、中国兵らしいと疑われたものは、その場で次々と引っぱり出され、近くの広場や揚子江岸などに連行されて処分された。この結果、多くの一般の青壮年男性が犠牲になった。

南京特務機関と「南京市自治委員会」及び「維持会」

南京特務機関は南京陥落後の十二月十四日、「敗残兵」の剔出、中国民衆への宣撫工作、傀儡機構の樹立と治安維持等を目的に創設された。初代機関長は佐方繁木少佐、他に軍部、満鉄、「満州国」、外務省などから派遣された人員で構成された。南京特務機関の指揮のもとに最初に組織された傀儡機構が「南京市自治委員会」である。一九三八年一月一日、「自治委員会」の発足を祝う祝賀大会が、住民を強制動員して鼓楼広場で開かれた。民衆はこの傀儡機構を「維持会」と呼んだ。紅卍字会南京支部長の陶錫三が偽「委員会」の初代会長になったが、病弱を理由にほとんど表には出てこなかった。「自治委員会」は名目だけで、実質的な権限は南京特務機関が握っていた。三月二十八日、傀儡政権の「中華民国維新政府」ができ、続けて四月二十四日、「督辦南京市政公署」が設立されるに及んで「南京市自治委員会」は解消された。

参考資料：南京特務機関調製『南京市政概況』（昭和十七年三月）、他

苦力《クーリー》

旧中国で、重労働に従事する下層労働者や人夫のこと。

下関《シャークワン》と挹江門《イーチャンメン》

下関は南京城外の西北部に位置した土地の名前。下関は揚子江に面し、また南京城内と揚子江を挹江門を通してつながる交通の要所にあり、一八九九年に早くも列強から通商のための開放を強く迫られた地方である。一九〇六年に上海と南京を結ぶ滬寧鉄道が下関に達し、一九一一年に天津と、下関の対岸にある浦口を結ぶ津浦鉄道が開通し、一九三三年にはこの二つの鉄道をフェリーで繋いだので、下関は海上と陸上の交通の要所として大いに栄えた。南京陥落直前の下関の江岸や江上には対岸の浦口に渡ろうとするおびただしい数の軍民で混乱していた。それを目がけて

背後から迫ってきた日本の歩兵部隊やすでに遡上してきていた日本の軍艦や空からの海軍機によって爆撃と機銃掃射で無差別殺戮が行われた所である。占領後も城内の掃蕩戦や「便衣兵」狩りで捕らえられた多くの青壮年男子が挹江門を通って下関のクリークや揚子江岸に送られ集団虐殺された。

中国軍とその編成

当時の中国軍の編成序列を上から並べると次のようになる。

軍、師、旅、団、営、連、排、班。構成は三・三制を採っており、一排は三個の班から成り、一班は平均して、班長、副班長を入れて十四名で構成されている。一連は三個の排から成り、一営は三個の歩兵連と一個の機槍（機関銃）連等から成っている。一団は三個の営と一個の通信連等から成っている。一旅は二個の団から成っており、一師は三個の団と二個の旅、あるいは四個の団と二個の旅、それに砲兵、工兵、輜重の各一個の営で成り立っている。完全に部隊が充足されておれば、一歩兵師の構成人員は一万九二三人になる。中国の一個師団は日本の一個師団の約半分である。

一軍は二個の師又は三個の師から成り立っている。一軍は二個の師、または三個の師から成り立っていた。当時の南京防衛軍の最高司令官は唐生智であった。その総数は中国江蘇省社会科学院の孫宅巍氏によれば約十五万人と推定されている。このうち、四割は急いでかき集めた新兵で、ほとんど軍事知識もなく、軍事訓練も受けておらず、射撃の要領すら知らないものが多くいた。南京防衛戦による中国軍の犠牲者数は約十万人で、このうちの約九万人は戦闘による犠牲ではなく、日本軍の虐殺によると推定される。日本側の上海派遣軍による十二月二十九日の発表によれば、「その後、詳細なる調査によれば、敵の遺棄死体八万四千、捕虜一万五百人」とある（日刊新聞「新愛知」昭和十二年十二月三十日号）。

参考資料：孫宅巍著『南京保衛戦史』中華発展基金会等聯合出版、一九九七年、他

紅卍字会

正式呼称は、世界紅卍字会南京分会である。一九七三年十二月、難民区の寧海路二号に事務所を設け、難民のための各種の慈善作業を行う。南京陥落後、十二月二十二日より中国人の遺体の収容埋葬作業を開始する。この会は専門の収容埋葬隊を組織し、作業時には紅卍字ののぼりを持ち、従事する者は、紅卍字のマークの入った衣服を着るか、あるいは腕章を着けていた。紅卍字会の主要な遺体収容埋葬地域は、中華門、水西門、挹江門城外及び城の西部地域一帯であった。作業は一九三八年十月末まで行われ、その遺体埋葬数は合計で、四万三〇七一体になったことが南京軍事法廷及び極東国際軍事法廷に報告されている。他方、南京城内の東部地域や南は中華門外花神廟、通済門外高橋門まで、北は挹江門の城壁まで、東は中山門外馬群まで、時には水西門外の上新河一帯までの遺体の収容埋葬を担当したのは崇善堂である。崇善堂も南京陥落前に難民区に入り、薬や米を送るなどの慈善事業をしていたが、陥落後、「崇字埋葬隊」を組織し、遺体の収容埋葬作業を始めた。従事するものは白地に崇善堂の字が入ったチョッキを着ていた。作業期間は一九三七年十二月二十六日から三八年五月一日までで、収容埋葬遺体の総数は一一万二二六七体であったことが、先の二つの法廷に報告されている。他に遺体の収容埋葬に従事した組織には、中国紅十字会南京分会（埋葬合計二万二六八三体）、同善堂（埋葬合計七千体余）、回民埋葬隊（埋葬合計四百体）、傀儡機構の「南京市政公署」（埋葬合計七千四百余体）、傀儡機構の「下関区公所」（埋葬合計三二四〇体）、「第一区公所」（埋葬合計一二三三体）等があると報告されている。

参考資料：中央档案館等合編「日本帝国主義侵華档案資料選編・南京大屠殺」（中華書局、一九九五年）

南京の日本軍慰安所

日本軍は南京占領後、南京特務機関の指揮の下で、漢奸の喬鴻年、孫叔栄らを使って慰安所の開設につとめた。金陵女子文理学院などから女性を強制的に連行してきて、元国民党政府の部長の公館などを使って一九三七年の十二月二十二日頃から慰安所を始めた。最初に開設した所は傳厚崗と鉄管巷で、傳厚崗の慰安所は専ら士官クラスのために使われたという。他にも、山西路口に士官用の「北部慰安所」などが設けられた。これらの臨時的な慰安所は翌年の二月初め頃には廃止され、一九三八年になると「自治委員会」公認のもとに、日本軍兵士のための慰安所が次々と開設されていった。喬鴻年は夫子廟の近くに「人民慰安所」(貢院東街)を開設したが、他にも、大華慰安所(白下路)、東雲慰安所(利済巷)、青南楼(太平路)、浪花楼(中山東路)、共楽館(桃源鴻)、菊水館(湖北路楼子巷)、満月(相府営)、鼓楼飯店中部慰安所(鼓楼飯店)などがある。八割近くが中国人女性で、残りが日本内地や朝鮮から連れてこられた女性たちであったといわれる。

参考資料:中国戦争史学会編『中国抗日戦争史叢書・南京大屠殺』(北京出版社、一九七七年)

あとがき

十二月十三日南京に進攻した一兵士の目から見た南京大虐殺を、中国で一冊の本にまとめ上げたのが南京大虐殺七十周年にあたる二〇〇七年十二月でした。私はその前から金陵女子文理学院の教師であった程瑞芳が書いた日記の内容を中国の友人から聞いていましたので、程瑞芳日記を加えれば、集団虐殺や強姦を日本軍兵士側と中国人側からの資料を照らし合わせて証明することができそうだと考えていました。日記の翻訳を手に入れてからは、加害被害の証言や元兵士の日記、手紙、他の資料などを読み返し悪戦苦闘をしましたが、一年余りの年月をかけて、このたび『戦場の街南京——松村伍長の手紙と程瑞芳日記』としてまとめることができました。

この本の第一部と第二部は、南京戦参加元兵士松村芳治が残した戦地からの手紙を基に、歩兵第三十三聯隊第十二中隊の三人の戦友たちの日記と証言から南京大虐殺の中で起きた様々な出来事を浮かび上がらせようとしました。日本兵達の書き記した資料とその事柄とが一致する被害者の側の証言が多数存在します。時間と空間が一致する資料を見つけ出す方法によって、今回新たに揚子江岸地域や国際安全区、南京南部農村での南京大虐殺の存在事実を示すことができたといえるでしょう。

本書の一、二部は、二〇〇七年十二月に『元兵士の手紙と日記から見る南京大虐殺』という題名で中国語で出版されました。今回日本での出版にあたり、日本軍の暴行をありのままに記録した「程瑞芳日記」を第三部に加えて、資料と証言から日常的に行われていた南京大虐殺の暴行に焦点を当てようと試みました。程瑞芳は、ミニー・ヴォートリン（中国名華群、愛称華小姐）と共に、金陵女子文理学院に避難していた中国女性たちを保護し、昼夜の別なく侵入する日本軍にも対応していた女性です。

数年前、中国第二歴史档案館で発見されたこの日記は、中国人の手によって書かれた貴重な日記（歴史資料）だといえます。彼女は、日本軍が南京国際安全区に侵入し、市民の連行、虐殺、強姦、略奪という数々の蛮行を記録として残しています。

南京大虐殺当時に書かれた日本兵の手紙と日記、そして中国人の書いた日記、被害と加害の証言から、多くの事実が浮かび上がってきます。揚子江岸での無差別の集団虐殺、国際安全区からの連行と虐殺、強姦、城外での略奪、強姦、殺害などが詳細に記されていて、これらの状況が事実であったことを読まれた皆さんは認識されることでしょう。

今回『戦場の街南京——松村伍長の手紙と程瑞芳日記』の出版にあたり、日記の翻訳では、林伯耀、全美英、趙国臣、張春輝の皆さんに度重なる校正や編集でお世話になりました。

また、元兵士の証言や資料の文章などの校正には、私の長年の友人である安岡由利子さんが担当してくれました。励ましを受けたりして、友達とは本当にありがたいものです。

南京でお話を伺った証言者の皆さん、何度もお伺いして証言をいただいた元兵士の皆さんやご家族、日記や手紙を提供していただきまして厚くお礼を申し上げます。両者の証言の収録をするためにも、多くの友人の協力がありました。友情に支えられて、一つの山を乗り越えられたのだと実感しています。

そして最後になりましたが、この本の出版に力を注いでくださった社会評論社の松田健二社長と編集の新孝一さん、ありがとうございました。

真の日中友好のために閉ざされた歴史に光を当てようと考えている皆さんへの一助となればよいと願っています。

二〇〇九年八月十三日七十二年前戦火が上海に飛び火し華中での戦争が拡大した日に

[著者紹介]

松岡環（まつおか・たまき）
1947年生まれ、元小学校教員。
銘心会南京友好訪中団団長、南京大虐殺60ヵ年全国連絡会共同代表。
編著書『元兵士の手紙と日記から見る南京大虐殺』(南京出版社)、『図録—南京大虐殺』（南京大虐殺60ヵ年実行委員会)、『南京戦・閉ざされた記憶を尋ねて』（社会評論社)、『南京戦・切り裂かれた受難者の魂』（同)、共著『「慰安婦」・戦時性暴力の実態Ⅱ』（「日本軍性奴隷制を裁く　2000年女性戦犯法廷の記録」vol.4、緑風出版）などがある。

戦場の街南京——松村伍長の手紙と程瑞芳日記

2009年8月15日　初版第1刷発行

編著者＊松岡環
発行人＊松田健二
発行所＊株式会社社会評論社
東京都文京区本郷2-3-10　tel.03-3814-3861/fax.03-3818-2808
http://www.shahyo.com/
印刷・製本＊株式会社技秀堂

Printed in Japan